左上：ヴァキ、私のパパは子どもの頃はスーパーヒーローだった。
ダンスフロアではよくダンスのリードをしてくれた。

右上：私と美しいママ、マリオン。

下：ハカを教えてくれるパパ。この時は後に私が大きな国際試合の
前に大勢の観客の前で実際にハカをするなんて思いもしなかった。

左上：ウェリントンのポネケクラブというラグビークラブのユニフォームを着た三歳の私。

右上：ニュージーランドを去る前のいとこたちとの楽しいひととき。左上から時計回りに、サミー、私、ヘミ・ジェームス、ジョセフ、レイチェル（ジョセフの肩に抱きついている）。

下：いとこのオリアナと一緒に伝統的なサモアのダンス「シバ」を披露した時。小さい時はとにかくいとこたちに憧れ、何でも真似をしていた。

上：友人のジェスが最近持ってきた、高校のセブンズチームの写真。一番前で地面に寝転がっているのが私、私の真後ろで膝をついているのがジェス。

下：ママと。私の18歳の誕生日。

上：2018年に親戚の集まりでサモアへ行った時の写真。グランパが建てたファレ（サモアの家）の前。

下：2018年4月、合宿中におたふく風邪を患いサンシャイン・コーストの病院に入院した時。このせいでコモンウェルスゲームズに出られなかった。

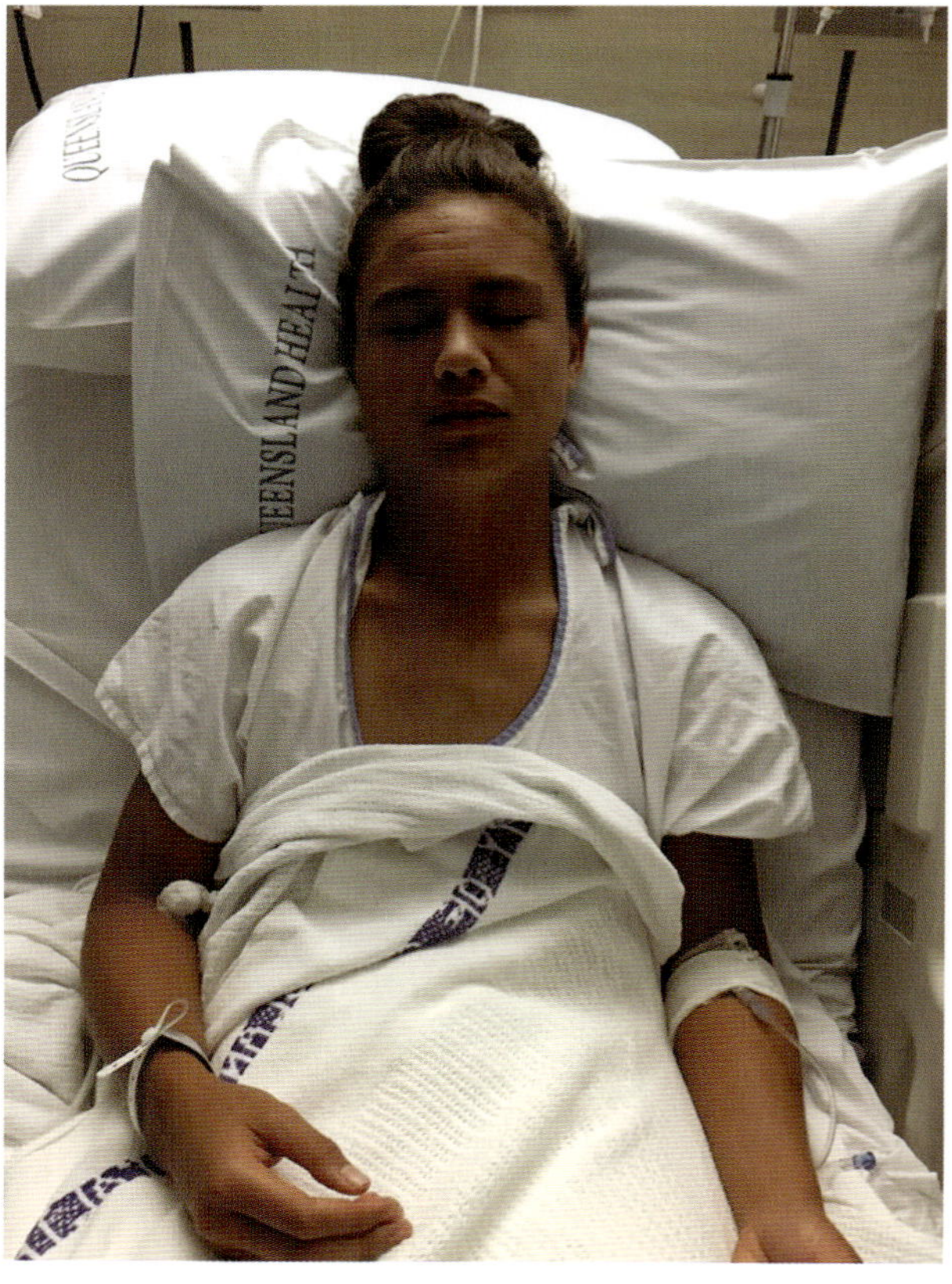

上：2019年11月、東京で開かれたワールドラグビーの表彰式にて、ラグビーセブンズ・プレーヤー・オブ・ザ・イヤーを受賞し、トロフィーを持ってポーズを取る私。［写真提供：マット・ロバーツ（ワールドラグビー/ゲッティイメージズ）］

下：2020年、シドニーセブンズにて、試合前の真剣な顔。［写真提供：レイチェル・ファレアイトゥ／ニュージーランドラグビー協会］

上：2021年オセアニアトーナメントでのフィジー戦後、額の傷から出血した。この傷を誇りに思う。［写真提供／レイチェル・ファレアイトゥ／ニュージーランドラグビー協会］

下：2020年東京オリンピック（2021年開催）準決勝でフィジーに勝った後、フィジーのレアピ・ウルニサウ選手と感情を分かち合った瞬間。彼女の気持ちが痛いほど分かった。［写真提供：マイク・リー／KLCフォトズ・フォー・ワールドラグビー］

上二枚：苦悩と歓喜。左 - 2016年リオオリンピックにて。決勝戦で負けたあとチームメイトで良き友人であるポーシャ・ウッドマンを慰めているところ。［写真提供：マーク・コルベ/ゲッティイメージズ］　右 - 東京オリンピックにてポーシャと金メダル獲得を喜んだ。［写真提供：マイク・リー／KLCフォトズ・フォー・ワールドラグビー］

下：金メダルを首からかけて誇らしい気分のリシ（リサレアアナ・ポウリ・レーン）と私。［写真提供：マイク・リー／KLCフォトズ・フォー・ワールドラグビー］

上：東京オリンピックから帰国した後、友人ジェスの子どもたちに会いに行った時。私がゴッドマザーであるアンディーを抱き、ブリンは私の金メダルをかけてポーズを取っている。

下：2021年のクリスマスをパートナーのダニとお祝いした。

STRAIGHT UP

Ruby Tui

世界一の
女子ラグビーセブンズ選手
ルビー・トゥイ

ストレート・アップ

著／ルビー・トゥイ　訳／阿辻香子

サウザンブックス社

Originally published by Allen & Unwin Australia Pty. Ltd.
Japanese translation rights arranged
with Allen & Unwin Australia Pty Ltd., Sydney,
through Tuttle-Mori Agency, Inc., Tokyo

夢を追っている全ての人たちへ
ちゃんと見えているよ

目次

Part 2

〝グレアティチュード〟

Part 3 コミュニケーション

プロローグ

パス、ヒット、バウンド、キャッチ。

私は早朝の誰もまだいないクライストチャーチのアイラム・ラグビーフィールドで、変なたまごみたいな形をしたラグビーボールをポールに向かってひたすら投げていた。もう一度、もう一度。百回まで。いや、もっと。この時はラグビーを始めて二年目、二度目の夏の7人制ラグビー、セブンズのシーズン中。このスポーツが好きだ。ラグビーの全てが大好きだ。私はラグビーが下手ではないとは思うが、このチームの中ではダントツで下手で、ビリから少しでも上手くなる方法を探して試行錯誤していた。

パス、ヒット、バウンド、キャッチ。

これも一つの方法だと思いながら、チームメイトたちが順番に車を止め、スパイクに履き替えフィールドに集まって来る中、ひたすら投げていた。

パス、ヒット、バウンド、キャッチ。

カンタベリー大学に入学した去年、十八歳の時に私はラグビーに恋をした。当時はフィールドの反対側にある学生寮に住んでいて、部屋の窓からラグビー場が見えた。パラギ［サモア語で「白人」］側の家族から、大学に行くというのは新しい事に出合って挑戦し、それが何に繋がるかを見に行くことだと言われていたので、大学で女の子に「女子ラグビーを見に来なよ。走り回りに来るだけでもいいから」と言われた時、よし、ちょっとやってみるか、と思えた。でもスパイクを持っていないと彼女に言うと、誰かが貸してくれると言われ、クールな文化だと思った。長年ネットボール［イギリス連邦の国で主にプレーされているバスケットボールに似たスポーツ］をプレーしていて、ニュージーランドのネットボール女子代表チーム「シルバーファーンズ」に入る事が夢だったけれど、私はだいたいいつも自分に合う靴を持っておらず、時には裸足でプレーした。ネットボールでは靴を貸し合う文化はなかった。

とりあえず試しに行ってみたのだが、その場で見たものがそれはまるで信じられないものだった。その日フィールドで出会ったような人間にいままで会ったことがなかった。女子ラグビー選手たち。新発見だ。私のような新人、経験者。そして代表チーム「ブラックファーンズ」の選手たち。これは当時の私にとっては伝説の生き物、おとぎ話に出てくる魔法の産物のような存在。話には聞いたことがあっても、実際に目にしたことはなかった存在。

そして彼女たちは、「一緒にやりたいならそんな所に立ってないでこっちおいでよ！」と手を広げて誘ってくれた。私はこれまでの人生でずっとこんな場所を探していたのだ。もちろん！　と飛び込んだ。

ニュージーランドのオークションサイト「トレードミー」で二〇ドルでスパイクを落札した。当時の私には二〇ドルは大金だったが、それを持って大学のチームに加入した。

スタートラインに立った瞬間に恋に落ちた。新しい何かに挑戦するということ。私はずっと目標が欲しかったので、チームとして目標があるということに恋をした。小さい頃から私はすばしこくて運動が得意だったが、楕円形のボールはなかなかうまく投げられなかった。コーチのアーニーは、とにかく続けることだ、と言った。

数ヶ月たちウィンター・スポーツのシーズンが終わると、数人のチームメイトがセブンズへ移行し始め、「ルビー、あんたもやる?」と聞かれた。15人制ラグビーが何かがわかってきたばかりだったが、やる！　と即答してチームに着いていくことにした。やがて、セブンズは私のためにあるような競技だという事を発見するが、15人制より難しく、さらに体力が必要なこのスポーツで私はまたチームで一番下手だった。

その年のコーチは元代表選手のメレ・ベイカーで、彼女はぶっきらぼうで正直、オブラートに包んだ物言いを全くしないことで有名だった。私がどれだけ頑張って練習しようとも、ベイカーが満足することなんてなさそうだった。

コーチの車がフィールドに到着して駐車するのが見えた。朝早くからパスの練習をしていてよかった。パス、ヒット、バウンド、キャッチ。

コーチに気づいてない風を装いながら続ける。さりげなく続ける。もっと続ける。この世の中で何よりもラグビーが上手くなりたかった。

ベイカーが車から降りてきて私の方に歩いて来る。「ルビー、頑張ってるね！」と言ってくれるのを期待した。が、彼女は私の横をただ通り過ぎた。全く目もくれずに、気にもとめずに。彼女はそのままチームメイトたちが何か話し合っている所へ行き「位置について！」と叫んだ。なんだよ！　落胆しながらも私はボールを置き、位置につく。この日は素敵な朝になるかと思っていたのに、全くそうじゃなかった。だって、彼女の「位置について！」はこれから死ぬほどきついトレーニングが始まるという意味だから。

全力疾走して、戻る。また全力疾走して、戻る。さらに全力疾走して、戻る、を十回。なんだよこの練習、まじでダルい。これが私の態度だった。体力強化のフィットネストレーニングをしても、私はどうせビリなんだから意味がないと思っていた。ベイカーが笛を鳴らすと、全員フィールドを周るランを始める。テスとCJがチームで一番体力があり、とても早く走り出す。二人は私がまばたきする間に一周を走り終えていた。二人の後ろを追うのはチームの中でも走るのが早い数人、続いて大多数の真ん中グループ、その後ろに走るのが苦手な選手たちがいて、そして私だ。私はジョギングですらない亀のようなスピードで、フィットネストレーニングが大嫌いという思いを抱えながら体を動かしていた。

ベイカーはフィールドの脇にいて私をじっと見ていた。「行け！」と怒鳴られた気がした。私がこのチームでビリなのは十分理解している。ベイカーの横を過ぎた時、なんと彼女が私と一緒にジョギングしだした。いや、彼女は歩いていたのかもしれない。それぐらい私は遅かったから。

ベイカー自身は経験豊富で長期間プレーしていた元選手でもあるので、当時の私は何かがしっくりきていないのはお見通しだったのだろう。彼女は私とジョギングしながら「私たちの前にいるグループが見える？　あの真ん中グループの後ろ、ルーシーとバーディー」と言った。私が息切れしながら「はい」と返事すると「あそこのバーディーたち。あんたがいまあそこに追いつけたら、私はあんたを世界一のセブンズ選手にしてあげる」と、いまでも忘れる事ができないくらいの大きさで、でも他の誰にも聞こえない絶妙なボリュームで彼女は言った。

マジで言ってんの？　私はすでに、ラグビーという私がそこそこ上手くできて楽しむことができる新しいものを見つけていた。方法がわかりさえすれば、だ。そしたらコーチがバーティーにさえ追いつければいいって言う。そしてルーシーにも追いつけばいい。これができれば世界一の選手へと繋がる？彼女たちはたった二〇メートル先にいるだけじゃん。それができれば世界一の選手になれるって？　なんでもっと早く言ってくれなかったんだ！

そして私は突然変わった。私がスピードを出した時、ベイカーは一緒に走るのをやめた。ルーシーとバーディー……追い上げながら頭の中で、できる、絶対追いつける！　と思い続けた。追いついた。真ん中のグループに追いついた。マジかよ……。気づいたらそのグループを追い抜いていた。やばい！何これ！　これ最高じゃん！　いままで自分の足に嘘をつかれていた気がした。やればできたのに、これ以上速く走れないってずっと言いやがって！　この嘘つき！　実際にいまとても速く走れている。真ん中グループを軽く追い抜き、さらに1人追い抜いた。

私の前にいるのはCJとテスだが、すぐに追い抜いて、全員が私の後ろになった。地面に崩れ落ちた。ショックだった。とにかく自分で自分に驚いた。その時、体は実はマインドに支配されているという事を思い知らされた。これが私が人生で初めて「メンタルフィットネス［精神状態を認識し柔軟に対応する力］」を知った瞬間だった。

やっとしっくりきた。バカでかい目標ができた。世界一のラグビー選手になる。達成するにはいま、ここで、もう一歩踏み出すこと。

そんなわけで、その日から私にとってのトレーニングは変わった。この日以来、トレーニングの時間を、フィットネストレーニング大嫌い。どうせ下手だし、適当に体を動かせばいいや、という態度で臨まなくなった。私の中で何かが大きく変わったのが感じられた。どれだけ追い込めるか？　突然自分の限界を知りたくなった。ベイカーは遠くから私の事を見ていて、きっとこいつバカだなと思っているに違いないが、彼女はこれが私のターニングポイントになった事をすでに知っていたのかもしれない。私は変わった。人生が変わった。

ここまで来るのにたくさんのことがあった。そしていまからとても長い道のりを行かなきゃいけない。この時は自分のメンタルフィットネスが私をどこへ連れてってくれるのか、彼女の言うことが信じられるかわからなかったけれど、彼女は正しかった。

Part 1

愛

たまにはカメラの前に出たくない日もある。

たまには自撮りしてインスタグラムにポストしたくない日もある。

たまには自分のことを本に書きたくない日もある。


でも実は私は何が一番欲しいか知ってる？

私はみんなに、どんな酷い環境で育っても、それを燃料に変えて進み続けること、そのつらい経験から生きる意味を作り出せることを知ってほしい。

自分の事を好きになって、一歩外に出たら誇りに思って感謝して、むしろ自分の話を本に書きたいぐらいに思ってほしい。

愛、〝グレアティチュード〟、コミュニケーション。これが私の価値感。

そして私はいまここにいる。

1　冗談じゃない

私が三歳ぐらいの時にママが撮った一枚の写真がある。誰かの誕生日か、友達が私の家に遊びに来てたのか、子どもたちの写真でほとんどが男の子だ。私は上半身裸でピンクの短パンを穿いていて、この黒くてゴワゴワした髪はツインテールになっている。この写真を見た時に、初めて自分の肌の色が茶色で他の子どもたちは白であることに気づいた。「私はみんなと違う」自己発見だった。

私は正反対にある二つの世界で育った。二つの世界、二つの文化。どちらも共にいい面と悪い面があり、どちらが優れているということではなくて、とにかく違う。私は基本的にどちらからも一番いい部分を吸収した。パラギのママからたくさんのことを教えてもらい、パパの方のサモア側の家族からもいろんなことを学んだ。

その後、私は他のサモア側のいとこたちみたいに完全に「ブラウン」ではないことに気づいた。白人になりきれない白さと、ブラウンになりきれない茶色さ。子どもの頃は、私はどちらにとってもアウトサイダーだという気持ちに悩まされた。でもママは私がママと違うものであると思わせなかったし、サモア側の家族にとって私はいとこたちの中の一人だった。私はどちらの家族からもよそ者として扱われたことはなく、「私はみんなと違う」というのは単なる気づきだった。よく意味がわからなかったけど。

つらいことがあった時は、私はどちらの世界にも属せないんだと思ったけれど、でも私には二つの世界があるんだと気づいた。

しばらくして、世の中には私のように二つの世界の橋を渡りながら生きる人たちがたくさんいることを知った。ニュージーランドで生まれ育ったサモア人はたくさんいて、彼らは古い世代のサモア人とは違い、島での村の生活などを知らないし、行ったこともないかもしれない。私がキウイ［ニュージーランド人の愛称］であるように、彼らはキウイで、それは全く新しい二つの大きな世界が混ざりあった場所だ。私はこのような複数の文化が混ざりあったものがこの世界の未来だと思う。

四歳頃の時の記憶がある。その頃までには両親は常に一緒にいるわけではなくて、私はウェリントンのニュータウン地区にあるママが買った家で暮らしていた。パパはよく遊びに来ていて、二人が喧嘩を始めるまでの少しの間は楽しい時間だった。

両親は月とスッポン、全くもって正反対だ。ママは白人で背が高くてすらっとしていて、パパは色が濃く、背が低くてずんぐりしている。私のママはマリオンという名前で偏見がなく、正直でとても優しい。パパは女たらしで、私が知っている中で最高のミュージシャンだ。酒癖の問題があるけれど、子どもの時は本気でパパはスーパーマンだと思っていた。パパの名前はコヴァティ・トゥイで、みんなからはヴァキと呼ばれていた。

私は幼い頃からすでに、一緒にいるべきではないカップルがいるのを理解していた。私の両親がまさにそうだ。パパはとにかく感情を穏やかに表現するのが下手で、すぐに怒鳴り散らしてママを怖がらせていた。

すべての子どもがするように、私もいろんなことを観察していた。ママが怒鳴り、パパが乱暴に突き飛ばし、ママが逃げて、パパが追いかける。どちらがこの喧嘩に勝つかは一目瞭然だ。二人とも大声で怒鳴り合い、ママが「やめないと警察呼ぶから！」というと、パパは「クソ警察を呼んでみろよ！　勝手にしろ！」と言い返す。そしてママは「本当に呼ぶから！」と言い警察に電話をすると、二人は泣いている私に気づいてショックを受け、そうこうするうちに警察が到着して、パパを帰らせる。

二人がこんな喧嘩をする時は私はもちろん嫌だったけれど、この数年後に起きる悲劇のようにママと私の命の心配まではしなかった。私のこの幼少期はママにとって大変だったことはあったけれども、私にとっては一つの愛の形だった。愛されているとわかっていたし、私も両親をバカだなと思いながらも愛していた。パパがバカなのは明らかだったし、それを私よりもよっぽどよくわかっていながらもパパをよく来させていたママもママなので、二人ともバカだった。二人で一緒にいることにタイムリミットがあるのは明らかだったので、気をつけなよ……と思いながら見ていた。

特に記憶に残っているとある日は、ママとパパがラブラブだった。仲直りをしたばかりのところで、二人ともお互いを大事に思っていたのだろう。「ルビー、こっちに来てみんなでハグしようよ」とパパに言われた時、私は五歳にもなっていなかったと思うが思わず目をまん丸くしてしまった。あんたたちちょっとは現実を見なよ、と思った。

私が立ち上がって二人のもとへハグをしに行くと、ハッピーファミリーごっこをしているような感じだったのだが、パパがとてもニヤニヤしながら「なあ、俺たち結婚するべきだと思う？　言ってみな、俺たちに結婚してほしい？」と聞いてきた。

　私は二人の立派な大人たちを見上げながら、あんたたち誰に向かって冗談言ってんの？　と思った。この二人は一週間のうちどんなときでもコイントスをして、コインの表か裏が出るかで事がうまくいくかまずくなるかを決めるような人たちだ。私はパパの目をまっすぐ見た。パパが私に「イエス」を求めていて、このロマンチックな瞬間の一端を担ってほしがってるのがわかったから少し悪く思ったものの、「ノー」と答えた。結婚してほしくないよ。

　私は幼いながらもわかっていた。二人が常に一緒にいることを選べば両親を失ってしまうけど、離れていればどちらのことも愛することができると理解していた。そしてその方が怖くない。

　私の嘘発見器のせいで二人のロマンチックな瞬間をぶち壊してしまったけれども、これが私が常に「子どもは親が演技しているのを見抜く」と言う理由だ。私は四歳にして二人は結婚するべきではないと見抜いていた。幼い頃に両親が別れた子どもとして、暴力が蔓延している環境に耐えてまで一緒にいるよりは、離れる方がいいことを知っていた。子どもは嘘を見抜くことができる。子どものためだけに一緒にいることを選び、何も変わらないのであれば、夜はどんどん長くなり、寂しくて、怖いものになる。本当に、私はその怖さを忘れることはできない。

　ありのままに、正直に。でないとその子どもが成長したときに向き合う人間関係の問題にデタラメを言って切り抜けるようになってしまう。

　ママには本当に酷い環境だったが、それでもママはパパと一緒にいる理想を持ち続けていたのだと思う。子どもがいたから、もちろん子どものためにも全てがうまくいってほしいと思うが、決してそうなりそうになかった。その間にも、二人の喧嘩の間隔はどんどん短くなっていった。

成長してから気づいておもしろかったのは、両親はただその時に知っていた方法で、できる限りのことをしていただけだった。自分の感情に向き合って処理したあと、彼らがくぐり抜けた全てのことに感謝をしたくなる。私の両親は一緒にいるべきではなかった二人で、私は常にそれを知っていた。

二人はライブで出会った。パパは「ムスタング・サリー」などを演奏するファンクバンドのリードシンガーで、音楽の才能は飛び抜けていた。彼にはいつも自分のバンドがあったけれども、才能がありすぎたので他のバンドの穴埋めにも引っ張りだこだった。他のバンドのヘルプに呼ばれる時は、ライブの前夜に翌日のラインナップ全曲が入ったカセットテープを聴いていた。私はパパが床に寝転がって、夜通しベースギターを弾きながらテープを聴いている姿を覚えている。何かを読んだり書いたりするわけではなく、ただ聴いて覚えていた。そしてパフォーマンスは毎回バッチリ！　私にとってパパはどのステージでも一番輝いている人だった。

でもパパは大人になってからずっとアルコールに悩まされていた。ものすごいアルコール中毒で、彼自身もそれを理解し、認めていた。嬉しいと飲み、悲しくても飲む。彼は本物のロックスターで昔は盛大にドラッグもやったけれども、いまはラガーで満足している。

ここで私が自分の人生を語るにおいて、このことが私の人生に大きく影響を及ぼしたことがわかるだろう。でも大人になったいま、たくさんの人がパパから離れていったけれども、私はパパを愛する方法を見つけた。いまでも電話で話をするけれど、パパが酔っ払っている時は絶対に電話で話さない。そう私は線引きをしている。そういう時は、素面《しらふ》のパパが好きだよ、飲んでない時に話そう、とだけ伝える。

子どもの時はパパが世界で一番クールだと思っていた。彼に問題がたくさんあることを知っていたし、ママに攻撃的になったりするけれども、いつも私を愛してくれた。パパはどんな時でも「愛してるよ、君が世界一だよ」と言ってくれた。これまでずっとそう言ってくれた。

パパとママが出会った夜、パパは彼の魅力を全面に出して会場中の注目を浴び、場をさらっていたのだろう。どこに行くにも着ていたレザージャケットを着てパパは本当にクールだった。活き活きとした美しいママはそんな彼に魅了された。

ママはたくさんの本ときちんとした教育がある環境で育ち、大学の学位も取得している。パパはサモア移民で小さい村出身、英語は第二言語だ。でも恋に落ちてしまったらしょうがない。そしてママは人のいいところばかりを見てしまう癖がある。

パパは精一杯頑張ったが、それでもママの生活は楽じゃなかった。ママが私を妊娠した時、すでに彼女の両親は他界していて、二人いる兄弟は近くにいなかった。私は予定日を二週間過ぎた一九九一年の一二月にウェリントン郊外のアイランド・ベイ地区にあるママが借りていた自宅のフラットで生まれた。フラットのリビングに家庭用プールを置き、パパと助産婦が私が生まれてくるのを待っていた。

出産の合併症など特になかったが、私はママから出てきても泣いたり喚いたりせずにキョロキョロと周りを見て、私を起こしたのは誰だよ、という感じだったそうだ。いまもあまり変わっていない。

その数年後、まだ幼かった頃に「ユー・アー・マイ・サンシャイン」という曲を聴いた時、なつかしいような不思議な感じがした。当時はその曲を知らなかったはずなのに、なぜか知っていた。ママに、これって何か映画の曲？　と聞いてみたら、「ああ、それはあなたがお腹の中にいた時、パパが毎朝歌って聴かせていた曲よ」と教えてくれた。え！　まさか！　私は子どもの時いつも愛されているのを実感していたから、わかる気がする。

二人を結びつけたのは、笑いのセンスだと思う。二人の関係で大切なことの一つだ。飛び交うジョークと笑い声、ママはよく涙が出るまで笑っていた。ママはそれが大好きで、私の家族ではよくみんなが涙を流しながら笑っている。

ママはパパのいい部分をもう少しだけ見ることにした。でもパパが昔の悪い習慣、飲酒を再開してしまい、さらに攻撃的になり信頼できなくなって、ママはパパを追い出した。

ルビーのライフレッスン

自分の幸せや健康を犠牲にしてまで、
子どものためを理由に一緒にいることはやめよう。
子どもはそれを察し、何年も引きずることになるから。

2　ビールホルダーの目の中にある美しさ

窓から太陽の光が差し込む部屋で、ママはＴＬＣのアルバム『クレイジー・セクシー・クール』を爆音で流しながら、私たちは一緒に掃除をしていた。私は三歳、四歳、五歳、六歳、七歳……もしかしたら八歳だったかもしれない。その頃はほとんどの時間、私とママの二人で暮らしていた。ママがニュータウン地区の急で狭い坂道のストリートに買った美しいヴィラは、私が生涯で一番好きな家だった。いままでもママとママの親友のキャロルと三人で最初に家を見に行った時の事を覚えている。サッカーができそうなくらい広い廊下に立っていて、ママはとても幸せで嬉しそうだった。ママは自立していい仕事をしていて、私はオーウェンストリートにあるウェリントン・サウス幼稚園に通い、その後はキルバーニースクールという学校へ通った。私の子供時代の全てがその家にあると言ってもいいぐらいだった。引っ越しして全てが悪い方向に変わるまでは。それはまだこの数年後のこと。

この時の記憶は私とママの二人で……週末の午後の掃除をして、何の問題もなくとても幸せだった。ママは大の音楽好きで、私の名前はママの好きな歌手、ルビー・ターナーから名付けたくらいだ。そして掃除は誰かと音楽を流しながらすると楽しい。子どもの時は、「お皿洗いとか手伝ってくれる？」と言われると自分がクールに感じる。特に研磨剤のジフでバスタブを磨くなどの大仕事はクールだ。私はとにかく二人で仕事をやり遂げるのが好きだった。

私はいつも誰かと何かを一緒にするのが好きだ。

その時は、ママがそばにいて、ママが大丈夫なんだったら何事も大丈夫な気がしていた。ママは世界で一番頭の切れる人間だと思う。いつも二人で冗談を言っては笑っていた。子ども心に不思議に感じていたのは、大人はいつも「悪い言葉を使っちゃいけない」と言うけれど、周りの大人もテレビで見る大人も悪い言葉を使いまくっている。ある日私がママに悪い言葉を言ってもいい？　と聞いてみたら、ママは「いいよ、言ってみな」と言った。私は座り込んで十分間ほどファック、ファック、ファック、ファック、ファックと、ずっと言いたかった言葉を体の中から出すために言い続けた。ママに「もう終わった？」と聞かれると、うんと私は答え、その後は口にしなかった。新しく罵り言葉でも何でも悪い言葉を聞いた時、私はとりあえず百回ほど口に出してみていたが、ママはずっと笑っていた。ママは悪い言葉を言っても怒らずに、安心して言える環境を作っていてくれた。ママはそんな感じで私のお手本となる人なのだ。

ママはスコットランドとアイルランドからニュージーランドに移民してきた家族の五世代目。何世代も前にママの先祖はニュージーランド南島のウエスト・コースト地方へと移り住み、ママもそこで生まれ育った。私はママの家族側だと六世代目のニュージーランド人となり、パパ側ではニュージーランド生まれの一世代目だ。

ママのお母さんはみんながスーと呼んでいたが、看護師で、北島のファカタネとロトルアという街で暮らしていたこともある。ほとんどが白人のウエスト・コーストとは全然違う環境だ。ママは常に他の文化に興味を持っていて、高校最後の一年はなんとタイに留学したらしいので、もともと肝が座っていて共感性が高いのだ。子どもの時ははっきりわからなかったけど、成長過程でたくさんの変な態度を取ってくるパラギに出会ったが、ママは決してそうじゃなかった。ママは私が知る唯一の差別を全くしない白人に思え、他の人種や文化の人たちに対していつも心を開き敬意を表していた。ママはとにかく素敵な人だ。

ママは大学で英語を専攻し、その後専門学校へも行き、グラフィックデザインの資格も取った。私が幼い頃、ママはウェリントンでグラフィックデザイナーとして働いていて、マックのコンピューターがあって床がピカピカのオフィスはとてもかっこよかった。

ママは私のスーパーヒーローなうえに頭がとても良い。よく私はママ、これってどういう意味？　と知らない言葉を聞いていたけど、この世の言葉を全て知ってるんじゃないかってぐらい調べもせずに答えてくれる。いつも寝る前は本に埋もれながら読書をしていて、私がいまも読書が好きなのは間違いなくママのおかげだ。クリスマスプレゼントに『ハリーポッターと賢者の石』をもらった時は、自分だけの本を手に入れられたことが最高に嬉しかった。

家の裏は巨大な秘密の庭になっていて、子どもの頃はラグビー場が収まるほどだと思っていた。自転車の乗り方、サッカーの技などすべてそこで練習した。ところが十歳ぐらいになった時にもう一度家を見に行くと、実は全然大きくなんてなくて、その小ささが信じられなかった。でもその時は、庭が私の全世界だった。

パパは頼れる存在ではなく、私たちの生活に出たり入ったりを繰り返していた。「来る」と言った時に来ないこともよくあった。楽しい時間もあるにはあったが、毎回ママがパパに向かってピザとか何かものを投げるまでそんなに時間はかからなかった。五歳の誕生日に海賊がテーマのパーティーを開いてもらった時、パパは庭に海賊船を造ってくれた。その後数年間、私はいつもその二本の木の間で揺れている海賊船で遊んだ。海賊船の中に入って目を閉じ、自分が海を渡っている想像をして自分の世界に入り込んだ。周りの人はいまでもなぜ私がパパのために時間を割くのかを聞いてくるが、パパがスーパースターで、サッカーがうまくて、地球上で一番強い男だったこの数年間があるからだ。

その頃ママは何をやるにも完全に独りだった。父親はママが若い頃にすでに他界していて、母親はママが二十代前半の時に亡くなった。ニールおじさんと呼んでいるママの兄がウエスト・コーストにいて休暇の時に泊まりに行ったりしていたが、ママの弟のピートおじさんはオーストラリアに住んでいた。だから日々の生活はママがすべて一人でこなしていた。母親として本当に素晴らしくて、私はいつでも幸せで自分に自信があったし、必要なものはすべて手に入る気がしていた。

たぶん三歳ぐらいの頃、私は水疱瘡にかかって、ママにもそれがうつってしまった。ママの症状がとてもひどくて私の面倒を見ることができなくなっても、来てもらえる実家の家族はいないし、パパは着実にいてくれる人ではなかった。その時までママはサモア側の家族にパパに関すること以外では頼ったことがなかった。私がまだ赤ちゃんの時にサモア側家族のおばさんたちやいとこたちに抱かれている写真がたくさんある。おばさんたちは私をいつも我が子のように愛してくれた。ママと家族の集まりに何度か行ったことがあるが、パパは自分の家族に対してあまりいい感情を持っていなかった。パパは家族の中ではちょっとした厄介者で、いつも女遊びとドラッグ遊びをしてバンドに明け暮れ、教会に行こうとしなかった。おじさん、おばさんたちは全員教会に行くが、パパだけが行かなかった。

なのでパパはママとおばさんたちが仲良くなれるよう手助けをしていなかった。でもママが病気になり、にっちもさっちもいかなくなってしまったので最後の手段としてサモア側の家族に助けを求めた。ママが思い切って、パパの五人の姉妹のうちの一人で、それまで一回しか会ったことのないおばさんに電話をすると、おばさんはすぐに駆けつけてくれた。そしてママが「タラおばさん、本当に申し訳ないんですが、いまお金がなくて……」というと、おばさんは「マリオン、あんたいつになったら私たちがルビーに対してノーって絶対言わないってわかるの？ 家族なんだからいちいち聞かなくていいのよ」と言った。

おばさんって生き物は……とにかく赤ちゃんに触れたい。私がサモア側の家族に行った時、五人ものおばさんみんなが「こっちへおいで！」と待ち構えていた。その頃はグランパの姉妹も健在で、おばさん、大おばさんたちは誰もが私といとこたちを連れて行きたかったと思う。私のミドルネームはマラエで、生前私をいつもとてもかわいがってくれた大おばさん（祖父の姉妹）のマラエ・トゥイマヴァヴェ（旧姓トゥイ）からもらったものだ。

その時、私は初めてニュータウン地区のママの家から車で十分ほどの、ストラスモア地区にあるサモア側の家族の家に滞在した。

ウェリントンは私にとっていつでも愛がある街で、特にグランパの家はいつも人で溢れていた。グランマとグランパの子どもたち十人は全員、何年もの間に時期は違えどその家に住んだことがあり、そのパートナーや子どもたちも一緒にいた。一部屋ごとに親と子どもたちの一家族がいた。実家に住むのは親への愛を示すためでもあり、グランマとグランパの子どもたちはそこに住むことでそれぞれの役割を果たしていた。大人にとっては集団生活は難しかったかもしれないが、いとこたちにはそれはとても楽しい時間だった。

私がその家に滞在した期間は、パパのきょうだいが五人、そのパートナーたちと子どもたち（私のいとこたち）、そしてグランマとグランパという大所帯だった。その日から私には八人の新たな親と二十人のきょうだいができて、新しい世界の始まりだった。

当時は幼稚園と学童保育の学費を払うのが厳しかったが、私が一人になるのを心配していたママは「タラおばさんに電話したことは人生の中でした一番良いことだった」と言う。パパが問題ばかり起こしていたのでママはその時まで気づかなかったが、サモア人の家族は必要な時に好きに使っていいのだ。おじさんおばさん達ともすぐに仲良くなり、いまでも良い関係を保っている。

その頃は週に二回ほど学童保育に行かされていたけど、やる気のないスタッフたちと走り回ったりしても全然楽しくなかったから、家に帰っていとこたちと遊べる選択肢があったら私がどちらを選ぶかは明確だった。

タラおばさんは私を本当の娘のように扱ってくれた。彼女には五人の子どもがいて、一番上の子のサミーは三歳の時、私が生まれる数年前に亡くなっていたが、私の世話もしてくれて、特に息子のヘミ・ジェームスは私と年が近かったからよく遊んでいた。この時初めて親以外の人がここまで愛してくれることを知って、それはとても素晴しかった。おばさんは毎日子どもたちと私を学校へ迎えに来てくれた。

子どもだったので細かいことは理解できなかったけど、いつもそこにいて毎日とにかく幸せで、たくさん笑っていて、いつもお腹いっぱい食べることができた。

たまに学校のお迎えがグランマとグランパになることがあった。グランパはいつも「何が食べたい？」と聞いてくるので、私を含む子どもたちはみんな「マクドナルド！」と答える。そしたらグランパは「ジョナ・ロムー〔元オールブラックス選手〕みたいになりたい？」と聞くので、全員「うん！」と言う。そして「でもジョナ・ロムーはマクドナルドはきっと食べないよ」と続け、もう一度「何が食べたい？」と聞く。そして私たちはさらに大声で「マクドナルド！」と答えた。

いとこたちの中で、白人の親がいたのは私だけだ。グランパは私のことを「パラギ」と呼び、もう一人、マオリ族の母親がいるいとこのことを「マウリ」〔マオリをニックネーム化した言い方〕と呼んだ。100%サモア人じゃないのは、二十人ほどいるいとこたちの中で私たち二人だけだった。グランパはよく「パラギはどこ行った？」と言い、私は「グランパ、ここだよ！」と答える。この家では私は本当に家族の一員で、いつも周りに他の子たちがいて、本当に大好きだった。

サモア側の家族はいつも同族と行動していた。家族旅行は時には四十人もの大人数になり、教会に行くにも、何をするにもいつもサモア人同士だけでつるんでいたが、他の人種の悪口を言うことは決してなかった。彼らはサモア人とその他のアイランダー〔太平洋諸島の住民〕たちが酷い扱いを受けた「ドーンレイズ」という時代を生き抜いていた。彼らの多くは最低賃金での仕事をしているにもかかわらず、悪口を言われ、ニュージーランドという国の社会問題全ての原因にされた時代にも、「他人を裁くことは神様のみができること。私たちはただ頭を下げて仕事に行く」という姿勢を貫いた。同時に、そういった問題について議論されることもなかった。

パパは当時いつも一緒にいたわけでもそうしようとしてくれたわけでもなかったが、私の生活には存在した。ママと住んでいる時期でも週末はパパのところで過ごしていた。パパはその時はグランパの家に住んでいたので、パパに会える時はいとこたちとおばさん、おじさんたちに会えたから、私はそれで良かった。だから私はパパとママが別々に暮らしていて、お互いの家を行き来する生活でも別に嫌ではなかった。

でも、パパはそこからまた落ちていった。ある日ママがパパのもとへ送り届けてくれた時、私は走って階段を上がり、パパの部屋まで行った。ドアを開けたらパパの頭に当たった。どういうこと？　パパは床に寝ていて、その隣には私の知らない金髪の女の人が寝ていた。そしてパパは「あ、ごめんな、ちょっと五分ちょうだい」と言った。

そしてパパは私との週末を優先しなくなった。大量にお酒を飲み、たくさんの女の人と会っていた。私にとって唯一の救いだったのは……別にいいや、隣の部屋に行けばいとこたちと遊べるし。いとこたちはいつでもその家にいた。本当に毎回、私が行くたびにいた。ペレおばさん、タイおじさんの子どもたちのオリアナ、デイビス、サミュエル、そしてヘニー。タラおばさんの子どもたちのテリ・ジョシー、ヘミ・ジェームス、ジャモン、そして後から生まれたメルシー。

その頃パパといつもした「遊び」が、「車で待つ」だった。時には何時間も。パパと一緒に週末を過ごせないよりも車で待つ方が良かったし、その間パパが何をしていたかも気にしなかった。私はパパと一緒にいられる。当時はそれが本当に価値のある時間だと思っていた。

いまから思えば、その時どうやって耐えていたか全くわからない。当時は携帯もなかったし、ゲーム機を持っていたわけでもないし、何もすることがなかったはずだ。パパはパブに入って行き、ドラッグの運び屋をやったり、マリファナやら何やらを受け取っていたり。そしてパパはパブに行って用事が終わればすぐに去れるタイプでは決してない。お茶を飲んだらお喋りもする。私もまさにそのタイプで、誰かの家に行って話をせずに帰るなんてありえない。私がいつも遅刻する原因は、その前の予定で誰かと話をするのに夢中になり、相手の人としっかり時間をすごしてしまうからだ。だから私は当時パパがなかなか出てこなかったのがよくわかる。車内にいて怖くなったら車のロックをかける。夜遅くなってパパが車に戻ってきた時、最初はドアに誰か来た！　とびっくりするけどパパだと気づいて車に迎え入れる。「怖くなったからロックしたのか？　いい子だね」と言ってくれる。私はその時間が大好きだったし、他の何ににも代えがたかった。

五歳か六歳頃のある日、いつものようにパブの駐車場で車内で待っていた。パパはパブの中で酔っ払っている。すると、タラおばさんがいきなり現れて「ルビー！　ルビー！」と叫びながら車の窓を叩き始めた。おばさんが偶然車でパブの前を通りがかったところ、一緒にいたヘミ・ジェームスが車の中にいる私を見つけたのだ。その日はとても寒く、もう暗い時間で、私は温かい格好をしていなかった。おばさんは「なんてこと‼」と言い、パブにパパを探しに行くと言った。私のせいでパパが怒られるのが嫌で、「おばさん、やめて……」と言ったが、おばさんは「大丈夫、そんなに酷いことは言わないから」と言いながらパブに入った。パパが飲みながらビリヤードをして楽しそうに笑っているのを見たとたん、みんなの前でおばさんの堪忍袋の緒が切れた。

当時は気づかなかったけれど、パパに失望させられたことも何度かあった。私はパパのことが大好きだったから混乱したが、パパなりの愛だった。パブの件以外にもパパが何か悪いことをしたことがあって、その時にタラおばさんが私をマクドナルドに連れて行ってくれた。食べ物を受け取って席に座るなり、おばさんが泣き出した。私にとってはおばさんと二人で過ごせて、さらにマクドナルドに行けたとてもいい日が始まるところだったので、なぜ泣くのかわからなかった。おばさんは「あんたのパパはね、頑張っているんだよ。彼のせいじゃないの」ということを繰り返し言っていた。私はハンバーガーを頬張りながら、私は幸せだよ、悲しくないよ、と思っていた。

あの時の環境の中で、「大人」だったのはタラおばさんだけだったように思う。

これと同じくらいの時期に実は私は一人っ子ではないというヒントを初めてもらったことがあった。私はパパのことがとにかく好きだったけれども、パパは私に怒鳴り散らして何かをしろと命令する時があり、私が行動するまで怒鳴り続けた。その日は全く知らない家の前まで車で行き、パパに「その家のドアをノックしておいで」と言われた時、ああ、また命令を聞かなきゃいけないのかと思い、私の気持ちは深く沈んだ。

「パパ、知らない人の家のドアをノックしたくないよ」と私は言ったが、「ドアを叩いて、私のお姉ちゃんに会いたいって言っておいで」と言われた。

パパ、なんで？　私はやりたくないって言ってるのに……。正直、からかわれていると思った。パパはこの時はまだ怒鳴っていなかったが、いつ怒鳴りだしてもおかしくなかった。パパは笑いながら

「行って来い」とだけ言った。

パパの言うとおりにしなきゃいけないので、私は見知らぬ人の家のドアまで行った。後に姉から言われて知った事は、彼女はこの時十歳だったらしいので、私は五歳だったはずだ。パパはこの時私がかわいいから、ドアの向こうの女の人が私に優しくするとでも思ったのだろう。私は言われたとおりにドアをノックして、しばらくすると女の人が出た。全く知らない人だ。一度振り返って車を見てから、「こんにちは。私のパパがここに来て、お姉ちゃんに会いたいって言いなさいって言ったの」と言った。

女の人は最初はポカンとしていたが、すぐに怒ってしまった。彼女はパパを探しているようだったが彼女の立ち位置からはパパが見えなかった。**うわっ、私は一体何をしてしまったんだろう……。**そして彼女は私に向かって「パパに、もう二度と来ないで。ここに近づかないでって伝えてくれる?」と言った。オッケー……。

車に戻り、女の人に言われたことを伝えるとパパは笑った。彼女は誰なのか、本当に私にお姉ちゃんがいるのかは教えてくれなかったので、私は全部パパの冗談なんだと思うことにした。パパらしいっちゃあパパらしい。彼はよく私にいろんな人と話に行かせ、お願いごとをさせたりしていた。グランパに対してですら、私と部屋で遊んでいる時に私に「グランパにタバコもらってきてくれる?」などとよく聞いていた。

行きたくないよ……。

「いいから行け!」

パパにもっと遊んでほしかった。パパが私を愛しているのはわかっていたけれども、愛してくれているからと言って、その人が**愛し方**を知っているわけではない。愛とはそういうものなのだ。

親になったら普通、人は良い行いをする。赤ちゃんが生まれた時にちゃんと準備や計画をして、泥酔したり二日酔いになったりしないように気をつける。普通だったらそうするだろうが、パパの場合は、私のことを変なふうに信用していたのだと思う。パパは私を小さい相棒のように、いろんな場所へ連れ回した。それがパパで、それがパパとの時間だった。私の幼少期はずっとこうで、ママと遠くへ引っ越ししてからもパパと過ごす週末や休暇中もそれが続いた。それから数年もたたないうちに完全にパパに同行するようになり、ドラッグをしたり呑んだくれたりする家の中にまで入るようになった。しばらくの間はそんな生活の一面を見ながら、私が欲しかったものを与えてくれたと思っていた。

小さい時は、時には車で五時間待たされたり、やりたくないことをやらされたりしながらも、週末はずっとパパと過ごしていた。一緒に連れて行ってくれるから、パパは私を愛してくれていると知っていた。パパは他の誰も連れて行かなかった。「相棒、お前は最高だよ」と言っていた。

楽しい時間もあった。例えば、パパと二人でウェリントンからマスタートンという街へ家族の誰かの誕生日パーティーに車で向かっていた時。道中のレムタカ山脈を越えた時、そのまままっすぐ目的地まで行かずに、一緒に時間を過ごすためだけに、かなりの遠回りをしてパーマストンノースという別の街経由で行った。途中でヒッチハイカーを乗せた。パパと私が似ているところでもあるが、私たちは理にかなったことよりも楽しいことを選ぶ。私はいまでもそうだが、もし遠回りをしたり、値段が高い方法を選んだ方がその人が楽しめるのであればそうしてしまう。パパもそうだった。

ここまで語ったパパに関すること全ては、人の立ち位置と世界を理解しようとしながら私が幼い頃に見えたものだ。大人になったいま、パパが子どもの時と大人になってから、どれほどのカルチャーショックと逆境を経験したかがわかるようになった。彼は酷い差別、暴力、言語の壁、アイデンティティの悩みなどを、移民の子として何も説明を受けないまま経験した。生き延び潜り抜けるためなら、パパは何でもやった。時にはもがき苦しむパパを私なりに愛する方法を見つけてきた。アルコール中毒というのは病気みたいなもので、治療や管理が必要だ。パパの病気のおかげで私は強くなり、愛を与える側の人間として成長できたし、何よりパパを愛する方法を探せた。こんな荒い方法で愛について学ぶのはお勧めしないけれど、私は感謝している。パパのおかげで私は誰に対しても感情移入して見てしまう。この人にはどこか良いところがある、この人たちから何か学ぶべきことがあるはずだ、といった具合に。パパは私に人を愛することについてたくさん教えてくれた。

大きくなるにつれ、パパを車で待つ時間にイライラするようになった。なんだよ、こんなんだったら他の事できたじゃん。しかし五歳、六歳、七歳と大きくなるにつれ、家族がどんどん遠くに引っ越してしまい、いとこの数が減っていき、週末を一緒に過ごせる人の選択肢が狭まっていった。いとこのヘミ・ジェームスと私は大の仲良しだったが、ある日彼は世界地図を私に見せた。

まず、とある小さい場所に指をさし、「ここがぼくらがいまいるウェリントンね」と言うので、そうだね、と私が答えると彼は指を数センチ動かした。「ここに引っ越すんだ」といってパースを指さした。なに？　どういう意味？　「荷物をまとめて、ここに引っ越すんだよ」と、彼はもう一度オーストラリアのパースを指さした。

そして彼らは行ってしまった。私の一番の友と、一番好きなおばさん。

いとこが少なくなると、パパのふざけたしぐさもあまりおもしろくなくなった。パパは私と笑っているか、私に怒鳴っているかの二つに一つで、その中間はなかった。私は次第に怒鳴られるのが嫌になってきた。パパがそれでも「ルビー、一緒に来るかい？」と言ってきても、いや、あんまり……と答えるようになった。

ルビーのライフレッスン

その人があなたを愛しているからと言って、必ずしも愛し方を知っているわけではない。

3　サモア人・スーパーマン

トゥウガ・トゥイ、グランパはうちの一族の王様で、その世代のサモア人ではパイオニアだ。彼はナムラウウル・タイ・トゥイ、と三つのマタイ（一族のチーフ）の称号を持っているが「トゥイ」が村で一番位が高いので、主に「トゥイ」で知られている。一九三三年にサモアのサヴァイ島、パラウリ地区のヴァイロアという村で、セレネ・トゥイとサウ・トゥイ（旧姓ラウウル）の十四人の子どもの一人として生まれた。孫の私といとこたちは、グランドマンとニックネームで呼んでいた。グランパは家族にとって偉大な存在だったからだ。いまはもう九十になろうとしていたが、最近になってまた人生を大きくシフトし、彼の長女のパエおばさんが暮らすオーストラリアのブリズベンへと移った。

一九六〇年代、グランパとグランマ、アヴァリイ・トゥイはより良い生活と子どもたちの将来のために家族ごとニュージーランドへ移住することを夢見ていた。一九六九年、彼らが三十代前半ですでに七人の子どもがいた時、ついに成し遂げた。しかし当時のニュージーランド政府は規定として一家族につき四人の子どもの帯同しか認めていなかったので、まずは年齢順に上から四人を連れて行った。ファーフェタイ、またはタイおじさん（「ファーフェタイ」はサモア語で「ありがとう」で、おじさんの本名だ。最初に生まれた子、神様からの授かりものなのでそう名付けられた。後にアウタガヴァイアというチーフの称号をもらった）、パエパエおばさん、コヴァティ（私のパパ）、そしてテレタラおばさん。テレタラおばさんは年齢順にするとパパの次ではなかったけれども、その時に酷い火傷を負っていたので姉のタウアヴァエおばさんをスキップして先に移住した。その後何年かにわたって、約束したとおり、グランパは残っている子どもたちを全員迎えに行った。

家族全員で全くの新しい国に移住して、生活を新たに始めることは決して簡単なことではない。グランパとグランマは私たちにいい生活をさせるため、それはもう大変な苦労をした。他のアイランダーの移民家族たちと同じように、新しい社会、新しい規則に合わせ、文化を理解するだけではなく、差別を受けるショックも経験した。彼らが移住してすぐにニュージーランドの経済が悪くなった。その時までは戦後の経済回復において労働力を補うために移住を勧められていたアイランダーたちが、国に起こっている様々な問題、失業率の増加や犯罪など、全ての原因として責められたのだ。やつらは国を滅ぼすならず者だと言って。

一九七〇年代初頭はニュージーランドに暮らすサモア人にとって一番辛い時代で、パパもサモア人であることを恥じながら育った。特にパパにとって移住は大変だったのだ。彼は八歳でニュージーランドに来て、ものすごく大きなカルチャーショックを受けた。彼はずっとパラギの世界に溶け込めるようにニュージーランド人になりたかったけれども、彼は若過ぎたし何もかもが初めてで、理解できないと学校でからかわれたりいじめられたりした。

グランパとグランマは子どもたちにはここニュージーランドにいられることに感謝し、ニュージーランドへの移住がどんなに大変だったことか理解してほしいと思っていた。とはいえ、移住がなければ

「違い」は生まれなかったのだ。のちに子どもが十人になったこの家族の中ですら「違い」がたくさんあった。最初に両親と移住した四人の子どもたちは、移住当初から一緒に様々なことを経験した。サモアに残されて、グランパとグランマが必死に数年間働いてから迎えに行くことができた子どもたち、タウアヴァエおばさん、ペイウおばさん、セウナペおじさんの三人。ニュージーランド移住後に生まれたヘミおじさん、亡きタラアヴェおばさん、ウリマサオおじさん、この人たちはサモアでの村の生活を全く知らない。家族の生活はてんやわんやで、家族の中でも人によって育った環境が全然違った。

私は幸運なことにここに生まれて、自分の場所をしっかりと知っている。パパがどこから来たかも知っているし、ママの生い立ちも知っている。子どもの頃にサモア語がわからなかったり、文化についてわからないことがあった時なんかは必殺の「見逃してもらう」カードが使えた。だってママがパラギなんだから。

グランパはニュージーランドに来た時から二十五年間、ウェリントンのミラマー地区にあるオプトプラストというプラスチック工場で働いた。平日は朝の七時から夜の七時まで、土曜日は朝七時から正午まで。そして違う工場でも十年間働いた。グランパは三十五年間も汗水流して働いて、家族のために家を買った。私たちみんなが住んだあの家だ。グランパはいつも工場か愛する教会で働き、働いていない時はオーバーオールを着て家でとても広い庭のガーデニングをしていた。庭には大きな野菜畑があり、私といとこ数人のプラセンタもその庭に埋められている。グランパはどんな野菜でも育てることができた。私たち子どもはグランパが庭にいる時が大好きで、トランポリンやブランコで遊んでいる時にグランパはずっと一緒にいてくれた。

グランパがいなければ何も始まらなかった。全てが彼によって動いていた。「グランパに聞いた？」「グランパはいいって言ったの？」子どもたちだけではなく、親世代もみんなこうだった。グランパは神のような存在だった。

ウェリントンに移住してからもグランパは周りからの尊敬を集めた。ニュータウン地区のパシフィックアイランダーの教会、長老派教会でオルガンを弾いていて、サモアから誰かが来た時は必ずグランパの家に寄りお茶を飲んで行く。七十代になっても、みんなの面倒を見てスーパーマンみたいだった。ドアのフレームを使って懸垂までしていた。いいぞグランパ、もう一回！ 彼はニュージーランド文化で言う「成功者」に当てはまり、いつもタバコの煙を煙突のようにもくもく吐き出しながら、毎日コーラを飲んでいた。

グランマの仕事は子どもたちの面倒を見ることと、料理と掃除だった。グランマはいつも大人数を食べさせていて、一体どうやってそんなにたくさんの人のお腹を満たさせているのかが不思議だった。私はグランマとのいい思い出がたくさんある。いまは亡きアヴァリイ・セセラ・トムリは一九三三年サモアのウポル島にセセラ・トムリとファアウル・トムリの九人の子どもの一人として生まれた。私たち孫たちのうち数人はグランマの優しい一面を知る機会に恵まれた。学校のお迎えや、放課後に世話をして食べ物を出してくれたのはいつもグランマだった。

彼女は晩年になると体に支障が出だして動くのが難しくなった。ある午後遅く私がグランマの家でママの迎えを待っていた時、他の子たちはみんな帰ってしまい一人残った私は、グランマとリビングでボールで遊んでいた。リビングはとても大きくて、グランマはソファに寝っ転がったままボールを投げ、私がそれを追いかけキャッチする遊びだ。グランマはたまにダミーを投げるから私は間違った方向にステップしてしまう。それを二人で大声で笑い合いながら、ママが迎えに来るまで遊び続けた。

誰もがグランマはいつも怒っていると、特にパパは思っていたけど、実は違うこの一面があって、とても優しく笑いかけてくれることを私は知ることになった。グランマはいつも子どもたちを抱きしめてキスをするのが好きだったけど、体があまり自由に動かなかった。グランマは一九九九年、転んだ際に脳出血を起こしたのが原因で亡くなってしまった。とても悲しかった。いまでもグランマには私がもう少し大きくなるまで生きていてほしかったのにな、と思う。いまなら栄養管理についてよく知っているから、食べ物などでヘルプできたのに。

私の家族がニュージーランドで新しい生活を始めた時にした苦労を考える時、私は絶対人生を無駄にしないし、成功に甘んじてその場に居続けることは絶対しない、といつも強く思う。私の前の世代はただならぬ苦労をしたから、私たち次の世代は感謝の気持ちを示し、サモアのルーツを誇りに思える。私たちはここで幸せになれることを知っている。好きなことをやって生きることができるし、工場で働く必要もない。私たちはここで生まれて、親がどこから来たのかも知っていて、自分が何者なのかも知っている。私はサモア系ニュージーランド人であることを恥じたことはない。私は二つの世界のいいとこ取りをして、自分の中の二つの文化をよく知っている。

やってやれ、ルビー。私は人生で何かをしないといけない。やらないわけないじゃん？　トゥイの名前を背負っているのに、自分ができるだけのことをしないわけがないじゃないか。

ああ、お祈りの時間。毎日の夜のロクと呼ばれるお祈りの時間ほど、グランパが家長であることを示すものはない。サモア人の全てのおじいちゃんがそうであるように、グランパもとても信仰深いクリスチャンだ。毎朝何時間も続くかと思えるようなお祈りをして、夜、それも毎晩、プレイステーションの『鉄拳3』の最終ステージで戦っている真っ最中に一番聞きたくない呼び出し「サウ　ファイ　レ　ロク！（お祈りをしに来なさい）」がかかる。いまから二時間ほど足を組んで大人しく座っていないといけないという意味だから。子どもたちは全員うめき声を出す。

その呼び出しが聞こえると、その家にいれば誰でも、老いも若きも、絶対にリビングに集合しないといけない。というか、その時が来るまで一体家に何人いるのか本当にわからない。一人また一人と集まって床にきてぎゅうぎゅう詰めで円になって座り、「ファーフェタイ　イ　レ　アトゥア」という歌を歌ってお祈りの時間が始まる。毎晩必ず同じ歌を歌ってから、グランパが聖書のお話をする。グランパは学校で聖書の勉強をしたけれども牧師にはならず、こうして家で毎晩彼自身の礼拝を開いている。まず証を述べて、それから聖書の話をする。子どもたちの数が足りていれば、クイズを出されることもある。

ニュージーランドで毎年ある「サモア語週間」の時に、普通は「タロファ　ラヴァ（こんにちは）」や「お名前は何ですか？」「元気ですか？」などを習うと思うが、私が最初に覚えたサモア語はこうだ。

オ　アイ　ナ　ファイア　オエ？（創造主とは誰？）
オ　レ　アトゥア。（神です）

オ　アイ　ロウ　ファアオラ？（救世主とは誰？）
イエス。（イエス様です）

オ　アイ　ナ　ファウ　レ　ヴァア？（船を作ったのは誰？）
ノア。（ノアです）

このようによくクイズを出されたので、私はこの答えをそらで覚えていた。いとこたちの間では誰が一番この知識があるかの競争にもなった。私は唯一のパラギだったので、ちゃんと答えられた時にはグランパは感心してくれた。

クイズのあとは順番にお祈りの言葉を言う。

話せるならお祈りも言えるということで、私が一番年下だった時は、グランパは私から始めさせた。「まず始めにルビー、言ってごらん」。食べ物があることに感謝します、この家があることに感謝します、いとこがいることに感謝します、彼女は本当に最高、と言う。そして次に年下の子どもがお祈りを言い、年齢順に回っていく。七歳か八歳になった頃には決まったお祈りの仕方があることを覚えた。後になって、パパにだいたいの順番を教わったことを思い出した。まずは神に敬意を示して称賛し、次に自分の罪に対する許しを請うて、感謝をして、そしてお願いごとを、例えば「神様、私たちの家族を見守ってください」という感じにする。最後にアメネ（アーメン）を言い、次の人の番になる。年齢が上がるにつれて、お祈りは長く言わないといけなくなる。最後にグランパが締めのお祈りをするのだが、それはもう永遠に続くかと思うぐらい長い。

私の足はしびれてきて、小さい子どもは泣き出すこともある。あまりにも泣くようなら部屋の外へ連れ出される。私がそわそわし始めてしまうと、誰かに睨まれて「シーッ！　ルビー！」と怒られる。目を上げると、何人かのおじさんやおばさんは寝ているのが見える。いつも私たちには集中しなさいと言うくせに。

でもグランパのお祈りで一番印象に残っているのが、締めの部分の神様へのお願いで、必ず家族の一人ひとりについて名前を挙げながらお願いをすることだ。誰一人忘れることは絶対になかった。ママも含めて。グランパはいつも神様にマリオンを見守ってくださいとお願いしていた。

そしてついに！　グランパがみんなが待ちわびていた言葉「ロ　マトウ　タマ　エ、オイ　レ　ラギ」と、主の祈りの最初のフレーズを言う。みんなしゃきっと座り、目に輝きが戻って、一緒にお祈りを終了する。最後に一曲歌えばお終いだ。

たまに、遠い昔サモアにキリスト教を持ち込んだ宣教師たちのことを考えると、なんてことしてくれたんだ！　と思う。たしかに良い価値感を学べたり、黙って二時間座り続けることや、話し上手になることができる。部屋中にいる人たちに向かって話すことに慣れ、その部屋の主が誰かをしっかり学び、そして神聖なサモア語も学ぶことができる。神聖なサモア語は普段の話し言葉とはかなり違っていて、もっと演劇的で詩的だ。グランパは雄弁家だったので、何百人もの人々を前にして話し、意のままに操ることができた。ニュータウン地区の教会では、みんなを沈黙させたり、爆笑の渦に巻き込んだりをマイクなしでやっていた。だから本当にすごいことなのだけれども、六歳の子どもにとっては遊んだりご飯を食べたりする方が優先順位が上で、二時間も座らせることは楽しくないのだ。

その時私は赤ちゃんで、パパの隣でママに抱かれ、一番いい服を着せられてニュータウン地区のアイランダーの教会、長老派教会の正面入口にいた。泣き叫んでいる。いまに始まる洗礼儀式のためにママは私を牧師に渡さないといけないが、私がどう反応するかが少し怖いようだ。グランパをはじめ家族みんなも教会にいる。洗礼は家族にとってはとても大事な儀式なので、パパは「大丈夫、大丈夫」とあやすけれども私は泣き止まない。洗礼が始まる時が来て、ママは「ごめんなさい……」と謝りながら牧師に私を預けた。彼はとても大きな男で、丈の長い正装がとても暑いのかおでこには汗の玉が浮かんでいる。彼から伝わる熱か、または大きい体に安心したのか、とにかく奇跡が起こって私が泣き止んだ。私は彼を見上げて、リラックスしてとてもハッピーだった。

私は小さい頃から行ったり来たりがあったのでいとこたちほど定期的に教会に通っていたわけではないが、ウェリントンにいた時はいつも教会に行くいとこたちについて行った。私の「ファア　サモア（サモア人としての生き方）」は完璧ではないが、教会と毎晩のお祈りのロクなどで保ち続けることができた。歌を歌い、サンデースクールについて行ったり、「白い日曜日」［サモアの祝日］を祝ったり普段の教会に行ったりという繰り返しはつまらなく聞こえるかもしれないが、私にとってはおもしろかった。教会の人たちはみんな歌が人気歌手並みに上手だった。若い人たちもたくさんいて、演奏をしたり歌を歌ったり、聖書のシーンの劇をしたりなど、全員が芸達者で魅力的だった。

女性はきれいな洋服かサモアの伝統衣装のワンピースであるプレタシと帽子を被り、男性はサモアの腰巻き布ラヴァラヴァにシャツとネクタイを身につける。グランパは向こうの方でオルガンを演奏しているが鍵盤などを一切見ずに笑っていて、いとこたちは合唱に参加している。この教会は、音楽の質の良さで成り立っていると思った。

ニュージーランドでは、マオリ族の人たちの集会場所「マラエ」があるように、教会がサモア人の集会場所となっていて、全てのことがここで起こる。教会のホールでもキッチンでも、どこでも楽しいことを見つけることができて、わいわい騒いで一日を過ごす。教会はとにかくインスピレーションを与えてくれる場所で、家族の後押しもあり、自分の可能性を見出すことができた。

教会という場所は行きたければ毎日行ってもいい。サモア人たちにとって教会は何か困難があった時に行ける安全で救いの場所であり、サモア人であることと、そこに集まる人たちの才能と栄光を誇りに思える場所なのだ。グランパの家に滞在した時は、日曜日の朝十時にまず教会の英語の礼拝に行って、トナアイと呼ばれる盛大な昼食のために家に帰り、グランパとグランマは午後三時にサモア語の礼拝のためにまた教会に行くが、私はいつももう一度行くのは逃れようとしていた。

私が三歳の時だ。いとこのオリアナが正装に着替えて、シヴァと呼ばれるサモアの伝統的なダンスを披露した。彼女がサモアの女神のように見えて、とても感動した。私はずっと年上のきょうだいが欲しかったし、年上のいとこたちに憧れていた。ある時、おばさんが私のために素敵なサモアの衣装を作ってくれた。小さな赤いワンピースと髪飾り、そして貝殻のネックレス。おばさんは私の頬に赤い口紅を引いて、みんなの前へ出るように言った。前へ出てみたもののどうすればいいのか全くわからなかったので、とりあえずオリアナの真似をして手を振ったりしてみたら、観客たちは私たちに向かって小銭を投げだした。私は全然正しい動きをしていなかったけれど、きっと三歳の子が十三歳の真似をするのがかわいく見えたのだろう。小さい頃にこんな体験ができる場所を私はここ以外に知らない。

ある年の「白い日曜日」に、グランパはとても長いサモア語の文章を覚えるように言い、毎晩練習させられた。私こういうの得意じゃないのに、なんでこんなことさせるの？　と聞くと、グランパは「間違えても問題ない。大丈夫だから」と言い聞かせる。本番の日、教会でみんなの前に立ち、すらすらと全部言えた時は衝撃だった。私の中にはちゃんとサモア人がいて、それが私の一部であり、私はそれを誇りに思う、というメッセージを受け取り、何か大事なことがわかった気がした。

その昔、グランパはパパたちきょうだい全員で「フィードバック」というバンドを組ませて演奏させていた。全員何時間も必死に練習して、完璧なハーモニーに仕上げたそうだ。きちんとできなかったらきっと殴られたと思うが、それが彼らの役割だった。私たちの世代も同じだった。大家族出身のいとこたちはみんなバンドで演奏していて、彼らの音楽は世界のトップ10に入るレベルだった。パラギの世界では才能は個人のものとして認められるが、サモアの文化では〝その才能を使ってコミュニティと家族に何を貢献できるか〟が問われる。村の暮らしで一人ひとりに役割があるような感じだ。義務として、何かをしなければならない。例えば、メインボーカルができなければハモりに入る、ハモれなければピアノを弾く、ピアノが無理ならばギターを弾くといった具合に。**何かできること**が必ず全員にあり、自分が目立つためにするのではなく、コミュニティの一員として関わるためにするのだ。

私の役割は、リードシンガーのサポートだった。私は必要な時に歌ってうまくサポートすることができた。私は歌を披露するのはまあ大丈夫かな、ぐらいの能力なのだが、家族でサモアへ旅行に行った時に、私はこの家族の中では音楽の才能がある方ではないとわかった。いとこたちほどの才能はないけれども、彼らはいつも私を歓迎して、私が安心して歌える環境を作っていてくれた。

サモア側の家族が私にしてくれたことに関して、感謝してもしきれない。

パパは教会に来ることはなかったし、教会をとても嫌っていた。それなのに教会の人たちはパパを通じて私のことを知っていた。「ヴァキの子どもでしょ？　ヴァキは元気にしてる？」と。家族の歴史はいつも良いものばかりではないけれども、それのおかげでいまの私たちの状況が理解できるし、アイデンティティを理解するのに役立つ。私の家族はパーフェクトじゃないけれども、私だってパーフェクトじゃない。別にそれでいいと思っている。

ルビーのライフレッスン

私は人生で何かを成し遂げないといけない。
トゥイの名前を背負っているのに、
自分ができるだけのことをしないわけにはいかない。

4　トゥイワールドの衝突

スポーツに参加することは、私にとってはいとこたちと一緒にあたたかい「ファミリー感」を感じながら何かをすることだった。みんなとてもスポーツ万能だった。いとこたちは男の子が圧倒的に多く、女の子は少なかった。みんなＷＷＥ（プロレス）が大好きだったから、というか、いとこたちが好きだというから、私もＷＷＥを好きなフリをした。私が人生で初めて脳震盪《のうしんとう》になったのはトランポリンで遊んでいる時だった。みんなで宙返りの練習をしていて、トランポリンから外れて頭から真っ逆さまに落ちた。起き上がったら目の前がチカチカして、なんだこれ……と思いながらもすぐにトランポリンに戻り、何事もなかったように遊び続けた。

最初にラグビーユニフォームをもらったのは三歳の時だった。ウェリントンのポネケラグビークラブの、赤と黒のジャージ。パパの一番上のお兄さんであるタイおじさんがコーチで、年上のいとこのサミュエルとデイビスが六歳以下の部でプレーしていたクラブのだ。同い年のいとこのヘニーがお兄ちゃんたちと一緒に通いだしてジャージをもらったので、私もしたいとママに言った。スパイクまで一式全部、欲しかった。とにかくいとこたちと同じことがしたかった。

そしてスパイクも含めてユニフォームをもらったが、私は全く楽しめなかった。男の子の一人に髪を引っ張られたし、何が起こっているのかよくわからなかった。子どもたちの軍団がフィールドの反対側でボールを追いかけている時、私は隅っこでたんぽぽを摘んでいた。

私はスポーツ愛があったからスポーツをしたのではなくて、仲間になるためだけに参加した。仲間になれるためならなんでもやった。いとこたちみんなが空手をしていたので、私も空手を始めた。みんなが空手を辞めた時、パパは私に辞めさせてくれなかった。私はみんながやっていたからやっただけだったのに、パパとママはスポーツは勝手気ままな日曜日のランチとは違うと理解してほしかったようだ。もしやりたいのなら、きちんとやりなさい、と。

パパは若い時ラグビーがとても上手で、「教会に行く必要がなかったら俺はオールブラックスになれたはずだ」とうるさいほどに言っていた。私が五歳ぐらいの時にパパはなぜかサッカーを始めたが、サッカーもとても上手かった。パパを見て私もできると思い、やってみたら私もかなり上手くプレーできた。

いろんなことは置いておいて、私はパパに憧れていて、パパのようになりたかった。小学校一年生の時、私は髪が長くていつもツインテールにしていた。パパが毎朝もつれた髪を梳《と》かしてくれる時、痛くて泣いていた。パパの髪型は後ろ側は剃っていて、てっぺんに少し髪があるだけだ。パパのようになりたかったので、ある朝泣きながらパパに私も同じ髪型にできるか聞いてみた。するとパパは散髪屋さんに連れて行ってくれて、私の後頭部をパパのように剃り、さらに十字架の模様を入れてもらった。超クールだと思った。でも、かわいそうなママ。ママがそれを見た時「なんてこと⁉︎」と驚き、翌日から毎朝学校に行く前に、ママは誰にも見られないように十字架の部分をマーカーで塗りつぶす羽目になった。

アイランドベイ・ハンマーヘッズというサッカーチームに入った時、最初はチーム全員が私のことを男の子だと思っていたそうだ。この頃はいとこたちが次から次へと遠くへ引っ越して行ったため、放課後に遊ぶ相手が減ってしまっていた。サッカーの練習が週に数回あり、私はどんどん好きになっていた。ハーフタイムに配られるオレンジ、ハイタッチ、チーム一丸となる感覚。たくさんの新しい友達ができた気がした。しかし現実は、他の子の親たちが無理やり私と子どもを遊ばせていたようだった。あの変なブラウンのオトコオンナの子と遊んであげなさい、と。なぜなら私はサッカーがとても上手かったからだ。私にとっては新しいいとこたちができた感じで、まじ最高！　超楽しい！　としか思っていなかった。上手くプレーすればするほど友達が増えていった。

私はチームの一員になれるなら何でもする。ある日私はお腹の風邪を患ってしまって、サッカーに向かう車内でビニール袋に吐いた。明らかに具合が悪かったので、ママは「今日はやめよう」と言った。ママが言ったことが信じられなかった。なんでだよ！　できるよ！　お願い行かせて！　お願い!!　とママに何度も言うと、最終的には諦めて試合に連れて行ってくれた。走って、ボールを蹴って、走って、サイドラインで盛大に吐いて、そして走って戻って、ゴールを決めた。とにかく楽しかったんだ。超楽しいから、病気だったとしても気にしない。だってチームの中にいられるから。

食べ物と食べること、睡眠と孤独、仕事と願望、愛と規律。私の中に存在する二つの世界で、文化的にこれらのことが全然違うということを理解するまでにそんなに時間はかからなかった。

食べ物と食べることに関して、ママは栄養、適切な量、食べ物のグループなどについて教えてくれた。ママの作る料理はいつも健康的で、炭水化物・肉・野菜の栄養バランスが良い食事だった。朝ご飯はオートミールのお粥。子ども用のビタミンまで摂らされた。採点リストがあればパーフェクトだ。ママのおかげで食べ物で体ができているとわかった。炭酸ドリンクは特別なご褒美だった。飲ませてもらえなかったわけじゃないが、いつでも飲めるものではなかった。

ところが、サモア側の家族の家に行くと、そこら中に炭酸ドリンクがあるから不思議だった。一本一ドルのでっかいボトルを、いつでもどこでもみんな飲んでいた。喉が渇いたら勝手に飲みなよ、と。もしかしたら水よりも安い、とってもチープなやつだ。「飲みなさい」と言われるので私は、「おばさん、炭酸ドリンクは特別な時しか飲んじゃだめなの」というと全員目をまん丸くして大笑いした。「もう、マリオン！」とみんなが言う。でもみんなはママの方針を尊重してくれた。

サモア側の家族では、食べることは全員で一緒にする、言わば「体験」だった。まるでイベントだ。サモアではマクドナルドはグルメな食べ物で、ケンタッキー・フライドチキンはとんでもない美食にあたる。毎週日曜日の盛大なランチ「トナアイ」はすごい光景だ。サモア料理のルアウ、タロ、ピスポ、サパスイなどが並び、ココナッツライスで〝グランドマン〟（グランパ）の右に出る者はいない。とんでもない量の食べ物が用意されていて、全員でとにかく食べる、食べる、食べる……。残り物まで全部平らげてしまう。これは豊かな国にいること、みんな一緒にいること、家族でいることをお祝いする意味もある。パパは何でも食べる。肉の骨、エビの尻尾、本当に何でも。グランマは自分のお皿が空になるまで食べ続ける、それがロブスターの殻であってもだ。朝ご飯の時は、バターを塗った白い食パンのタワーが二本できる。そして、卵、卵、卵。食事をすることはイベントなので、いつも食べきれない量が用意されていた。メアアイ（食事）の時間はみんなで一緒に食事をしているので、食べたいものをとにかく食べればいい。何でも食べて、全部食べて、心ゆくまで食べて。私はいまでもみんなの食べる音を鮮明に覚えている。おじさんたちがナイフを舐める音、口を開けたまま噛む音、肉の骨をバリバリ噛み砕く音、すする音、手を使って食べる音。それは純粋な喜びで、食べ物は本来こうして楽しむべきものなのだ。

パーソナルスペース、個人の空間の感覚も二つの世界では全く違った。ママの家では私は自分の部屋があり、大きな緑の二段ベッド、一人っ子だったからおもちゃも全て私のものだった。そして就寝時間は毎日決まっていた。

グランパの家では、家にあるものはみんなのもので、自分の部屋なんてなかった。誰かとシェアすることを学ばされた。当時は一部屋に一家族住んでいたので、多分二十人ぐらいの人がいた。夜はリビングルームが巨大なベッドルームと化し、床に敷き詰められた何枚ものマットレスが一枚の大きなマットレスのようになり、たくさんあるブランケットを使って雑魚寝する。いつもテレビがついていて、見ながら眠りに落ちてしまう。私はそこで安心感と愛されている満足感に浸ることができた。誰かの大きないびきが聞こえ始め、うるさい息の音を聞きながら、私はいつも最後まで起きて一晩中映画を見ていた。就寝時間のルールなんてない。一晩中テレビがついていて、おばさんたちは早起きをするので、この家は二十四時間年中無休でいつも起きているようだった。

教育への姿勢、仕事、人生観と幸せの観念なども、微妙な違いがあった。たくさんいるいとこの中で大学へ行ったのは私を含む数人だけだ。大学へ行くことはそれほど重要ではなく、それよりも早く仕事を始めて家族に貢献する方が重要視されている。現代の若い世代ではその概念は変化しつつあるが、当時はそれが一般的で、そもそもニュージーランドへ移民してきた理由は生活資金を稼ぐためだからだ。グランパとグランマも村を出て、良い生活をするためにここへ来た。だから、とにかく仕事をしなきゃいけない。「仕事を楽しんで幸せに生きる」ことが重要ではなくて、**「仕事がある」**ことが大事なのだ。そして、みんなの送り迎えをするために家族の誰かが車を持っていなきゃいけなくて、車を買うのにもみんな少しずつ出費する。いつも全員が目指すゴールがあり、みんなでする挑戦だった。私たちみんなの挑戦。

楽しく幸せに仕事ができているかが話題に上がることはなかった。それ以外の幸せが十分にあるからだ。家族で過ごす日々、食事、みんなで外で遊ぶ時間など、生活に常に愛が溢れているので、別に仕事に幸せにしてもらう必要がない。

一方、当時のママにとっては、良い仕事とは個人の功績だった。良い仕事につくことは大切なことで、仕事内容を楽しむこと。給料は彼女自身のもので、さらに仕事にともなう責任も彼女のもの。ママを見て、良い仕事を持つことはその人の自信や自己肯定感に繋がるのだと知った。

ママの兄のニールおじさんはニュージーランド南島のウエスト・コースト地方で自分で観光業の会社をやっていて、それは私には新しい発見だった。世の中には週に七十時間も最低時給で働き、さらに稼ぐためにもっと働く人もいるが、自分の会社を持つ人もいる。もちろん幼い頃はそれぞれの選択肢や可能性などについてよく理解できなかったが、二つの家族を通して見た中でいまは全てはっきりと見えている。
サモア側の家族がくれる愛はとにかく大きく、表現の仕方も大胆だったが、規律に関してもとても厳しく、パラギ側とは全然違った。いとこたちが親から体罰を受け、顔にパンチされている様子はとても怖かったし、いまでも忘れられない。しかし私に対しては違った。パパはサモア文化の中で当たり前に体罰を受けて育ち、そのことを恥じて拒絶していた。パパはたまにいとこたちが殴られているのを見てとても悲しんでいた。

いとこの一人がある日、住んでいたグランパの家から夜に抜け出した。ベッドの中に枕を入れてカモフラージュしたが、バレてしまった……。もちろんグランパは容赦なかった。サモア文化では、とにかく罰を受け入れないといけない。ただひたすらに謝り、許しを請いながら、罰則を受け入れる。殴り返したり言い返したりしてはいけない。彼女は「お願い、許して！」と叫んでいたが、グランパはやめなかった。見ていた私はただただショックで、ついにパパが止めに入った。

サモア文化の中では、愛はとても大きいけれど、この体罰の文化はとても嫌だった。同い年のいとこが、大人相手と同じように親にフルスイングで顔を殴られる。倒れたら、もう一度起き上がって次のパンチを受ける。彼は確かに悪いことをしたが、悪気はなかっただろう。暴力は実は愛と繋がっているのだが、サモア文化にかなり浸らないと理解できない。そして、一歩離れて客観的に見た時に初めてはっきりと見えてくる。

体罰のひどさと、犯した罪の大きさは比例する。これによって家族から疎外されてしまうのではなく、ある意味絆が深まる。誰かが殴られているのを見た時の家族の反応は「かわいそうに……」ではなくて、

「一体何をしたの？」になる。見ている人は**「何をして家族に恥をかかせたの？」**と思うのだ。

そして暴力が止んだら、それで終わり。

ママとニールおじさんはサモア文化とは対照的で、常にボディタッチをしたり愛してると言ったりするような愛情表現ではなく、座って静かに深くじっくりと技術論、政治論など実体のある話をする。ニールおじさんの家で誰かが声を上げるのを一度も聞いたことがない。サモア側ではそうやって思想をはっきりと言葉で表現することはなく、いつもハグ、キス、食べ物などで表現する。愛情表現がとにかくすごい。でも一度《ひとたび》悪いことが起こったら、座って落ち着いて話をするなんてできない。それも体を使ったアクションで表現する。

家族と教会で何時間も過ごし、食べて、食べて、三時間ほど食べまくって、手を洗って、お茶を飲み、笑って、歌を歌う。怒った時は、暴力。使えるものは何でも使ってバシン、ガシャン、ドタンと何でも壊す。本能的なのだ。愛されている時は、この世の全てを手に入れたような気分になるが、悪い時はとても怖い。だが、それも誇りへと繋がっている。サモア文化では、愛されている時は全身でその幸福を感じられるように、罪を犯したら実際に体で痛みを感じて不名誉を洗い流さないといけない。

パラギの世界では、それは時に野蛮と思われる。パラギ文化では何か悪いことをした場合、手紙を書いて謝罪したり、弁護士を雇って司法制度を使って解決する。誰かを称える時は、履歴書に名前が乗る推薦人になったり、推薦状を書いたりして表現する。全く別の世界なのだ。

しかし現代では大切な変化が起こっている。ニュージーランドで生まれてニュージーランドパスポートを持つ私たちの世代は、努力して正しく理解しなくてはならない。状況がサモアの人と習慣に大きな変化をもたらしている。大きな変化が起きている。現代では新しい罰則の形がある。例えば以前は学校をサボった子どもは殴られていたが、いまは居残り指導など、他の方法で罪を償わせる新しいシステムがある。これによって好ましくないものだけでなく何か大切なものが失われてしまう可能性もあるが、いまは私たちの文化にとってとても大事な時期だ。

サモア文化の良い面で失ってはいけないものは、家族に対してノーと言わないこと。家族は絶対に壊れない絆だからだ。パラギの世界では家族と疎遠になったり、自分が何者かよくわからなかったりする人もいるという。サモア文化ではみんな自分の居場所、ルーツを知っていて、私たちは愛されていると理解している。

私は二つの世界で育つことができて本当に感謝している。そのおかげで私は少し簡単に人に優しくなることができている気がする。物事への見方は一つじゃないことを知っているから、なぜ人がそのような行動をとるのかがよくわかる。

自分の周りからたくさんのことを学んだ。ある態度が相手にどのような影響を及ぼすかを常に観察し、大好きな人に怒られた時や、大切な人に何かが起こった時は真剣に受け止めた。私が感受性が高いということかもしれない。でも全ての子どもたちは、何が正しくて何が間違っているかがわかっていると思う。

パパは、パパの両親から受けた仕打ちをしないように私を育ててくれたので、パパに暴力を振るわれたことはない。パパが怒った時におしりを叩かれたことが何度かある。この時パパは本気で怒っていた。

私が泣きながらママの方へ駆け寄ると、パパは崩れ落ちた。頭を下げ、罪の意識で泣きながら。ママは「あんた何してんのよ！」と怒った。パパは少しやりすぎただけだと私にはわかっていた。ちょっとやりすぎちゃっただけ。

それはパパとママが喧嘩して、警察沙汰になった時も同じだった。やりすぎたのだ。私は知っていた。子どもながらにも、何が正しくないことかわかっていた。

私が悪いことをした日のことを覚えている。タラおばさんが、私といとこたちをスパイス・ガールズのショーへ連れて行ってくれた日。もちろん本物のスパイス・ガールズではなく、モノマネショーだけど。ステージ上でポッシュ・スパイス役をしていたお姉さんが、パパと同じバンドにいる人だと気づいた。そのお姉さんを見つけた時に私は興奮しすぎてしまい、いとこの一人と誰にも言わずに家族から離れてバックステージに探しに行った。いとこは緊張してダメだよと言い、おばさんの方へ戻ろうと言ったが、私は戻りたくなかった。五歳か六歳くらいの時だったと思う。タラおばさんがどんなに心配するかなんて考えもしなかった。ようやくおばさんのもとへ戻った時、おばさんはとても怒っていた。いままでおばさんに怒鳴られたことなんてなかったが、この時だけは「あんたどこに行ってたの⁉　もし今度同じことをしたら、もう二度とどこにも連れて行かないからね‼」と厳しく言った。その時初めておばさんにどんな思いをさせたかがわかった。最高の楽しみを失うぐらいなら、私はしっかりと言うことを聞く。

「良い行い」についても学んだ。ある日、パパが札束を失くしてしまったことがあった。さっきまであったのに見当たらず、パパは我を忘れてそこら中を探し回っていた。すると、私が自分のベッドのシーツの間に挟まっていたのを見つけた。パパに届けに行くと、パパは嬉しさのあまり泣き崩れ、何度も何度も感謝した。お金をちゃんと返すのは正しいこと……そっか、私は正しいことをしたんだ！　正しいこと、良い行いをすると、周りの人も嬉しくなるのをその時知った。

ウェリントンでの幼少期は最高だった。学校、サッカー、いとこたちと他の友達。そこは私のホームで、楽しいことばかりだったし、大切なことをたくさん学んだ。

そこにずっといたかった。

ルビーのライフレッスン

物事の見方は一つじゃない。

5　止められないモール

ママに新しいパートナーができた。リックと呼ぶことにする。私は七歳か、八歳になろうとしているぐらいの時だった。

ママとパパがいつもビリヤードをしに行っていたパブがあった。ママはそのパブが大好きで、素敵な友達もたくさんいたので私もたまに一緒に行ってビリヤードをした。ママと友達だけで行くこともあった。ある日、ママはそこでリックと出会った。当時ママはパパと別れようとしていて、それもありリックと出会って即座に一緒になった。付き合ってすぐに、リックはママにウェリントンから出たいと言った。

最初の頃、リックはいい人に見えた。家にディナーを食べに来た時は、私とジョークを言って笑い合っていた。彼は全然面白くなかったけど、私は社交辞令として笑っておいた。彼は常にいい人のように振る舞っていたが、私のことを好きじゃないという変な雰囲気を感じていた。リックはママにランドスケープデザイナー（造園設計士）だと伝えていたが、ママと一緒にいる間にそんな仕事をしているのを見たことがなかった。しかしある日、私たちの家の価値を上げてやると行って、庭仕事をやり始めた。

彼はまず最初に私の海賊船を取り壊した。そしてそこに池を作り、魚を入れた。他にもアウトドア用の暖炉を設置し、その日はそこで火を囲みながらみんなでディナーを食べた。二人が喧嘩を始めたので、私は少し下がってキッチンから庭へと続く階段に座って眺めていた。喧嘩がヒートアップしてしまい、リックがママを押して、ママは後ろ向きに倒れた。

それで彼がいなくなると思った。ママはきっと彼とすぐに別れるだろう。ママがパパと別れた理由もパパが怒鳴ったり押したりしたからで、新しい得体のしれない男と同じことが起こってママが耐えるとは思えなかった。ママ大丈夫だよ、すぐ次の人が見つかるよ。そう思い、私は室内に入ってママが彼に別れを告げるのを待った。

ところが正反対のことが起こってしまった。彼が私たちの家に住み始めたのだ。すぐに事態は悪化した。そりゃ、そうだ。最初に見たものがすでに危険信号だったのに。大人の世界は複雑なようで、子ども目線から見れば簡単にわかることなのだが、ママはちょっと変わってしまった。彼女はいつもは強くて十分には幸せな人だったが、またモラハラな関係に陥ってしまった。家庭内暴力（ＤＶ）を受ける他の女性たちと同じように、ママもこの時自分自身を責めていたんだろう。

ほどなくして、私にきょうだいができるとわかった。ママが妊娠したのだ。いままでずっときょうだいが欲しかったからとても嬉しかった。ママのお腹が少し目立ってきた頃、リックはママにウェリントンから出るように説き伏せ、またたく間に私が大好きでずっと住みたかった家を売り払い、本当に周りに何もないド田舎に引っ越した。南島の一番上、タスマン地方のタカカという街に。

いま自分で書いていてもなかなか激しい出来事だったと思うが、その時は物事が光の速さで進んでいるように感じた。とても幸せに過ごしていると思ったら、いきなり全てが変わってしまった。

気づいた時には、サモア側の家族、学校、サッカーチーム、友達、何でもあったウェリントンから遠く遠く離れた地に来てしまっていた。ママも大好きだった仕事や友人たち、サポートをしてくれる人たちから離れてしまった。大人になってから、これがDV男のすることなのだと知った。パートナーを家族や友人から引き離し、孤立させ、その人たちの関係が良くないことを目撃したり批判したり本人に伝えたりする人がいない環境を作り出す。

ニュータウンの家を売ったお金を使って、ママはタカカの街のメインストリートにあるお店を買った。「ヘブンリー・ボディーズ」という洋服屋が道路に面していて、後ろ半分は住居になっていた。ママのお腹はどんどん大きくなっていったけれど毎日働き続け、同時に家事も全てこなしていた。その間リックは毎日大麻を吸っているだけだった。彼は十代の時に誰かに暴行を受けたとかなんとか理由をつけて、国から傷病手当金を受け取っていた。アーティストを名乗っていたので、庭の物置小屋でアーティストらしく過ごした。私が見た限り彼は家族に何の貢献もしておらず、タカカへ引っ越して安心したのか、朝から晩までひたすらにママに「お前は馬鹿だ」と怒鳴り続けていた。私はとにかく混乱したし、ヤツがいる時に家にいるのが嫌だった。

ウェリントンで最初にリックと出会った頃は、一応私には優しくしてくれジョークを言ってくれたりしていたが、それももうやめたようだ。彼が私を好きじゃないのは明らかで、チャンスがあるたびに私を叱った。彼はパラギとしてサモア人が嫌いなことをオープンにしていて、最終的に「サモア人はみんな罪人だ。あいつらは盗み、レイプする地球のクズだ」と私に向かって言った時、彼の私に対する態度の説明がついた。ママがいる時はそういうことは一切言わず、私にだけ言った。

転校した新しい学校でみんなの輪に入るにはスポーツが一番いい。サッカーチームに入ったけれど、どれだけコーチたちに私はサッカーを知っていてシュートを蹴るのが得意だと伝えても興味を持ってもらえず、ベンチに座らされ、試合の途中でバックフィールドのポジションにちょっと出させてもらえるだけだった。ボールが私の方に来た時、ドリブルをして、何人もぶち抜き、フォワードの選手たちにどこに行けばいいか指示を出した。そしてフォワードの一人に最高のパスをして、ゴールに繋がった。

その瞬間コーチたちはフィールド上まで走ってきて、「おいお前！　下がれ！　ルビー、前に行け！」と言い出した。ねえ、だから何回も私は上手いって言ったじゃん。

スポーツが得意なことが知れ渡ると同時にみんなが私を真剣に受け止めてくれるようになった。何のスポーツでもよかった。突然の変化で家が幸せじゃなくなってしまったこの時期に、スポーツを通して人と繋がれて、私を尊敬してくれる友達ができたのはせめてもの救いだった。この時実はラグビーも少しだけしたが、とても小さなこの学校はラグビーやスポーツに力を入れていたわけではなかった。私はどんなスポーツでも、プレーする時は必ず勝とうとした。

赤ちゃんが間もなく生まれるという時になって、ママは深刻な合併症を患ってしまい、ヘリコプターに乗せられて近辺では一番大きいネルソンという街の病院へ運ばれた。私たちはタカカの山道を猛スピードで越えてママの元へと急いだ。お産は何日も続いたように感じた。ママのそばにいて、寝て、起きたらまだお産の途中。大人になってから知ったが、合併症が思ったよりもひどく、ママは出産中に死にかけたらしい。私は応援するためにママの手を握っていて、最終的に医者たちが赤ちゃんを引っ張り出した。赤ちゃんが出てきた時に息をしていなかったので、みんながパニックになったのを覚えている。

私の目の前で慌てて長いチューブを赤ちゃんの鼻へ挿し、空気を送ると赤ちゃんがやっと泣いた。ついでに私はへその緒を切らせてもらえる超クールな体験をした。そして、デイン、私の小さな弟がこの大変な状況の中誕生した。それからずっとデインは私の小さな相棒だ。でもママとリックの関係は、そこから悪くなっていく一方だった。

当時はわからなかったが、ママは産後鬱で苦しんでいた。一方、リックはどんどんうるさくなっていった。本当にバカみたいな話だが、例えばママが何か、違うメーカーの砂糖なんかを間違って買ったとしたら、リックはママに延々と怒鳴り続けた。

リックは大麻でラリっていない時がなかった。たまには違うこともしたが、だいたいいつも大麻を吸って過ごしていた。私は大人は大麻を吸うのが普通だと信じ込んでいたので、ある日街でリックの大麻友達を見かけた時、今日もリックと大麻を吸うの？　と何気なく聞いてしまった。別に大事だと思わなかったし、単純にビールを飲むこととの違いがわからなかったのだ。家に帰ったらママとリックが私を座らせて「そういうことは外で言ってはいけない」と叱った。どうやら私がその友達に恥をかかせたらしい。本気でムカついた。法律を破ってるのは私じゃないのに。大麻を吸ってるのは私じゃないのに。大麻を吸うことで恥をかくのなら、最初からやらなきゃいいじゃん。なんてバカなんだろう。ていうか、この状況全てがバカだ。ママ、マジでたのむよ。せっかくひどい関係から抜け出したのに、次にまたこれじゃ意味ないじゃん。

リックは多分裏で何か良からぬことをしていたのだろう。怒らせてはいけない人たちを怒らせてしまった。ある日家に帰ったら、警察によって家の中全部がひっくり返されていた。いろんなものがあちこちに放り出されていて、強盗に入られたみたいだった。ママがショックを受けていたのを見て、私はさらにムカついた。ねえ、これからどうなると思ってんの？　これに関して警察にも言えないんだよ、だってこれをしたのは警察なんだから。

その後、私たちはすぐに別の街へ引っ越すことになった。新しいビジネスに全身全霊を注ぎ込んだのに、かわいそうなママ。私だってスポーツを通じてやっと仲間ができたのに。一年も経っていないのに、また引っ越しだ。

私に言わせれば、ママはずっと前にこの男と別れるべきだった。ウェリントンで突き飛ばされた時。タカカで警察に家宅捜索をされた時。別れる代わりに、私たちは彼と一緒にもっともっと田舎へ行ってしまった。次の引っ越し先のキャンバスタウンという街は、マールボロ地方にあり、「近くに何もないこと」が特徴のような場所だ。地方内にある他の陸の孤島のような街からも離れていて、ハヴロックという街まで十キロ、レイ・バレーという街まで十七キロ。自然しかない、ド田舎でマジで何もない、リックが好きなだけドラッグをできる場所だった。さらに言うと、私たちの家はキャンバスタウンから五キロほど離れた場所で、広大な土地に建てられた家だったが、周りは全て牧場だった。見える範囲内に他の家はないので、ご近所さんはいない。家の前を走る道と、深い緑色をしたワカマリナ川が家の反対側にあるだけだった。リックが好きなだけ怒鳴り散らしてママを突き飛ばしたとしても、その声を聞いて不審に思い助けに来たり、警察を呼んでくれたりする人は周りにいない。その家を見た時に、リックの意図がわかった。

リックの暴走はたまに起こる現象ではなく、頻繁だった。彼が声を荒らげ始めると、いつも私は小さな弟を抱えて、家から逃げられる一番遠い場所、だだっ広い庭の端っこにある小屋へ行った。弟が夢中になるおもちゃを持っていくか、小さいラジオを持って行って家からの悲鳴が聞こえないようにした。私の役目は弟を遠ざけることだった。実際に見ることはあまりなかったが、いつも突き飛ばす音や怒鳴り声が聞こえた。一回だけだったが、鮮明に記憶に残っているのが、私たちは外にいて、ママたちは外から見えるキッチンにいて中の様子が見えた時だ。キッチンはギャラリーのようになっていて、行き止まりだった。ママが身動きが取れないのに彼が詰め寄っていく。ママは熱いお湯の入ったケトルを持って脅そうとしたが、リックはママの首に腕を回して羽交い締めにした。ママは小柄で痩せ型だ。そんな小さなママに彼は大声で吠えまくる。何かを欲しがっているのだろうが、何を求めているのかがわからない。そう、一番イラついたのが、彼が何を望んでいるのかがわからないことだった。マジで意味わかんない。これが何時間も続くのだ。ある時は五時間も。終わりが見えない。こんなことが起こった後は、ママにデインの世話をする気力なんて残っていなかった。

ママはいままで必死で自分の人生を築き、頑張ってパパとの関係を断ち切ったのに、さらに悪い環境に身をおいてしまった。リックはデインに手を上げることはなかったが、リックが暴走する時にデインの中で何が起こっているのかが私はいつも心配だった。私がどれだけ頑張っても、完全にデインの耳をふさぐことはできなかったからだ。子どもはみんな何か悪いことが起こっているのがわかるものだ。

その間もママは働き続けた。リックは働くことなんてまずなかったので、ママ一人で家族を養わなきゃいけなかった。家を買ったのもママのお金で、さらにママは外に出てもらえる仕事は全てもらってきた。ハヴロックという街のカフェでウェイトレスをして、他の仕事もしていた。ママはとても誠実な人なのですぐに上司に信用してもらえ、閉店後にお金の勘定をしたりする長時間のシフトをもらえるようになった。たまに見ると、一日中立ち仕事をしたあとのママは、とても疲れて見えた。ウェリントンにいた時のママは誰もが憧れるグラフィック・デザイナーで、かっこよくて、仕事が大好きだった。いまのママはカフェの疲れ果てたウェイトレスだ。リックはママにいつも「お前は役立たずだ」とけなし続けていた。というか、仕事してないあんたがなんでそんなこと言えるんだよ。

私は毎日ママよりも早く起きてスクールバスに乗って学校へ行き、家に帰って来てもママはまだ仕事でいなかった。リックは私が帰って来るのを見るなり「よっしゃ」と言って彼の部屋へ行き、デインの世話を私に任せる。リックは私には叱る時か、何かをしろと命令する時しか話しかけない。私の役割は帰宅後にまず皿洗いをして、おむつを替えたり遊んだりしてデインの世話をする。九歳、十歳、そして十一歳と、いつも家には私と赤ちゃんだけだった。赤ちゃんを守れるのは私しかいないと心から思った。

日が暮れてからママが帰って来る。そこからディナーを作り、私たちに食べさせて、そしてまた次の日も同じことを繰り返す準備をする。リックが爆発しないよう、全員いつもビクビクしていた。そして爆発は頻繁に起こる。パターンとしては、まずママがどれだけ役立たずかの小言から始まり、そこから間違ったものを買ってきただの、新聞をテーブルの上に置きっぱなしにしただの、数時間文句を言い続ける。きっと理由は何でもいいんだ。ママは深刻な鬱病だったと思う。だが、粛々と働くことで生き延びた。週末は車で一時間走りブレナムという街のスーパーに買い物に出かけた。そこが家から一番近いスーパーだった。スーパーでは、九十九セントのシャンプー・リンス・ボディーソープが全て一緒になったものなど、とにかく一番安いものばかり買って節約していた。それほど貧乏だったのだ。

この生活が大嫌いだったし、家にいることが辛い、という現実がとにかく嫌いだった。楽しいと思える家にいたかった。デインのことは愛していたけど、いつも家で赤ちゃんと二人きりなのが本当に嫌だった。私はいつも寂しくて悲しくて、存在したくないとまで思ったけど、もし私がいなかったら何が起こるのかを考えると怖かった。デインはどうなっちゃうんだろう？　誰が面倒見てくれるの？　そして、もしママに何かが起こっても、気づく人は誰もいない。

この時はまだママの命までは心配していなかった。安全面は心配していたけれども。だけど実際、考えることもできなかった。私もまだまだ子どもで、何に対して怖いのかもよくわかっていなかった。

リックは私に対してはいつも粗暴で暴言を吐き、怖い時もあるが暴力を振るうことはなかった。

リックが私に怒鳴る。私は泣きながら怒鳴って言い返し、自分の部屋まで走って逃げて二段ベッドを駆け上がる。するとリックは追いかけて来て、二段ベッドをガンガン揺らし始めて地震みたいにする。怒鳴ることはやめず「このクソったれが……」と言い続ける。彼は怒っていて、私は何をされるのかわからずとても怖いが、そのうちどこかへ去っていく。

デインとふざけ合って遊びの取っ組み合いをしていたある日のこと。私はデインをはたいたり押したりして、デインは私を噛んだりしていた。はたくと言っても、もちろん本気ではなく、子どもらしく遊んでいただけだ。後ろから突然現れたリックはその様子を見て激怒し、私の顔を力いっぱいパンチした。私は殴られた衝撃で部屋の反対側まで吹っ飛んだ気がした。

痛い。私は自分の部屋へ逃げ込んだが、彼は追ってこなかった。口の中が血だらけだ。血の処理をどうすればいいかわからず、とりあえず窓から外に吐いた。少ししてから洗面所へ行って顔を洗い、また部屋に閉じこもった。それからどれぐらい経っただろう、暗くなってからやっとママが帰って来た。車の音が聞こえたので、私は走って外へ出てママに駆け寄った。リックが言う前に、ママに私がデインに何をしたかを言わなきゃいけない。ごめんなさい、ママ、デインを叩いてごめんなさい。遊んでいただけだったんだよ。でもちょっと力が入っちゃって……。本当にごめんなさい。

ところがママは車から荷物を下ろすのに忙しく、私の方を見てもくれない。両手いっぱいに荷物を抱え、急いで家に入っていく。ママは私が言っていることがよく理解できていない様子で、「大丈夫よ、あなたがデインを傷つけたりしないってわかってるわ」とだけ言って、荷物を持って家の中に消えた。リックに殴られたことはママには言わなかった。それをママに言うのは彼の責任で、ママがそれを聞いたらやっと彼と別れてくれるだろうと思った。

私は自分の部屋にママが来て、ハグして具合を見てくれて、「もう大丈夫よ」と言ってくれるのを待った……が、それは起こらなかった。彼はもちろんママに殴ったことは言わなかったので、何も変わることはなかった。何も言われず、何もなされず、この時のママは完全にキャパオーバーしていて、私の様子がおかしいことには到底気づけなかった。

ルビーのライフレッスン

暴力的な人に酷い扱われ方をしても、
自分に責任があると思ってはいけない。

6　バスを逃した

キャンバスタウンに引っ越した時、私はとりあえず仲間に入れてもらえるスポーツチームを探したかった。いとこたちが近くにいないいま、家族以外の人と仲良くなるにはスポーツだ。しかし転校初日、かなりのショックを受けた。生徒数二十六人……全生徒数、小学校全学年でだ。何かの冗談かと思った。何百人もの生徒がいたウェリントンや、小さい町のタカカとも全然違った。この学校でどうやってスポーツチームに入ればいいんだ？　サッカーもなければネットボールもない。

唯一あったスポーツはラグビーで、男の子しかいなかった。前に挑戦した時に髪の毛を引っ張られたことを思い出して、ラグビーはくだらないスポーツだと思っていたけど、ここでは選択肢がない。ラグビーチームは私の小学校だけではなく地域のチームとなっていて、男の子しかいなかったが、キャンバスタウンに引っ越して二年目の時に学校の女の子二人を説得して一緒にチームに入った。チームに入って良かったことは、ハーフタイムにもらえるオレンジと、上手いと褒められること。そうだよ、私は球技が得意なんだ。一緒に入った女の子たちはあまり楽しめずに辞めてしまったので、試合の日はママに送迎を頼むしかなかったが、どこに行くにもとにかく遠かった。

この時一番記憶に残っている出来事は、ある試合が終わった後。とても良い試合をした日だったと思う。コーチがチームの男の子たちに「君たちはオールブラックスになれるよ！」と褒めていた。そして私の方を向いて「君はブラックファーンズだね」と言った。その時、誰それ？　「ブラックファーンズ」って何なんだよ？　としか思わなかった。ブラックファーンズなんてテレビで見たことがなかったから。ネットボールのニュージーランド女子代表チーム「シルバーファーンズ」ならみんな知っている。ネットボールをプレーした時はみんな「シルバーファーンズになりたい！」と言い合ったものだ。シルバーファーンズはテレビで見られるからみんな顔も知っていたけれども、ブラックファーンズ？　それを聞いてとにかくムカついた。いまのこの大嫌いな生活に加えて、わけのわからないものの名前を出されて褒められたことに。何の希望もなさそうだし、見込みのある道もない。全く現実味がなかったのだ。マジでくだらない。

結局その家には三年住んだ。当時の私の生活はとても一言で表すことはできない。惨めなほど貧乏で、人里離れたド田舎に住み、助けてくれる人もいなくて、死にたいと思った時もあった。安全だと安心させてくれる親がいると感じたことは一瞬たりともなかった——昼夜問わず。たとえママが家にいてもママは罵声を浴びせられていた。私は寂しかった。本当に孤独だった。その家もそこで起こった何もかもを私は憎み、こうなったのは自分のせいだと思うようになった。ママを助けてあげられない。リックはサモア人について酷いことばかり言う。私は無力で、役立たずで、いても意味がなかった。

家庭環境が良くない時、子どもがどれほど自分を責めてしまうか親は必ずしも理解しているわけではない。朝はいつも早く起きて、朝ご飯を食べるとランチを自分で用意して、迎えのバスに間に合うよう道に出る。いままでバスに遅れたことはなかったが、なんとその日は間に合わなかった。その瞬間、恐怖の感情が湧きあがってきた。寝室に行ってママとリックを起こさなくてはならない。それは嫌だ。リスクがあるのはわかっている。でも他に選択肢はない。五キロとか六キロというのは、十歳の子が歩いていくにはとてつもない距離だが、距離だけが問題じゃない。田舎の道路は、くねくね道で先が見えない曲がり角が多く、歩道なんてない。そこを車が時速百キロでビュンビュン飛ばしていくのだ。できるだけ音を立てないように寝室のドアを開け、ママだけを起こそうとした。ママの腕にそっと触れ、小声で「お願い、学校に連れて行ってくれる?」と囁いた。

ママは静かに起きて支度をしはじめた。外に出て待っていたら、一分後にどでかい怒鳴り声が聞こえて、私を甘やかすなと言っていた。まもなくママが外に出てきて言う。「ごめん、ルビー。歩いて行ってくれる?」

ママのためなら学校まで走って行くのも問題ないが、ママがこの瞬間、私よりあいつの言うことを聞いたことにとても傷ついた。

スクールバッグを引きずって、石ころを蹴りながら歩きはじめると、車がものすごいスピードで私を追い抜いて行く。しばらくすると一台の車が止まった。うちから二軒ほど先へ行ったところに住む一家で、同じ学校に通う二人の子どもと父親だった。

「何してるの?」

「バスを逃したの」

「ああ、今日はなぜか十分も早く来たんだよ。でも、親に歩かされてるの?」その子たちの父親は驚いた様子で私を見た。「乗って。危ないから歩いちゃだめだよ！」と言って車に乗せてくれた。やっぱりそうじゃん！　普通は子どもを歩かせないんじゃん！　たまに私が頭がおかしくなっているのかなと思ったりしたけれど、おかしいのはママたちだ。マジでクソだ。

当時の友達はみんな私の家に遊びに来たがらなかった。一回来たら次は来ないか、「親がダメっていう」と言った。噂が広まっていた。あいつがどんなヤツかが町の人たちに徐々に知れ渡っていた。ある土曜日、女の子の友達が遊びに来たけれど、すぐにリックが爆発した。彼が怒ってママに怒鳴る、いろんな物が大きな音を立てる、という状況が頻繁に起こりすぎていたせいで私は完全に麻痺していた。いつものように自分自身を「機内モード」にしてすべてシャットアウトし、デインを抱え、庭の小屋へ行った。

遊びに来ていた友達は、目をまん丸にして驚いていた。「いまの、何？」

私はただ肩をすくめた。この時にはもうショックを受けるなんていう感情はなかったのだ。「ああ、あれね、彼たまに怒っちゃうの」

でもその時に見た友達の顔は忘れられない。十歳だったけれども、彼女の顔にはっきり書かれていた。ここん家《ち》どうなってるの！　と。そしてそれが彼女が遊びに来た最後の日だった。

子どもだった私の頭の中では誰にも知られてないと信じていたけど、他の子たちの保護者はきっと知っていたのだろう。うちに遊びに来た子が家で怒鳴り声や激しい物音がしたと言ったら、想像はできたはずだ。そして、リックが前科持ちであることはすぐにバレたと思う。何か悪いことをして週末だけの定期的拘禁《PD》［拘禁刑に加えて、あるいは代えて、社会奉仕作業が科されることもある］の処分を受け教育プログラムを受けに行ったり、地域の掃除や芝刈りの社会奉仕をしていたのだ。私はＰＤが何かというのを幼くして知っていた。なぜなら、パパもたまにやっていたから。

スクールバスを降りて家に帰る時に、ある女の子が突然私に「ねえ、あんたも家に帰ってあの男と一緒に大麻を吸うの？」と聞いてきたことがあった。

お腹を思いきり蹴られた気分だった。恥ずかしくて死にそうだ。完全なる偏見。私のダークな時期は、まさにこの時だ。

怖い。

悲しい。

でも周りに頼れる大人がいない。サポートしてくれて、私を正当化してくれる人は誰もいない。起こっていることを客観的に見ることができるのは私だけという気がした。ママのことは愛していたけど、頼ることはできない。ママは何年も完全なる鬱状態だったから。後になってママは酷い産後鬱だったのだとわかった。でも私だって鬱なんだ。夜になったらいつも泣いていたけど、人前では絶対に泣かなかった。

完全なる敗北だった。

クロスカントリー〔実際の山道や森林を走る長距離離走〕の試合が近づいた時、みんな私なら勝てる！と言っていた。スポーツはずっと大好きで、選手に選ばれた時の気分は嬉しかったが、徐々に嫌いになってきていた。みんなは「ルビーすごいよ！」「ルビーなら絶対勝てる！」と言うけれども、もうそれでいい気分になることはなかった。対応しきれないプレッシャーに変わってきた。ママとあいつを表す存在として試合に出るのが恥ずかしかった。家で酷いことをしまくって、町内で噂になっている最低の男の家の子として注目を浴びたくなかった。

もし私がいま病気になったら？　走らなくていいし、学校にも行かなくていいし、そういうプレッシャーや羞恥心を感じなくていいんじゃん。そこで、雨が降ってひどく寒くても、私はタンクトップと短パンのみで過ごして、なんとかして風邪を引こうと頑張った。ところが、ガタガタ震えて惨めな気持ちになっただけで、病気にはならなかった。

スポーツはいつも嫌な気分の時に唯一救ってくれた。でもこの時は、スポーツすらも重荷だった。それくらい切羽詰まっていたのだ。

ルビーのライフレッスン

家庭内環境が悪い時に、
子どもがどれほど自分を責めてしまうかを
親は必ずしも理解していない。

7　煙に包まれて

二〇一二年に七人制ラグビー、ニュージーランド女子代表のブラックファーンズ・セブンズの選手としてデビューしてから、二〇一六年リオデジャネイロオリンピックで銀メダルを取るまで、私はチームといるときは一滴もお酒を飲まなかった。アルコールによって夢を壊された人たちを過去にたくさん見てきて、自分はそんなことは決してするもんかと思っていたからだ。私にとって「とても上手な選手」と「偉大な選手」の違いは「依存」だ。ドラッグ、アルコール、不貞行為など。だからラグビー選手になると同時に、まずアルコールをラグビーの生活から遠ざけた。新しくできたラグビー仲間たちには、私は真面目でつまんないやつだと思われていたけれど。みんなきっと私は人生でお酒を飲んだことがないと思ったことだろう。そう思ってくれて逆に良かった。じゃないと真実を話すこともなかっただろうから。

だが実をいえば、私は飲んだくれの生活を知りすぎている。とても小さい時にその道がどこに行き着くのかを知ってしまった。

九歳から十一歳の時は私の中でとても重要な時期で、それはキャンバスタウンでの出来事のせいだけではなかった。学校が休みになるたび、キャンバスタウンを出た。ウエスト・コースト地方のおじさんの家へ行くか、ウェリントンのパパの元へ行った。パパの所に泊まった時は、いろんなことをした。いままでの人生で一番辛かった時期だが、実験的な時期でもあった。パパの生活はアルコールとドラッグとパーティーで構成されていて、私は車の中で待つか……もうこの時には車で待ちたくなかったし、パパと一緒にいたかったのでついて行った。常にどこかに所属していたかったので、仲間に入ることのできる場所があればどこでも行った。

当時パパはグランパの家に住んでいたけど、ヘイリーという若い女性ととても仲良くしていた。頻繁に連絡を取って、飲みに行ったりいろんなことをしてよく遊んでいた。ヘイリーの母親は彼女が小さい時に亡くなっていたので、彼女には遺産で受け継いだ家があり、いつもたまり場だった。パパはグランパの目の届かないその家で、お酒を飲んだり料理を作ってくれたりした。

私たちの二つ目の家みたいだった。覚えている限り私はずっとずっときょうだいが欲しかったから、特にいとこたちが引っ越してしまったこの時に、突然お姉ちゃんができたみたいでとても嬉しかった。ヘイリーも私がいて嬉しそうだった。ヘイリーのおかげで私はかわいがられている、大事にされている、好かれていると感じることができた。ヘイリーがドンであるこの家と縄張りで、私は女王さまの小さな助手みたいなものだったからだ。

彼女は私のパパのことを「パパ」と呼んだ。三人で車に乗ってエミネムの新しいアルバムを爆音で流している時に、ヘイリーは私の方を振り返って「ルビー、私ずっと妹が欲しかったの」と言った。ヘイリーの周りにはたくさんの人がいるが、みんなが本当に彼女のことを好きなのかは不明だった。でも私が彼女のことを大好きなのを知っていた。彼女はよく怖い目にあっていたが、私がいることで間違いなく少し気持ちが和らいでいたんだと思う。

ヘイリーのためなら、私は喜んで白い粉が入った包みを気持ち悪いおじさんに届け、お金を受取り、彼女の元へ持って行った。最高に楽しかった。このクールな所で、クールな人たちとクールなことをしている気分だった。パパと一緒にお酒も飲むし、私たちは好きなことを何でもできるんだと思った。パパがビールを箱で持って来る時、私に向かって「四缶パックいるか?」と聞く。常にアルコールが周りにあったし、初めて飲んだのがいつだったかなんて覚えちゃいない。

パパは私たちのために料理をすると、誰かに会いにどこかへ行ってしまう。パパはいつもパーティー三昧だったので、私はヘイリーと一緒にいた。彼女の所にはすごく高そうなテレビがあって、ケーブルテレビにも入っていたから、私は好きなだけずっと起きてテレビを観ていられた。

少しずつ、でも確実に、ヘイリーは良くない人たちに巻き込まれていった。ある日突然この家が私たちだけの寄り道の家じゃなくなり、みんなの寄り道の家になってしまった。ドラッグの量も増え続けた。大麻、笑気ガス、シャブ(覚醒剤)……。四六時中家の中で誰かがお酒を飲んでドラッグをやっていた。私が初めて大麻を吸ったのは十一歳の時だった。

ある時私は三人の笑気ガスを吸っている男たちと一緒に座っていた。多分十歳ぐらいの時で、もちろん部屋の中で一番若く、みんなより十歳以上年下だった。日中だったので夜のパーティーみたいではなかったが、こんな状況は時間に関係なく起こった。彼らは風船に笑気ガスを詰めて吸い、私はそばで一人ずつ二秒ほど「飛んで」行くのを見ていた。ガスを吸うと白目をむいて目玉がぐるんと頭の方へ回りこみ、一瞬いつもの彼らじゃなくなって、すぐに戻って来る。「最高だったぜ」と言いながら拍手をし、

「お前倒れなかったじゃん!」などと、あたかも良いことかのように褒め合う。一人が私の方へ風船を差し出し、「お前もやれ! ほら!」と言ってくる。ええ、一体何をどうしたらいいんだ。もし私もやったら、あんたたちみたいにいつもの自分を一瞬失うの? ってか、倒れたらどうすんの? あんたたちみたいに戻ってこれないかもじゃん。気まずい思いをしていたら、彼らはまだ「ルビー、やれよ!」とはやしたてている。よし、ヘイリーがやれって言ったらやろう、と決めた。笑気ガスが詰まった風船を手に取り「ヘイリーと一緒にやる」と言って、彼女がいる部屋へ行った。ヘイリーはこの家のドンだが、私はラッキーなことに常に彼女の側にいることを許されていた。ヘイリーに風船を見せて、これって私もやっていいの? と聞いたら「うーん……」と言い、「私にやらせて? これやったことないんだよね」と言って軽く吸い込んだ。彼女はあまりにも簡単にこなしてしまい、あの三人に見たような反応は一切なかった。

もう一階上のフロア、家の最上階まで上がると、ヘイリーと一人の男がガラスのパイプを渡し合っていた。男はパイプの端っこを口にくわえ、粉が載った丸い方の先の底をライターで炙り、濃い白い煙を吸い込む。私にとってタバコ、大麻、シャブは全て同じ動作をして吸うから一緒だった。パイプが私の前を通り過ぎた時、思わず手にとって、やり方がわかるような素振りをした。これ吸ったからってどうなるって言うの? なんかクールじゃん。この時の私は自分が何に足を踏み入れているのかがわかっていなかったが、いろんなことを学んでいた。

ヘイリーはどのパーティーにも私を連れて行った。一緒に行ったとあるパーティーでは、みんな何かを吸っているか他のドラッグをしてるか泥酔していて、ソファに何人も寝っ転がっている。別に変わったことはない。何人かは十歳の子どもがいるのに驚いて二度見したけれど。ヘイリーと一緒にこの家の持ち主で、パーティーのドンである男の部屋へ行って座った。すでに出来上がっている彼が私に向かって「君、こっちにおいでよ。こっちで一緒に見ようよ」と言った。彼の方に行って座りスクリーンを見ると、彼は人が首を切り落とされるビデオをインターネットで見ていた。当時はインターネットはまだ新しく、こんなビデオが見られるなんて私は知らなかった。平気な様子を装ったが、心の中ではかなり怖かった。同時に、この状況でトップに上り詰めてドンになったら、部屋で一人でこんな意味不明なビデオを見ることになるのか、と思った。

あんたさあ、サッカーでもやってみれば？ と言ってやりたかった。

ヘイリーはもちろんシャブの密売人だった。その日、私たちはヘイリーの仕入先の男と一緒にいた。一グラムのシャブの袋をその男が開けてパイプに入れようとした時「それ吸っちゃだめだよ、バレちゃうよ」とヘイリーが言った。男は「大丈夫だ、心配するな」と。私は二人がパイプを回し、終わってから二人が包みを元通りにするのを見ていた。ヘイリーは私を連れて車で港まで行き、子どもの方が攻撃されにくいだろうという理由で私に包みを渡した。ヘイリーは運転席、私は助手席。ちょっとだけ窓を開けるように言われたのでその通りにすると、三人の男たちが受取りに来たので包みを渡した。「これだけか？」と男たちが言うと、ヘイリーは「そうだよ」と軽く答え、私に窓を閉めさせた。

帰宅してしばらくすると、ほらやっぱり……。その男たちがヘイリーの家へ乗り込んで来た。「ぼったくっただろ！ このクソったれが、クソ女！」と言いながらドアを壊した。言わんこっちゃない。私はまだティーンエイジャーにもなっていなかったけれど、こうなると思っていた。そりゃ少ないと思ったら量を量るに決まっている。男たちは出て行こうとせず、ヘイリーがほんとに殺されるんじゃないかと怖かった。この家はおかしくなってきていて、危険を感じた。

ヘイリーは私をどこにでも連れ回したけど、同時に守ってくれていた。もし私があの時周りにあったシャブや笑気ガスを全部吸い込んでいたら……。大人になったいま、あの人たちと同じ場所にいたかもしれない。

でもヘイリーは自分のことは守らなかった。悪循環に陥り、借金が増え、ついには家を手放さなければならなくなり、もうヘイリーの家に行くことはできなくなった。全部変わってしまった。彼女は闇に落ちてしまって、周りは怖い人だらけになった。持ち物も全て失い、楽しくなくなった。

十五歳か十六歳の時に、もう一度だけヘイリーに会ったことがある。パパと一緒に行ったパーティーで、彼女はその部屋に駆け込んでくるなり、背後でドアをバタンと激しく閉めた。ねえ、ヘイリー！と声をかけると「あらおチビちゃん、元気？」と言ってくれたが、彼女は以前と全然違った。痩せこけた頬、細い眉毛。わあ、私の知ってるヘイリーじゃない。一人の男がずっと部屋に入ろうとしていたので、ヘイリーはドアが開かないように押さえていた。彼女はこの男から逃げようとしていた。

私はヘイリーから学んだことは一生忘れない。そして、彼女なりに一生懸命私を愛してくれたことも。

「サプライズがあるよ」と、ある日パパが言った。私は十一歳だった。パパのバンでドライブをしていた時で、私がただパパを見て、ふーんと答えると、パパは爆弾発言をした。

「ルビーにはお姉ちゃんがいるんだよ。十六歳で、いまそこのケンタッキーで働いているんだ。会いに行きたい？」

マジで!?　超行きたい!!!

ずっと願っていた、年上のきょうだい。昔パパが私に知らない家のドアをノックさせに行かせたことを思い出して、やっと意味がわかった。

ケンタッキーに入るとパパは席に座り、私をオーダーの列に並ばせた。そしたら、カウンターの後ろにいたんだ。私のお姉ちゃんが。お姉ちゃんは私が誰かを知っているのかわからないので、急に緊張してしまいシャイになり、何を言えばいいか悩んだ。こんにちは、と言うと、パパがすでに話していたのか、私が誰か気づいたようで、彼女もこんにちは、と言った。とりあえず食べ物をオーダーして、お金を渡した。彼女も恥ずかしがっていて、何を言えばいいかわからない様子だった。席で待っていると彼女自身がオーダーしたものを持ってきてくれて、チョコレートバーとドリンクをおまけで付けてくれた。

これまで無料で何かをもらったことなんてなかったので、とてもクールな気分だった。

お互いにニコニコ笑っているばかりで、何も言えなかった。するとパパが「お姉ちゃんの仕事が終わってから一緒に遊びたいかい？」と聞いてきた。もちろんだ。「うん、遊びたい!!」

ケンタッキーの外でパパと一緒にお姉ちゃんのシフトが終わるのを待った。パパの車はベンチシートだったので、前の座席にみんなで詰めて座った——パパ、真ん中に私、お姉ちゃんのリーシュの並びで。パパとお姉ちゃんに挟まれて座っていると、私は世界一幸せだと思った。大人には年上のきょうだいをいまから持つのは無理だと言われてきたけれど、お姉ちゃんができた。信じられなかった。とても緊張したので何も言葉を発せなかったけれど、心の中では満面の笑みだった。パパが「俺なしでお姉ちゃんと遊んでくるかい?」と言った。「もちろん!」

リーシュはグラッソンズという女性服の人気店へ連れて行ってくれ、白いフリースの上着とそれにマッチする白いベルトを私に買ってくれた。セットじゃん! 超クールだ。自分がとてもお洒落に見えた。

その後、二人で一緒に鼻ピアスを開けた。やばい! 最高! キャンバスタウンに帰った時、ママにこっぴどく叱られたけれども。昔パパが私の頭に十字架の剃り込みを入れた時のことを思い出したのかもしれない。ピアスを取りなさいと言われた。でもずっと鼻ピアスが開けたかったし、しかもお姉ちゃんとおそろいだ。だからこっそりと夜にだけピアスを通した。めちゃくちゃ痛かったが、これはお姉ちゃんとの繋がりなんだ。

お姉ちゃんと初めて過ごしたこの日は、いまでも私の人生の「いい日ランキング」上位にランクインしている。神様がお願いを聞いてくれて、新しいベストフレンドをプレゼントしてくれたんだと思った。お姉ちゃんもパパと一緒に時間を過ごすのがこの時が初めてで、突然私とパパとの時間にもう一人メンバーが増えたのだった。

相変わらずパパはアルコール中毒で、そして彼女もまだ若かったから、私たちが仲良くなった方法は飲むことだった。私は別にお酒を飲まなくてもよかったのだが、どう言えばいいのかわからず私からは彼女に言えなかった。私は大好きなお姉ちゃんと同じ部屋にいられれば、何もせずに過ごすだけでとにかくハッピーだった。でもパパとお姉ちゃんがお互いのことをよく知る方法として、結局いつも飲む羽目になった。

私が激しくお酒を飲むようになったのは十一歳の時だ。二日酔いで死んでいた時、グランパとグランパの奥さんのサニが助けてくれることもあった。あきれていたが、二人は私に愛をたくさんくれたから、孤独な気分にならなかった。彼らは「まったくこの子の父親は……」と小言を言う。パパが私に飲ませているのはお見通しだった。パパが家族の厄介者だったことが、ある意味、私を救ってくれた。というのも、家族みんながパパのことを特に気にかけていて、当然私のことも気にかけてくれたのだ。

家族みんなはパパのことを愛そうと努力した。おばさんから聞いたが、グランマが亡くなる時、グランパに「ヴァキのことをしっかり面倒見てあげてね」と言ったらしい。でもパパは人生で辛い経験をしすぎたためか、いつも家族と喧嘩をしていて、家族からの愛を拒否していた。思うに、その余った分の愛が私に向けられたのだ。私はとにかく甘やかしてもらったし、いろいろと見逃してもらえた。

キャンバスタウンでは私は負け犬でどん底だったが、ウェリントンではクールな気分になれた。学校の同級生たちよりも、もっともっと大人な気がした。学校の子たちは誰もパーティーに行ってお酒を飲んでないし、大麻を吸ってぶっ飛んだりしていなかったから。

逃げ場所が必要だった。誰かの仲間になることが必要だった。だから、パパと飲みに出かけたり、ヘイリーとその友達とドラッグの密売をしたりすることによって、それを満たしていた。

パパはいつも私を仲のいい友達のように扱ったから、私も自分はパパの相棒みたいなものだと思っていた。正直、パパと私の違いがわからなかった。私が単に小さいだけとしか思わなかった。リーシュも五歳年上だが、特に違いは感じなかった。

後に、リーシュはパパと一緒にグランパの家に住み始めた。彼女は地下の一室を与えられ、壁中を絵や格言で埋め尽くして自分の空間にした。彼女は素晴らしいアーティストなんだ。彼女が家にいてくれて嬉しかった。とにかく一緒にいたかったから、彼女が何をしていても、いつも地下室で一緒に遊んだ。リーシュ自身も私と同じでずっと幸せな家族が欲しかったのだが、私たちのパパではそれは簡単にはいかない。

私の幼少期は決してパーフェクトではなかったが、パパとママを心の底から愛していた。二人は全く違う人間で、いろんな理由で彼らに冷たい態度をとってしまった時期もある。少し成長してから共感することを学んだので、二人にはとても感謝している。

子育てというのは、この世の中で一番難しくて大切な仕事だ。ところが、これに関する訓練や資格なんかはない。とりあえず毎日自分にできる精一杯のことをして、学び続けていく。私の両親もそうしたまでだ。ママは頼れる親がいなくて、パパは小さい時に地球がひっくり返ったかのようなカルチャーショックを経験した。私は二人の中の最高の部分を受け継いだと思うし、それで十分だ。両親ができる範囲でしてくれたたくさんの小さなことにずっと感謝し続ける。

二人をとても愛している。

さて、私のきょうだい図の完成形は、私が二十三歳の時まで早送りしないといけない。ある日パパから電話があり、パパの彼女が妊娠したと告げられた。その後すぐにニッキーが生まれた。私のちっちゃな妹はとてもかわいくて、私とリーシュのことが大好きだ。時間ができるたびにウェリントンに飛んで、何日か過ごした。いまでは妹は電話をかけてきたりメッセージを送ってくるので、いつも彼女の質問に答える。彼女が自分が何者なのか、そしてお姉ちゃんたちが誰なのかがちゃんとわかるように答える。
私はきょうだい全員が大好きで、アップダウンはあったものの、絶対に壊れない絆を築き上げた。実際は全員、半分しか血が繋がっていないが、そんなの関係ない。いまでもきょうだい全員と仲良くしていて、本当に私の宝物だ。お姉ちゃん、弟、妹と一緒にいる時は、ブラックファーンズ・セブンズの選手ではなくて、単なる妹であり、姉であるルビーだ。

ルビーのライフレッスン

私の家族は決してパーフェクトではないけれど、愛は深くて本物だ。

8 「すみません、手遅れです」

パパと一緒に過ごしていたある日のこと。パパはいつもたくさん友達がいて、いつも途切れずに彼女もいた。この日はウェリントンの丘の上に住むメレディスという女の人の家に遊びに行った。

彼女の家に前に車をつけるとパパは「どうする、一緒に入る?」と聞いたが私は行きたくなかったので車で待つことにした。「オッケー」とパパは言うと「怖くなったら車をロックするんだよ」と言い残し家に入った。私はただ車内で待っていた。到着した時はまだ明るかったが、日が暮れ始めたのにパパは戻ってこない。何時間経ったかもわからないけど、いつもより長いのは確かだ。いつもなら世間話をしてお茶を飲んだら戻って来るはずだ。なんで出てこないんだろう? 長くなるときは、私の様子を見に来て「大丈夫か?」って聞くのに。ポテトチップスやなんかを持ってきたりして、「うん、大丈夫」と答えると、パパは戻っていくのに。

いつもより長く待っているとついにパパが車まで来て「ちょっと大変なことになったんだ。今夜はここに長くいることになる。おまえも来た方がいいかも」と言うので、私も中に入ることにした。この日はパパが買ってくれた新しい白いダウンジャケットを着ていたので、いい気分だった。

「ちょっと車から出てきて手伝ってくれないか」とパパが言った。

パパといるといつも何が起こるか、自分がどうなるかわからない。中でパーティーが行なわれていて、みんな出来上がっちゃってるのかな？　だが家の中に入っても、誰もいなかった。リビングにも、キッチンにも。「こっち、こっち」とパパが言う方に行ってみると、浴室に女の人がいて、裸で浴槽に横たわっていた。意識があまりハッキリしていないようで、唸り声をあげている。泥酔している人は何度も見たことがあったけど、この時は何かが違った。空気が違ったのだ。

浴槽には少しだけ水が溜まっていて、パパは彼女を洗い流していた。パパ曰く、自分の体の上に吐いてしまったらしい。「タオルを持ってきて」

「ねえパパ、この人病気なの？」

「大丈夫だよ」

「救急車を呼んだほうがいいんじゃない？　やばくない？」

「いやいや、大丈夫だってば」

私たちで彼女を拭いて、服を着せた。彼女は何も手伝ってくれないのでなかなか難しい。パパがずっと「大丈夫だよ、メレディス」と語りかけているが、彼女は唸り声を少しあげるだけだ。少なくとも反応はある。「ねえパパ、救急車を呼ぼうよ、学校でそう習ったんだよ」と何度も訴えたが、パパは「いや、大丈夫だ。必要ないよ」と繰り返すだけだった。

彼女をリビングまで運んで寝かせると、パパはずっと体をさすりながら話しかけていた。私は立ち尽くして二人を眺めていて、パパに言われたら水やタオルを走って取りに行った。

パパ、お願いだから救急車を呼んでと何度もすがりついてお願いした。二人が何かを吸っていたことは明らかで、パパは彼女が捕まってほしくないのだろうが、私は気が気じゃなかった。パパは友達に忠実なので彼女を守ろうとしているのだが……。すると突然、彼女の容態が変化した。いままではわりと普通に息をしていたのに、頭を振って唸り声を出し始めたと思ったら、何の声もあげなくなり、ゴボゴボとうがいのような音の息になった。この時彼女の体が発していた音はけっして忘れない。何年経っても思い出してしまう。

「パパ、もうどうでもいいよ！ 電話はどこ？」私はパパの電話を奪い取った。彼女が逮捕されようがどうでもいい。この人死んじゃう！

ようやくパパも焦り始めた。

パパは目に涙をためて、「メレディス！ だめだ！ メレディス！ メレディス！」と叫んでいる。救急車と電話が繋がった。「パパ、ここの住所は？」パパもパニックになっている。やっと住所がわかり、何が起きているかを説明しながら、子どもの頭で思い続けた。死ぬはずがない、死ぬなんてありえない、病気になってもいいけど、死ぬなんてだめ。

彼女はぜえぜえと喘いでいて、息の間隔が長くなってきている。大変だ。私はまだ電話で話していたので、係の人が「道に出て！」と言うので走って外に出て、思っていた。**ドラッグなんてクソだ！** シャブを吸っている人はみんなこうなってしまうの？ あの時私がシャブを港で渡したあの男の人、ヘイリーに頼まれてデリバリーしたたくさんの人たち。私はあの人たちみんなにシャブを提供したんだ。もしかしてメレディスにも渡したことがあるかも？ 実際にはなかったが、何にせよ幼かったのとパニックだったので頭の中がぐちゃぐちゃになってしまった。彼女はどこで買っていたんだろう……もしかして私とヘイリー？　私の責任ではないのに、私が全て悪いような気がして狂いそうだった。とても暗くて、重くて、怖かった。

やっと救急車が角を曲がってくるのが見えたので、ショック状態だった私は狂ったように手を振った。こっちに来て！　早く！　と叫んだ。救急隊員の先頭を走って家に戻った。

救急隊員ができる限りのことをしている横で、パパは泣いていた。彼らは除細動器で心臓に刺激を与えている。ブーン、ブーン。

私はパパと一緒にキッチンに立って様子を見ていた。浴室で手伝った時にジャケットを脱いでしまったので、寒くて震えていたらパパが肩を抱いてくれた。私のせいだ。全部私が悪いんだと思ったけど、パパもきっと全部自分が悪いと思い、自分を責めているだろう。ブーン、ブーン。彼女の様子は変わらずぐったりしたままだ。

そして、救急隊員の一人が私たちの方へ来て言った。この言葉がずっと忘れられない。「この方は……君のお母さん？」

衝撃だった。子どもなりに頭を使ってなんとか繋げたことは、シャブを吸う人にも子どもがいる場合があって、オーバードーズしちゃって、死んじゃったら、子どもが親を失う。救急隊員は彼女が私の母親で、私がこの家族の子どもでパパが父親だと推測した。そういうことがこの世の中では起こるんだ。世の中の人はみんな誰かの母で、誰かの娘だ。こういうことが家庭を襲うこともあるんだ。混乱してしまって、質問に答えられなかった。

でも、私はメレディスの娘じゃなかった。メレディスは死んだ時、家族がいなかった。

一生忘れないし、いまでも思うのが**「この人は誰かの母だ」**ということ。いくら悪いことをしたり、どんなトラブルを起こしても、その人は誰かの母だったり誰かの父だったり、誰かの娘だったりするんだ。世の中の人はみんな「誰か」で、やりすぎると死んでしまう。この時初めてその事実と向き合った。

一方でキッチンではパパが泣きながら「いいえ、僕たちは彼女の家族じゃないんだ。友達で、僕たちは彼女の家族のことは知らない」と説明していた。

すると、救急隊員は「残念ですが、最善を尽くしましたが、救えませんでした。手遅れです。これ以上できることはありません」と言った。それから、いまから警察を呼ばないといけないので、何も触らずに家から出るように指示した。

パパの車で家に向かっている途中、ダウンジャケットを置いてきてしまったことに気づいた。とても小さいことなのだけれど、こんな生活をしているせいで、せっかくのジャケットを失ったと思った。

すでにこっち側の世界の全てを見てしまった。**仲間がいて、悪いことをしてクールじゃん！**から始まり、笑気ガスを吸い始め、それがコカインになり、密売をして、パーティーで人気者の時期が来て、それが終わったら孤独を感じて暗い部屋で一人で変なビデオを見るようになり、さらにドラッグをして、死ぬ。そういうことでしょ？　それが私が見たものだ。

行き着く先を見てしまった。

ねえ、これ以外に何があるの？　と思った。他に何かあるでしょ。これ以外の道があるはずだ。そして私はここからどうやって抜け出せばいいの？

メレディスに起こったことは、誰にも何も言わなかった。パパが面倒に巻き込まれてほしくないし、秘密にしなければいけないと本能的にわかっていた。ママにも言いたくなかった。ママはウェリントンで私が何をしてたかを知らないし、当時は自分のことで精一杯だったからだ。

パパとは少しだけ話をした。「コカインだったの？」と聞いたら、そうだと答えた。「ルビーが正しかったよ。もっと早く救急車を呼ぶべきだった」

かわいそうなパパ。どうすればいいかわからなかったのだ。パパは一生懸命彼女をきれいに洗ってあげて、しばらくすれば意識が戻ると思ったのだろう。パパが私は正しかったと言った時、正しい、正しくないの判断を下さなくてはならない場合、自分を信用してみてもいいと思えた。この件に関して言葉にできないような小さな感情が芽生えたのだけれど……パパはなんでそれが「やるべき正しいこと」だとわからなかったの？

メレディスの話は、この後何年も誰にも言わなかった。いまになり、これがどれだけのトラウマ体験だったのかを改めて感じて、そのことにショックを受けた。当時は、他の国で戦争などで苦しんでいる子どもたちに比べればこんなこと何でもない、と自分に言い聞かせていた。

それと、救急隊員にこの人は君のお母さんかと聞かれた時。この世の中には、こうして親を失う子どもたちが実際にいるということを知った。ある意味、私は幸運だ。少なくともママが死ぬのを見たわけではなかったのだから。

メレディスの死は私のメンタルに深く影響した。

とても辛い出来事が起こった時は感情的な反応が蓄積されていく。大人になってようやく理解できたが、私は子供時代にこれを背負って生きていたのだ。もちろん当時はわからなかったが。十一歳の時、私はママの人生にとって重荷にしかならないと感じた。リックのおかげで、私はこの世のクズだとも思えた。加えて、あの夜自分もメレディスの死に加担したとさえ思った。次に家の中で罵声とママの悲鳴が何時間も聞こえてきた時にとどめを刺され、耐えられなくなった。

全部のことが自分に向かってきて、全て私が悪いんだと思った。私の何がだめなんだろう？　モンスターになったみたいだ。

手首を切ると死ねると聞いたことがあった。私が死んだら、これ以上ママのお荷物にならなくて済む。生きているよりマシじゃん。みんな私のことなんて見えてないんだから、私が消えても気づかないでしょう？

キッチンへ行って、握る部分が白で歯がギザギザしているステーキナイフを手に取り、外へ出た。この家にはだだっ広い庭があったので、隠れたい時はいつも走って森の中に行き、木の中に身を隠して、自分はここではないどこかにいると妄想していた。ナイフを持って隠れるのにぴったりのいつもの場所へ向かった。左手でナイフを持ちながら右の手首をじっと見た。細くて青い血管が蛇行している。ここを切ればいいのかな？　そしたらスパッと死ねるの？　っていうか、痛いのかな？　ナイフの歯を手首に当て、ほんのちょっとだけ力を入れて血管の上を引いてみた。一瞬の間、何かが起こるのを待った。するど、切口はみるみる赤くなり、血が溢れ出した。

驚いてパニクってしまった。やばい、死んじゃう！　怒られちゃう！　いきなり死ぬのが怖くなった。血が溢れ出したほんの一瞬、死んだほうがマシ、から死ぬのを恐れて震えあがった。

未成年の自殺願望というのは、想像以上に一般的だと思う。私はこの苦しみを終わらせたいという思いに駆られて、人生で唯一の弱々しい自殺未遂をした。簡単に書けることではないし、私のことを大事に思ってくれている人は読むのも辛いだろう。でも、子どもたちが抱く感情の激しさを甘く見ないためにも、自殺願望というのは認識することが大切で、そうすることによってより多くの危機に瀕した子どもたちを救うことができると思う。

その時は本当に人生の終わりだと思った。生々しい感情と、痛みはとてもリアルだった。私のように行き場を失った子どもは、少なくとも大人と同じぐらい強い感情を抱くのだ。ここまでの精神状態になってしまい、自分の人生を終わらせようとまでする子どもは、それしか方法がないと思って自殺を図る。

自分には何もない。

実際に、子どもの時は未来への希望などよくわかっていなかった。子どもには未来はいまと全然違う可能性があるなんてわからない。成長してから学んだのは、行き止まりに突き当たってしまっても、そこから何かできることがいくつもあるということ。いま、人生の壁にぶち当たって希望がないと思う時は、何か一つを変えればルートがガラッと変わると知っている。小さな一歩で全てを変えることは可能なのだ。

行き止まりになってもいつでもUターンができるし、常に希望はあるということを知れて私はラッキーだと思う。大人になったいま、私は学校へ行って子どもたちにメンタルヘルスの話をしている。彼らに一番伝えたいことは「もしあなたが誰にも助けてもらえないと感じても、それはあなたのせいじゃない」ということ。自分が悪いように感じてしまうが、そうじゃない。それは単に、あなたの人生の中で起こっていることに関して、他に選択肢がないと感じるタイミングなだけ。あなたがどうにもできないことなだけだ。だけど希望はいつでもあって、いつかそれが自分でコントロールできるようになり、選択肢が生まれてくる。ここに住みたい？　住みたくない。こんな風な言われ方をしたい？　したくない。――それが一番良いことなのだ。いつか自分で選べる日が必ず来て、良い人生に向かうように選択することができる。クールだと思わせてくれるものを選び続ければ、やがてそれはあなたの人生となる。

本当に、この時が人生で一番苦しかった。乗り越えたけれども、実は完全には乗り越えていないのかもしれない。

大人になってからも、蓄積された感情で苦しむことがある。例えばラグビーの体力テストで思ったようにできなかったとか、パートナーに最近家事をサボっていると小言を言われたとか、ママに緊急の用事を頼まれたとか、簡単に勝てるはずだった試合に負けてしまったとか、親友と喧嘩してしまったとか。一つずつならちゃんと処理できる問題だが、次から次へと降りかかってくると重荷に耐えきれなくなり、突然気がついたらひどくカッとなってしまったり、ほんの些細なことに泣き崩れたりする。

一般的に言われる、泣くのは弱いこと、というのに同意できない。溜まりに溜まった感情を涙で外に流し出せるのは、人間にとってとても便利な機能だ。泣きたい時にどこでも泣ける人を羨ましく思う。それは処理できていない感情をとても健康的に外に出す方法だからだ。自分や他人を傷つけない感情消化の方法を探した結果、多分私にはじっくりといまある感情に向き合ってクリアにすることがベストなのだとわかった。

この世界ではたくさんのクレイジーな出来事が起こっているから、みんな一度立ち止まって、実際に何が起こっているのかをじっくりと知る必要があると思う。人はみんな感情、特に難しい感情と向き合うのを怖がり、じっくり向き合ったり、その感情を経験したりしたがらないが、だからこそそれが大事なことなのだ。何かを修理するには原因を知らないといけない。でももし向き合わずに放置してしまうと、原因にはたどり着けない。

子どもの時、私は悲しいとわかっていた。それは自分の状況を説明する一番簡単な言葉だった。でもちゃんと中身を見て、分解してみると、悲しいの一言で表せるようなものではなかった。存在価値がないと思ったし、すべての苦難に対する責任も感じた。本当に何が起きているのかを理解して初めて声に出せる。あなたには存在価値があるし、これはあなたの責任ではない。でも、子どもにはそうやって言語化する能力と感情に向き合う道具がないのだ。

あの最悪な日、小さかった私が森の中に隠れて座って、死ぬことを思った直後に死にたくないと感じて、手首を切ったことがバレたら怒られると心配したその日、私には何の希望もないと思った。逃げることにすら失敗したのだ。その場所にとどまってパニックが収まると、家の中に戻り、ナイフを洗って引き出しに戻した。私の手首に傷があることに気づいた人はいなかった。

私はアルコールやドラッグの罠にはまらなくて本当によかった。私があの場所にいた理由はどこかに属していたかったからで、実際にアルコールやドラッグ自体が好きだったわけじゃなかったから、ハマりはしなかった。だから他の方法を見つけた時に、すぐにそれは必要じゃなくなった。私はあの時期を乗り越えたけど、乗り越えられなかったかもしれない、というのはそういうことだ。

いまから思えば、サモア側の家族には本当に救われた。彼らと一緒にいた時は、それだけでコカインでハイになってるような感覚だった。私のハイになる方法だった。部屋に集まっている二十人ほどの人全員が、何があろうと私を愛していてくれているという、あの感覚。ママが暴行されていたって、パパがアルコール中毒だったって、私まで子どもなのにお酒を飲んでいたって、誰もなにも咎めなかったのはとても心強かった。世の中に「愛してる」と口に出す人はたくさんいるけれど、時にはお世辞というか、本当の気持ちじゃないこともある。でもサモア側の家族はみんな行動で示してくれた。腕を広げて、偏見など全くなしに、いつでも迎え入れてくれたので、めちゃくちゃ助けられた。もしそれがなくて、当時の私の居場所がどこにもなかったら、どうなっていただろう？　パーティーってやつで自分を見失ってしまっていたかもしれない。

私が二つの世界で生きるのに慣れていたことも大きく関係する。いつも二つの世界の違いを吸収し、魅了されてきた。だからアルコールやドラッグの世界も、そういう目で見ることができてしまったのだ。その世界は単なる一つの道であって、そこから繋がる先は……コカインを吸ったら中毒になり、あの部屋で一人で首切りをYouTubeで見ていたドンみたいになってしまう。ドラッグの道は、あの暗く怪しげな部屋か、ヘイリーのように家も何もかも失うか、またはメレディスみたいに自分のゲロにまみれて真っ裸で浴槽に横たわるかだ。行き着く先は死だ。道の終わりをこの目で見た。それは一つの道だったけれども、私の背景のおかげで他の道、他の生活があることを知っていた。

でも、他の道って何？

幼いながらにも、私は「**愛じゃないもの**」は欲しくないと知っていた。「**良くない関係**」と、「**正しくないもの**」も嫌だった。他に進める道をもっと見てみたいと思った。

ルビーのライフレッスン

行き止まりに突き当たっても、
いつでもUターンしてそこから抜け出すことができる。

---

9 リアルブレイクダウン

十一歳の年のいつだったか、どん底まで落ちて自殺未遂までしたあとに、一つの決断をした。キャンバスタウンと、リックとの生活にはもうこりごりだ。自分のことを自分で決められる年齢に達したので、ママにもう無理だと伝えた。ママは耐えられるかもしれないけど、私はもう嫌だ。ウェリントンに戻って、パパと住むと決めた。ママを置いて行くのには罪悪感があったけれども、うちはとても貧乏だったから、少なくとも私に食べさせる心配をしなくてすむとも思った。ママの体を守《セイヴ》ることはできなかったけど、数ドルの節約《セイヴ》にはなる。

私の決断を伝えた時、ママも少し目が冷めたようだった。ママはあの男から離れるなんて無理だと思っていたが、私が行くと言ったら「私も行けるかも……」と言ったのだ。そしてママとデインも一緒にウェリントンに来て、最初の数週間はママの友人の家に滞在した。私はエヴァンス・ベイ・インターミディエイトスクール［ニュージーランドの中学校］の八年生に、新学年が始まってから数週遅れで転入し、ママに手伝ってもらって制服を手に入れたり学校になじんだりした。ママは、「またここで家を買って新しく始めよう」と言った。最初は良かったが、長続きしなかった。なぜかまたリックがママの頭に入り込み、あっちに戻るとまもなく言い出したのだ。ママは私にいままでとガラッと変わった新生活が待っていると説得しようとした。

ああ、ママはヤツとのマインドゲームに負けたんだ、と思った。私は戻らない。もうあんな恐怖だらけの生活は嫌だ。私はここまで、と線を引いたけれども、ママは線を引かなかった。もうママを守ってあげられないと思うと辛かった。

それからグランパの家に引っ越した。この時はパパが地下室に住んでいて、グランパと新しい奥さんのサニが一つの部屋を使い、おじさん、おばさんとその子どもたちも他の部屋を使っていたので、すぐにまた「村」に戻った。学校にはすぐに馴染め、仲のいい友達もでき、スポーツも楽しかった。私は特にネットボールが上手かったので、シルバーファーンズになることを夢見ていた。

子供時代には転校しまくったし私生活も波乱万丈だったが、いつも学校生活は良かったのが幸いだった。私は特別頭がよかったわけではないが、特に努力して勉強しなくても、少し遅れたとしても平均はキープできて教科を落とすことは決してなかった。みんながみんなそうはいかないとわかってるから本当にラッキーだったと思っている。生活が苦しくて大変だった時でも、学校の成績はまあまあで、落第するようなことはなかった。なかにはそういう子もいたし、私だってそうなっていたかもしれないのに。他に進める道を閉ざされないですんだ。多分、ママのおかげだと思う。幼い頃からママは本をたくさん読ませてくれ、言葉に興味を持たせてくれた。パパも何時間も注ぎこんで文字の読み方を教えてくれた。二人の努力がみんな役に立った。パパは、私が小学生の時に受けた学力テストでわりといい成績をとったことをいつもうるさいほどに自慢して、全部自分の手柄にしていた。

この時はとにかく正しいことをするように努力した。ドラッグハウスでシャブなどのドラッグに囲まれていた環境からやっと抜け出せたんだ。メレディスの最期も見たし、ヘイリーにまだ現在進行形で何が起こっているかも知っていた。学校外の時間はパパとリーシュと過ごしていたのでまだ飲んだくれていたけれども、自分だけの友達が欲しくて、スポーツを通じて自分の仲間を作ろうとしていた。

学年末になって、ウェリントン・イースト・ガールズ・カレッジの九年生の入学手続きをした時、ママが去って以来初めて会いに来た。ママはリックから離れようとしてできなかった。それからしばらくして新学年が始まろうという時、ママはもう一度挑戦した。ママは私に戻ってきて一緒に暮らそうと懇願した。「生活環境が変わったから」と言い張った。南島のグレイマウスという街の高校に行きなさい、と。

戻ることに同意した一番の理由はデインだ。私はずっと年上のきょうだいが欲しかったが、デインにとって私がまさにそれなのだと気づいた。デインもだんだん大きくなってきて、そろそろ誰か頼れる人が必要な年齢になっていた。そして彼には私にある特権、サモア側の家族といとこたちがいない。彼には私しかきょうだいがいなくて、それは神聖なる存在なんだ。

「わかったよママ、戻るよ。でも一つ条件があるの。今後もう転校させないで。この高校に行くって決めたら、この高校だけに行けるって約束して」と言うとママが同意したので、また荷造りをして、ウェリントンを後にした。

ママはカトリックで育てられたので、グレイマウスの小さなカトリックの高校、ヨハネ・パウロ二世ハイスクール（生徒数：百二十四人）に入学した。こうして私は六校目にして最後になる学校に、またもや個人的な理由で数週間遅れで通い始めた。
私が戻った時、ママとリックは新しい家をまだ探していた。だから私は最初の数ヶ月、プナカイキ地区にあるママの兄のニールおじさんとその妻のカレンおばさんの家に住んだ。

ルビーのライフレッスン
自分の人生は自分で決められる。

10 コースト・バスターズ

ママ側の家族はニュージーランドに来て六世代目になる。ニールおじさんとカレンおばさんは、プナカイキ地区の移住当時から代々家族に受け継がれている土地に住んでいた。

家族はもともとはスコットランドの北端のもっと北、シェットランド諸島にあるアンスト島出身だ。一八六八年に他の移住者たちと同じく、新たな機会とより良い生活を求めてアオテアロア［マオリ語で「ニュージーランド」］へと移り住んだ。最初は数年オーストラリアで過ごし、次にオークランドへ移り、最終的に一八七九年にニュージーランド南島のウエスト・コースト地方に定住し、プナカイキ海岸のナインマイルビーチの所有権を買った。ウエスト・コーストは天気が荒々しくてとても寒い土地だが、彼らはスコットランドの北の端から来ており、それに対応できる強さをもともと持ち合わせていたので特に問題はなかった。

実は私の二つの家族には共通点がいくつもある。サモア側の家族が移住した時は「おい見てみろ、遠い道のりで不安もあるけど、移住したら仕事があるぞ。俺たちができたからお前も来い」という感じだったそうだ。スコットランド側の家族は、長い間ニュージーランドという場所や、辿り着くまでどんな船旅だったたか、そこではいいことずくめで、船旅を生き延びさえすれば土地を手に入れることもできるという話をずっと聞いてきたのだろう。どちらの家族にとっても、ニュージーランドは「約束の地」だったのだ。

パラギの祖先たちのことを想像してみる。大西洋に囲まれたブリテン島の北の端っこで、歴史上たくさんの海賊たちが出没する地域。昔の商業船のルートでは大切な休憩場所となっていた港がある島。好奇心にまかせて本島へと向かい、そこから計り知れない危険を伴いながら南半球へ向かう船へと乗り込み、地球のてっぺんから一番下まで旅をして来た人たち。みんな忘れてしまっているけれど、移民の大半は一体何が起きているのかなんてわからなかったはずだ。船の行き先もはっきりわからず、ひたすらしがみついて過去から学びながら、人生をできるだけ良いものにしようとしていた。

私には、ハワイキ［ポリネシア各地に伝わるポリネシア人の祖先がやってきた郷のこと］からやってきた祖先まで家系図をさかのぼることができるマオリ族の友達がたくさんいる。歴史上、ニュージーランドは彼らにとっても「約束の地」だった。みんな子孫のために、より良い場所を求めて移動したのだ。しかし、後から来た移住者たちは、先住民たちに敬意を払わなかった。それから、たくさんの正しくないことが起こった。その怒りや非難は現代まで両者に引き継がれている。怒り指数は十段階評価でレベル十の声ばっかりだ。マオリ族への嫌悪の一方、白人はみんな差別主義者だと非難する声。

私たちのルーツは深い。ママは南島のウエスト・コースト地方にあるウエストポートという街で生まれた。私も長期間ウエスト・コーストに住んだ。自分のことを「コースト人」と言うと、家族が住んだ土地の一員にちゃんとなれた気がしてクールだった。私たち家族の歴史はその土地に根付いており、ニールおじさんは奥さんのカレンおばさんといまでもそこに住んでいる。彼らは観光業を営んでいて、ホーストレッキング体験のビジネスをしていた。

おじさんの所は友達もいないし、携帯の電波も入らないので、子どもの時は行くのが嫌いだった。大人になってからようやくそこに広がる自然の美しさがわかり、いまでは大好きな場所だ。そしてニールおじさんは父親のような存在でもある。彼はいつも家族に代々伝わる話を聞かせてくれる。おじさんのおかげで、祖先の誰がどこに埋葬されているかを全部知っている。最初に船に乗ってこの国にやって来た人たちも含めてだ。ウエスト・コースト内に二つの墓場があり、そこへ墓参りに行く。ママと同じマリオンという名前の四世代前の人のお墓もある。

おじさんは、家族がどれだけ一生懸命働いたかを話してくれる。サモア側の家族は白人側の家族を超大金持ちだと信じ込んでいたが、私もニールおじさんとカレンおばさんは裕福だと思っていた。だが、移住当初は全くそうではなく、悲惨だった。船から落ちて助からなかった人もいれば、結婚を無理強いされたり、新しい土地で若くして酷い亡くなり方をした人もいて、何もかも自給自足の生活だった。サモア側の家族も全てを捨てて移住してきて大変だったけれど、何世代か前はパラギ側も苦労ばかりだったのだ。私はどちらの家族にもとても感謝している。

ママ側のひいおじいちゃんの話を聞くといつも誇りに思う。彼の名前もニールといって、ラグビーリーグ［13人制ラグビー］が大人気だった一九二〇年代にウエスト・コースト地方を代表してプレーし、同時にニュージーランドの代表選手でもあった。一九二三年にはイギリスでの遠征試合にも参加している。彼は大男で体力があり、運動神経も抜群だった。ひいおじいちゃんに関してのエピソードがある。プナカイキ地区の家族の土地近くの海沿いには、いまでは観光名所になっているパンケーキロックと呼ばれる何層にも重なる岩があり、そこに波が叩きつけられると海水が吹き上がる潮吹き穴がいくつかある。そこに飛び込んだ人は誰ひとり戻って来られなかったのだが、ひいおじいちゃんは歴史上初の、無事に戻ってきた唯一の人だった。さらに、彼はブラックボールという町までクロイソス・トラックという険しい山道を二十キロ以上走って行き、ラグビーリーグの試合をして、一発殴り合いの喧嘩をして、また走って帰って来ていたらしい。

彼もまたプナカイキ地区で農業を営み、プナカイキ川とバロック・クリークという場所でリム［ニュージーランドの固有種の木］の大木を谷から運び出す仕事もしていた。亡くなったのも仕事中の事故が原因だ。彼はものすごく大変な肉体労働の仕事をしていて、決して楽な生活ではなかった。

パラギの人たちが「私たちは特に文化がない」と言うのを聞いていつも不思議に思う。家族の歴史をたどればそんなことはないはずだ。あなたたちの祖先から伝わる冒険や苦労や成功にまつわるストーリーが必ずある。だって、あなたはいまここに存在しているんだから。

赤ちゃんの時からニールおじさんとカレンおばさんの所によく滞在していたけれど、二人が喧嘩をしているのを見たことがない。当時の私は喧嘩がない環境に慣れておらず、不思議に思った。彼らの対照的な生活を見ていたおかげで、喧嘩がない関係もあり得るのだと知ることができてとてもよかった。

昔は彼らは小さな寝室が二つあるだけの小さなコテージに住んでいたけれど、ずっと大きな家を建てる夢を持っていて、何年かかけてちゃんと実現させた。それに加えてコテージを五つも建て、観光客に貸し出している。ニールおじさんはいつも自らの手でショベルカーで作業をする人で、大工たちと一緒に家を建てた。よく馬に乗せてホーストレッキングのコースに連れて行ってくれたり、馬の世話を一緒にさせてくれたりした。

夢を持って一生懸命働き、お金に関することをきちんと理解し、実現させる。それは私にはとてもかっこよく見えた。電気もない小さなコテージ暮らしから、ちょっとした町かと思えるような大きな家に住むのを実現させるのは可能なのだと知った。

ニールおじさんはいつも私に何かを手伝わせた。馬の糞拾いから、プナカイキ・バレーに藁を撒きに行くことや、観光客用コテージのシーツ替えなど。サモア側家族のお手伝いをしてお金をもらったことはなかったが、ニールおじさんは「これを手伝ってくれたら労働時間を計算して、時給八ドル支払うからね」と言ってくれた。

カレンおばさんは、税金についての知識など全くなかった私に帳簿を見せてくれて、何から何まで教えてくれた。「あなたが一時間八ドルで働いたとするでしょ。でも税金を払わなきゃいけないから、八ドル丸ごと受け取るには実際にはもっと稼がなきゃいけないの」と聞いた時はびっくり仰天だった。二人はお金や税金について教えてくれた初めての人たちだ。その後も継続的に教えてくれて、本当にありがたかった。そして、そんなふうに気にかけてくれるのは彼らなりの私への愛情なのだとわかっていた。

もしかしたらおじさんたちは私を少し不憫に思っていたのかもしれない。ある時、靴を脱いだ私の足は、片方が紫の靴下で、もう片方は赤にレインボーの縞模様で両足とも指が飛び出していた。カレンおばさんは驚いて思わず「何なのそれは！　いますぐ脱いで捨てなさい！」と言った。私が着ている服を上から下まで見て彼らは何だこれはと思ったようで、新しい靴下と服を買い与えてくれた。

ニールおじさんとカレンおばさんが見せてくれた世界があまりにも違ったので、いろいろと考えさせられた。そっか、穴が開いていて揃っていない靴下をキープするかどうかは選択できることなんだ。現在の私の靴下は全部左右でそろっていて、どれも真っ白だ。そして穴が開くと捨てる。引き出しの中で真っ白な靴下は目立つので、いつも見るたびに少しハイになる。私は左右そろっているきれいな靴下が大好きだし、それは世の中でもっと評価されるべきことだと思っている。トレーニングは時に一日に三回あり、その日は靴下を四組使用する。毎日カバンの中に入っているきれいな白い靴下は、私にとっては札束みたいに見える。子供時代に履いていたものと対照的すぎるのだ。それを見るといまの環境に感謝の気持ちが溢れてきて、自分をつねってみて現実か確かめなきゃいけない時もある。

ニールおじさんたちはとても規則正しくて勤勉な生活を送っていた。引っ越して最初の数ヶ月は、私は毎朝バスに乗ってグレイマウスの高校に通った。おじさんは毎朝起きて私がちゃんと七時半のバスに間に合うように朝ご飯を用意してくれ、夕方四時半に帰って来たら確実に宿題を終わらせなくてはいけない。彼らは宿題をひじょうに重要視していた。おじさんたちには私より少し年上のサハルという娘がいた。彼女は全寮制の学校に行っていたのであまり家にはいなかったが、家に戻ってきたある時、彼女の学校の成績がBとCばかりだというのがわかった。おじさんとおばさんは彼女と一緒にどうすれば成績が良くなるかを数時間話し込んだ。正直彼女に同情したが、私の親はおじさんたちに比べれば全く成績を気にしなかったので、なんだか少しおもしろかった。

学校の休暇でサハルが家にいたときは、ねえお姉ちゃん！　と私は彼女を追いかけ回し、とにかく何でも一緒にしたかった。かなりウザかったと思う。彼女がコンピューターを使っていたら、突然私もコンピューターを使いたくなって「あんた、マジで？」と何度か言われた。彼女は一人っ子だったから、一緒に遊ぶことがすごく大事だと勝手に思っていた。彼女も私の見本になった人だった。休暇で戻ってきて私がいた時は相当ウザかったはずだが、大人になったいまでも仲がいい。いまでもお姉ちゃんと呼んで、大好きだよと伝えると、彼女もちゃんと言ってくれる。彼女はいまは外国に住んで弁護士として働いているので、おじさんおばさんの教育に注ぎ込んだ努力は実った。

宿題をしろと毎日言われるのと同時に、カレンおばさんは学校の制服のキルト［スコットランドのスカート状の伝統衣装。ニュージーランドの学校の制服の冬服で一般的に使われている］に毎日アイロンをかけなさいと言った。いままでそんなことは気にしたことがなかったが、パリッとした制服を着ると自分の見た目に少しばかり誇りを持たせてくれた。他の子どもはウザがるかもしれないが、ニールおじさんとカレンおばさんはいつも私のことを気にかけてくれて、私はそれが心から嬉しかった。彼らの家にいるのが好きだった。パラギの世界での生き方を教えてくれた。

テーブルマナーも教わった。サモア側の家族とは雲泥の差で、彼らが食べる時はいつもショーみたいだった。口に食べ物を詰め込み、くちゃくちゃ噛んだり、それはもういろんな音がする。でもおじさんの家ではナイフとフォークをきちんと使い、口を閉じて静かに食べる。料理もいつも国際色豊かなとてもヘルシーなもので、ヴィーガン料理すらもあった。おばさんは過去にインドに住んだことがあったので、私がいままでに見たことも聞いたこともないスパイスや野菜を使う。ヴィーガンやグルテンフリーなんて言葉も初めて聞いた。レンズ豆なんて食材は知らなかったし、よくそこに座ってまごついていた。ねえ、肉は？　と私が聞いたことをいまでもからかわれる。肉なしでおいしい料理が作れるなんて知らなかったのだ。

学校から帰った後や、ニールおじさんと馬や四輪バイクに乗って出かけた後は、カレンおばさんはいつもおいしいおやつを作って待っててくれた。私のためにきれいにカットされたサンドイッチ、グラスに注がれたミルクやジュース。他人と分けなくてもよかったし、おばさんは他の場所でもやることがあるから、急いでかきこんで場所を空ける必要もなかった。私のためだけにいつもおやつを用意してくれることが、とんでもない贅沢だと思った。

彼らが教育してくれたおかげで、この年になって大切なイベント、例えばハリー王子とメーガン・マークル夫人と対面するようなイベントに呼ばれた時に対応できるマナーが身についている。どんなに豪華なパーティーだろうと、大丈夫だ、ちゃんと対応できる。そのようなイベントで何が大切か、どうすればきちんと見えるかなどをちゃんと知っている。カジュアルな服で、口を開けて食べ物を噛んではいけないイベントもあるのだ。世間では一般的なマナーや常識がないといけない場合があるので、白人側の家族には感謝してもしきれない。

私からすればニールおじさんとカレンおばさんは億万長者に見えた。だって買出しに行くとレッドワインとダークチョコレートを平気で買うんだ。ママとパパには絶対に買えないものだった。学校でプレーしていたネットボールがどんどん上手になってきたが、安い靴を履いていたせいで滑ってしまうので、たまに裸足でプレーしていた。チームメイトたちはハイブランドの、靴底にスーパージェルが入ったジャンプしやすい靴を履いていた。グレイマウスにある店でもそういう靴を見たことがあったけど、なんと三百ドルもする。どんな値段してんだよ！　三回も食材を買いに行けるじゃん！　私には到底手に入れられない物だってわかっていた。でもある日、おじさんとおばさんがその靴をプレゼントしてくれた。しかも一番グレードのいいやつを。私にとっては信じられないほど豪華なものだったが、彼らにとっては大した出費じゃなかった。住んでいる世界が違ったのだ。

ニールおじさんはグランパみたいに大声でべらべら話さない。必要以上に言葉を発さないし、愛してるよ、なんてそんなにしょっちゅう言わない。もちろんサモア側の家族みたいにわんわん泣いたりもしない。電話でおじさんと話す時、切る前に私が愛してるよと言うと、「わかったわかった、じゃあね」と言って切る。でも私は彼が愛してくれているとちゃんとわかっている。おじさんは「ドライブ行くかい？」と私に聞く。そして四十五分ほどピックアップトラックを走らせ、車内では喋ったり喋らなかったり。先祖が眠るお墓に行き、散歩をする。その間、おじさんは先祖にまつわる話を聞かせてくれる。または、一時間ほどドライブをして、車を止めるとこちらを向いて「先祖たちはあそこで石炭を採ってたんだよ」など、実際の先祖たちの暮らしの昔話を教えてくれる。退屈に思う子どももいると思うが、私は大好きだった。年配の人はたくさんのストーリーを持っていて、家族の歴史や文化があるから私のプライドもあるのだ。

サモア側の家族で集まる時は、みんなで輪になって座り、喋って、喋って、喋って、とにかく喋る。全員が自分の話をして、泣くことも珍しくなく、アイラブユーと言いまくり、たくさんのハグとキス、とにかく感情が溢れている。反対に、ニールおじさんの話はいつも論理的で丁寧で、感情を出さないが、彼は私のために時間を使ってくれる。おじさんは私に税帳簿を見せてくれ、ショベルカーに乗せてくれ、馬具なしの馬に乗せてくれた。

一日中おじさんと話し続けることはないが、いつも「ルビー、おいで」と言ってサイズが合う長靴と帽子を貸してくれ、田舎の人しか持っていないめちゃくちゃ高くて分厚いレインコートを着せられる。彼の四駆に乗って谷に散歩に行く。おじさんはいつも私と一緒に過ごしたくて、話を聞かせていろんな物を見せたいようだった。

サモア側家族では普通であるハグやキスや涙やアイラブユーはないが、これがおじさんの愛だった。私は二つの家族の誰がどういう人か、そのままの姿がとても好きだ。二つの世界から最高にいいものをもらえた。

私はこの二つの見方がある中で育つことができて、本当に良かったと思う。なぜなら、どちらも不正解ではなく、単に違うだけで、どちらにも長所と短所があるとわかっていたから。大人になったいま、もし私が何かに賛同できない時は、違う意見の中にも絶対何かしらの価値があるんだと自分に言い聞かせることができる。全てのことにメリットとデメリットがある。物事には何か絶対的なものがあっても、それとは違う見方が存在するってわかってるおかげで、何に対しても楽観的で広い心でいられる。

ルビーのライフレッスン
物事には何か絶対的なものがあっても、違う見方が存在する。

11 隠れ家

ニュージーランド南島ウエスト・コースト地方の、グレイマウスから三十キロほど離れたブラックボールという小さい街にママは新たに家を買った。ニールおじさんの家から車で一時間ぐらいの場所だ。約束どおり私は同じ学校へ通い続けることができて、少なくとも今回は近所には他の家もあった。

今回は違うとママは言ったけれど、私たちが引っ越してすぐにリックは相も変わらぬ生活ぶりに戻っていった。でも今回は声が届く範囲によその家があったので、少しは安心感があった。

ところが、人はこのような事態に直面すると、驚くほど気にかけてくれない。近所の人の中にはうちで何が起こっているか察しがつくとか、何かへんだと思った人がいたはずだ。「自分は関係ない」と放っておくのが腹立たしかった。

うちの家がある小道を進んだ一番奥の家は、グラッソンズ・ハニーという蜂蜜農家で、そこで働いていた男の人はとても優しかった。ことあるごとに何か理由をつけて、例えば蜂の巣を見せてあげる、など言ってうちを訪ねて来た。彼はいつも裏口のドアをノックするが、必ず怒鳴り声が鳴り響いた後だったので、彼がママの安否確認のために来ているのは明確だった。彼は決して直接言わなかったが。たまに私に目配せをしてくれて、それは彼がちゃんと知ってるよと言ってくれているようだった。私は十三歳になっていて、周りの人から何も言われたことはなかったけど、うちで起こっていることは間違っているとわかっていた。

リックはそれが気に入らなくて、ある日彼が来た時に「失せろ！」と怒鳴って追い返してしまった。私は彼がそれでもトライしてくれたことが嬉しかった。誰かが聞いてくれている。誰かに聞こえている。

他人が勇気を出して気にかけてくれる時、砂糖を借りに行くとか理由をつけて姿を現す時、その行動で誰かの命を直接救えるわけではないけれど、それは私たち子どもたちやママの心に独りぼっちじゃないよと種を植えるような感じで、それだけでとても効果的なのだ。蜂蜜農家の男の人のおかげで全然気分が違った。

ママは「今度は変わる」と言っていたが、確かに最初から変化が見られた。悪い方向にだ。でもこれって、もしかして、ママの内面に少しずつ変化が現れてきたのにリックが気づき、それを阻止するためにさらに暴力的で抑制的になったのだろうか？　やるかやられるか、ギリギリの状態だった。

デインはまだ小さくて、就学前の年齢だった。キャンバスタウンの時みたいにだだっ広い庭とか隠れる小屋がある家ではなかったので、大声が聞こえたらいつもデインと私の部屋に逃げ、彼の気をそらすようにしていた。ある時いつものように部屋でデインといたら、物音がどんどん大きくなった。いつもより大きな音と、いつもよりも大きなママの悲鳴。いつもとは違う、とても悪いことが起こったような音がした。デインの手を握って部屋から出ると、ママが小さな体を抱えて床で縮こまっていて、リビングルームはありとあらゆる物がひっくり返されていた。リックはソファを持ち上げてママを見下ろし仁王立ちしていた。

私は恐怖で怯《おび》えながらも、「おいリック！　あんた何やってんだよ！」と叫んだ。さっきまでは日常だったのに、突然リックがソファを持ち上げていて、ママが床に倒れていて、私とデインがそれを凝視している。変な状況だった。リックは私たちの方を見て、というか小さな息子が見つめているのを見て、取り返しのつかないことをする前にハッと我に返った。

「ママ、ねえ、ママ。もうこんな生活やめよう」このままでは悪くなる一方だと思った。悪化するに決まっていると子どもながらわかっていた。コントロールの効かない爆発が何度も繰り返されたあとは、死しかないんだ。ママの命が心配だった。

それから間もなく、また同じようなことが起こりそうになった。リックがイラッとしてキレる段階に入り、ママにお前はバカだのなんだの暴言を吐き始め、私はああ、また始まる……と思った。その時、窓の外に赤と青のライトを点滅させた車がうちの方に来るのが見えた。警察だ。でも、ブラックボールには交番がないのに。どうやって……？　車が止まり、二人の体の大きい警察官が家に入って来た。背が高くてガタイのいいその男の人たちが天使に見えた。リックは「お前、絶対後悔させてやるからな。クソバカ女め！　覚えておけよ！」と怒鳴り続けている。こいつは本当に偉そうで、横暴で、傲慢だ。警察官がリックを外に連れ出した。私は彼が解放されて戻ってきた時に何をされるかを考えて怖くなった。

パトカーが去って行くのを見ていると、ママが突然ものすごく切迫した様子になった。「荷造りして」と私たちに言った。え？　どういうこと？　とりあえず言われたとおり、大急ぎで必要なものをカバンに詰め、ママの車に飛び乗って家を出た。

ああ、良かった、と思った。陸の孤島でヘルプを求めにいくにも何時間もかかるキャンバスタウンじゃなくて本当に良かった。でもブラックボールにも警察はいないので、一体どうやってこんなに速く来てくれたのかはわからなかった。

車に乗ってグレイマウス方面に向かい、どこかで北方面に曲がった。崖の下には波が打ち上げられていて、前方には空が地平線に触れており、見上げればどこまでも高く広がっているように感じた。誰も何も話さなかったが、ママが沈黙をやぶって「いい？　いまから行く場所は誰にも教えちゃだめだよ。誰にも住所を言っちゃいけないよ。誰にも。わかった？」と言った。ママはＦＢＩ捜査員にでもなったんだろうか。長い長いドライブの末、ついにウエストポートまでたどり着き、そこからすぐにとても古いヴィラに到着した。「ここだよ」とママが言った。そうして私たちの隠れ家に着いた。

ママの友達の家にでも来たのかと思ったが、中には誰も住んでいなくて、でも迎えて招き入れてくれた人がいた。後で知ったのだが、ここは女性用シェルター《ウーマンズ・レフュージ》だった。ずっと住むための場所ではないが、暴力的なパートナーから逃げる女性と子どものための避難所で、新しい生活に向けて、回復し、次にどうすべきか探るための場所だ。ママは「絶対誰にも言っちゃだめ、パパにもだめよ」と念を押した。私たちの居場所は絶対秘密だった。

私は秘密組織の一員になったかのような気分だったので、ママの言いつけを真剣に守って本当に誰にも言わなかった。家は私たちだけで使うことができて、とても広く感じた。一人一つずつ寝室があった。この大きな家の広いリビングルームにはたくさんのおもちゃも用意されていたから、デインは楽しそうで、私たち三人にはパーフェクトな居場所だった。

学校にはママから電話して、私がしばらく休むことを伝えてもらった。ママはとても申し訳なさそうだったが、私からすればママのこの行動は私たちきょうだいにとって最高なことだったので、なんで謝るんだろうと思った。

平和な日々が続いた。危機感がない日々。不思議な幸福感だった。私とデインでママを独占することができたのが嬉しかったし、何よりママがこの行動を取れたことにまだ驚き、感動していた。

何人かの女の人がママと話をするために訪ねてきた。その人達はシェルターのボランティアスタッフで、私たちに必要な物がそろっているかの確認と、ママのカウンセリングのために来ていた。ママはカウンセラーと何時間も深い話をして、リックと法律的、経済的に完全に離れる方法を教えてもらっていた。

私はこの時点ではまだ**様子見**だった。だってママは過去に何度もリックから離れようとして失敗し、彼が懇願し始めたら結果的に折れて戻ってしまっていたから。相手がどんなに暴力的で支配的であっても離れることができない、というのは不思議だったが、実際にはとても難しいことなのだ。ママの状況は、単に一人の女性としてではなかった。金銭面、子育て、家の管理などの縛りがありすぎたし、リックはいつもママの耳元で囁いて、ママに何でも信じさせることができた。当時のママは鬱状態で支配されていて、普通の精神状態で考えて自分のために行動すること、正しい行動をとることなんてできなかった。支配され暴力を受けている他の女性たちと同じように、何年も何年も「お前はバカだ」などと言い続けられると自分のことを信じられなくなり、自分を責めるようになってしまう。殴られるのも、衝突するのも、全部自分が悪い、と。この状況に対応できないのも自分のせい。まったく理解しがたいことだが、そんな精神状態でいると、またすぐ元サヤに戻ってしまうのだ。

自責と罪悪感は行き止まりを意味する。でもそれを責任に置き換えると、また動き出すことができる。「私が殴られて、子どもも殴られるけど、私はいい母親である責任があって、自分で人生を切り開いていかなきゃいけない」と思い始めると、新たな選択ができる。そしてさらに次の選択が。私のいままでの人生の中で、誰かがした一番勇敢な選択がこれだと思う。ママはこうして最初の一歩を踏み出した。

私はまだ完全には安心できず、ここを出て元の生活に戻ったらどうなるか観察しなきゃいけないと思っていた。同時に、この時は本当に何かが変わった気もしていた。ママが変わった。実はママは前から計画してたんだ。これは本気らしい。ママの強い行動を見るのが頼もしかった。

数週間が経ち、私たちはまたブラックボールの家へ戻った。リックにはママへの接近禁止令が出ていたが、紙切れ一枚で何かが変わるとは思えなかった。彼はブラックボール内のどこか違う場所に住んでいたので、いまにも目の前に現れるのではないかとびくびくしていたが、来なかった。もし接近禁止令を破って私たちに近づいたら彼はデインと接触する権利を失ってしまうのをちゃんとわかっていたのだろう。それ以来リックと関わることはなかった。

ただ、一つだけ悪いことがあった。リックがママと一緒になった時、ニュータウンの家はママのものだった。その後何年かにわたりリックと一緒に過ごした間に購入したタカカの家、キャンバスタウンの家、そしてブラックボールの家は、全てママのお金で買ったものだった。ニュージーランドの法律では、三年以上一緒に住んだカップルは事実婚とみなされ、別れる時は財産も均等に分与しないといけない。ママとリックが一緒にいた期間は、なんと三年と一週間だった。彼は一文なしでやって来て仕事も一切することがなかったのに、ママの家の半分の価値の財産を手に入れて去っていった。数年後、私たちはついにブラックボールの家を売ってグレイマウスへ引っ越すのだが、新居を買うにはお金が足りず、以降は家を借りることになった。

リックと切れてからママは少し苦労したと思うが、でも以前よりもずっと幸せそうだった。いろんな趣味を始め、さらには家のリフォームまでし始めた。ある部屋の壁を濃いピンクに塗り、窓の枠を紫に塗った。マジかよ、大胆すぎない？　そして友達と会うことも多くなった。ママと仲のいいドナがよく家に遊びに来て、二人でいると私をからかったり私の真似をして笑っていて、それはそれでウザかった。私にはウザかったが、ママはとても楽しそうだった。マジで最高。私もついに自由になれた気がしたので、ママと一緒にいると決めた。

本当のママが戻ってきたんだ。ウェリントンを去って以来、初めて本当のママを見た。

人は最初の一歩を踏み出して、どんどん進んで行けば、いずれ目的地にたどり着くだろう。一歩目を踏み出した時点で、十歩目が待っている。暴力で支配されている環境にいる人が希望を失い、他に何の道もないと思ってしまうと、その道は地獄となり悪い方向にしか行かない。地獄にはまったまま、諦めて抜け出そうとしないでいると、心身ともに蝕まれてしまう。

そのまま進めば、内面を殺され、肉体的にも殺されてしまいかねない。

私はママがそうなるのを見たけれども、なんとかその道から抜け出すことができた。友達の母親がその地獄の道にはまっているのも見たが、彼女には死が待っていた。

ブラックボールで仲が良かった同い年の友達のファロンはイギリスから引っ越して来て、お母さんと義理のお父さんと住んでいた。彼女の親も激しい喧嘩をするので、私たちはそれで仲良くなったと言っても過言ではない。喧嘩をしない親はいないけれども、ママとリックの喧嘩は普通じゃなかったし、ファロンの義理の父はマジで異常だった。

ある晩、私とファロンが友達の家に遊びに行った時のこと。ファロンの両親はその友達の親のことが嫌いだったので黙って遊びに行った。「バレないよ」とファロンは言ったが、ブラックボールは狭いので最終的にバレてしまい、彼女の両親は帰宅すると私たちを叱ろうと待ち構えていた。ファロンのお母さんはとても優しくて、なんでその友達の家に行ってはいけないかを落ち着いて説明しようとしてくれた。でも義理のお父さんは……その時すでに真っ赤になって怒り狂っていた。ファロンの方へ歩いて来たかと思うと彼女の首根っこを掴んで壁に押し付け、まるで首を絞めているみたいだった。私はただ突っ立って見ているばかりだった。こんなことが友達の前で起こると、とにかく恥ずかしいのを知っていた。ファロンは私に見てほしくなかっただろう。ぜえぜえ喘ぎながら「帰って、帰って」と言った。

その時は深夜一時頃で、ブラックボールは家の中はさておき町は治安が良いので歩いて帰ったけれど、いま起こったことが衝撃だった。やっていいこととダメなことがあるだろう……。ママの場合は、彼女自身が首を締められても耐えていたが、もし**私**が手を上げられているとしたら、それはママの許容範囲を超えていた。でもファロンのお母さんはただそこに立っていて、義理の父親を止めることはしなかった。怖かったのかもしれない。でも超えちゃいけない一線というものがある。

次にファロンに会ったのは、スクールバスの中でだったが、すぐに首に痣《あざ》があるのに気づいた。大丈夫と彼女はいうが、こういうことはなかなか話せないものだと私にはわかっていた。

「心配しないで」と、いつもファロンは言う。「彼は実際には大したことはしないんだよ」

それからまもなくして私たちはブラックボールから引っ越したが、ファロンの家族はまだそこにいた。数年後、私たちが十七歳の時、義理の父親がファロンのお母さんを刺し殺した。刺したのは一回だけではなく、二十六回だったそうだ。ナイフが曲がったり折れたりしたので、計三本のナイフを使って。

いつもの制御不能な爆発の一つがこうなった。

ブラックボールの住人は全員とてもショックを受けたが、私は過去に彼がキレるのを見たことがあったので特に驚かなかった。彼が感情を抑えられずにキレると、その先は明らかだった。次に何が起きる？　そこからどこまで悪化するかって？　最悪のケースがこれだ。

結局、義理の父は自首し、刑務所に入った。そしてファロンはイギリスに戻った。お母さんが亡くなったいま、彼女にはニュージーランドに何も残っていなかったのだ。

これが世界の真実で、良いことにも悪いことにも何でも当てはまる。特にメンタルヘルスに影響する。何の道をどの方向に進んでいようが、一歩進むごとにその道に深入りする。方向を変えるには、違う方向に足を踏み出すだけで、不可能なことではない。ファロンのお母さんはとても優しくて素敵な人だったが、方向を変えることができず、遅きに失したんだろう。私のママは道を変えた。シェルターに連絡するという、最初の一歩を踏み出した。そこから一歩進むごとに、新しい道が切り開かれていった。

私たちはどんな時でも一つ決断をするだけで物事を変えることができる。

ルビーのライフレッスン

最初の一歩を踏み出せば、
その先の十歩が広がっている。

12 グレイ - トフル

ママがリックと別れた後も数年ブラックボールに住んだ。私はブラックボールではたくさんの良い友達がいた、男子も女子も。十五人ぐらいのグループで、いつもスケートパークやお互いの家でつるんでいて、何人かの男の子たちとキスもした。

朝は近隣地区の子どもたちを乗せてグレイマウスに向かうスクールバスに乗り、夕方に同じバスで家に帰るが、ヨハネ・パウロ二世ハイスクールに通っているのは私だけで、他の子はみんなグレイマウス・ハイスクールの生徒だった。だから私は同じバスの子たちを通じて、他のグレイマウスの高校生たちと知り合った。みんな「放課後あの店で会おうね！」などと言い合い、その時はたくさんの友達に囲まれていて、人気者になれた気分だった。友達と遊んでパーティーをすることにしか興味がなかった。

十三歳から十五歳、高校の最初の二年は私が不良だった時期だ。とにかくふざけて、ナメていた。みんな知らないけど、私はこれまでマジできつい人生だったんだからしょうがないじゃん、という態度だった。クールでいるためにちょっと張り切りすぎていた。当時はそんな態度をとってどう思われるか、どんな影響があるかなんて考えはなく、ただただふざけまくった。勉強は普通にやっていれば合格点は取れていたから、特に頑張らなかった。その代わり、友達の前でかっこつけるためにいつも面白おかしくふざけ、授業から放り出されるのに全力を注いだ。私が先生に放り出されるとみんなが笑うので、かっこいいことをしていると思っていた。悪いことをして見つからずに逃げおおせるのもそうだ。だが、ミセス・コステロという英語の先生は、授業中私が何をしても外に放り出すことはなかった。先生は私を友達から離れるように席を変えさせたり、一番前に座らせたりはしたけど効果がなかったので、ついに教室の後ろにある本棚コーナーにいさせた。先生は放り出す以外のあらゆる手を打った。

「教科書を持ってそこに座ってなさい、ルビー。あなたを放り出したくないの。ふざけるのをやめて集中してちょうだい」

けれど、私はすぐさま携帯を取り出してクラス中に聞こえるように音を出したままゲームを始めたので、ついに放り出されることとなった。もう選択の余地はなかった。先生がメモを書き、私を職員室に送った。私はようやく蹴り出されるまでになったことがクールだと思って笑っていた。

しばらくして私がそんな態度を取るのをやめるようになった時に、その先生に「なんであんな態度を取っていた私に辛抱強く接してくれたの？」と聞いてみた。その時には私は英語の授業ではとてもいい成績を取っていた。「あなたに可能性があると思ったからよ、ルビー」と先生は言った。「あなたは頑張らなくてもとても賢い。私のクラスにいてほしい生徒だったけれど、ちょっとあの時はふざけすぎていたわ」

その先生はとても頑張ってくれた。こんなにいい先生に出会えるのはとても珍しくて、素晴らしいことだ。生徒に熱心に接しても給料がアップするわけではないのだから。先生、あの時はふざけすぎてごめんなさい、と謝った。

十一年生［日本の高校一年生］の頃に心の中で何かが変わった。授業が選択できるようになったので、好きな先生のクラスを中心に選んだのが良かったのだろう。

化学の授業を取ったのは、派手で有名なミスター・マッカーシーという先生だったからで、その先生はスピーチの手助けもしてくれた。微分積分学［選択制数学のうちの一つ］を選んだのはミスター・ワイルディングという先生が大好きだったから。先生が好きだと難しい教科もそんなに難しくなくなった。

古典の授業の先生は、授業中に悪い言葉も使いまくり、とても真っ直ぐでリアルな先生だった。もっと多くの大人がそうだったらいいのに。その先生は超クールだった。

宗教のクラスは選ばなかった。最初から宗教のクラスには少し抵抗があった。サモア側の家族は信仰があつく、ウェリントンの長老派教会で育ったようなものなので宗教的な学校へ行くことは別に大したことじゃなかったが、いまの学校がカトリックのため、宗派による違いを学ぶことになった。いままで神様は単に神様だと思っていたが、この宗派は自分たちの道が正しいと主張するので混乱してしまった。**それに、ここの先生たちがグランドマンより宗教に詳しいはずがないじゃないか。**この人たちは自分の信じるものに固着して譲らないので、世界中でたくさんの戦争が起こる原因はこういうことだとすら思えた。なんとか生きていくのに私がこれまで身につけてきたこと、つまり、物事に対する見方は常に一つじゃないという考えと、彼らの厳しい教えはことごとく対立するのだった。担当の先生が好きだったら違ったかもしれないが、その先生とは根本的に合わなかった。

そうこうしている間に小さいデインも就学する年になり、私の高校の隣にあるセント・パトリック小学校へ通い出した。デインはとてもかわいい子どもだった。学校の前でデインとふざけ合って遊んでいた時のこと。私がデインに完璧なホースバイト［太ももの裏側などを手でぎゅっと掴むこと］をしてやったら、デインがぎゃー！　と叫んだ。突然校長先生が走って出てきて「ルビー！　その子から離れなさい！」と怒られた。先生が言いたいことを言い終わるのを待ってから、「ミスター・ストーン、この子私の弟なんだけど……」と言うと、先生はとても気まずそうだった。そりゃそうだ、サモア人の血が入った私と完全にパラギのデインがきょうだいに見えるはずがない。デインと私はとても仲良しで、本当に大切な弟だ。彼がこの世に誕生した日、私がへその緒を切ったときからずっとそばにいる。数々の困難を一緒に乗り越えた。弟のデインが大好きだ。

当時はグレイマウス中で私が唯一のサモア人だと思っていた。前に一人だけサモア人の友達がいたけれど、彼は引っ越してしまった。私は友達がたくさんいたのでいつも楽しかったが、小さな街に唯一のサモア人である私には、大部分が白人の南島での生活は難しかった。

高校生の時に私はスピーチが得意なことに気づいた。私の目には究極の演説家と映ったグランドマンから受け継いだ才能と考えたい。理科の先生の一人がそれに気づき、ビショップ・リヨンズ・ジュニアスピーチコンテストという大会に出るためのスピーチ作成を手伝ってくれた。先生が練習を見てくれ、私はヨハネ・パウロ二世高校から参加する他の生徒と一緒に、南島の中心部にあるアーサーズ・パスという場所まで行った。南島中のカトリック系の高校が島の中心に集まるコンテストで、とてもクールな体験だった。スポーツ以外にも競えるものに初めて出会ったので、楽しいチャレンジだった。

先生が提案してくれたトピックがとても気に入った。それは、サモアとイギリス、二つの違う国にルーツを持つ両親に育てられたことのメリット、というものだった。スポーツ界、政治やメディアの世界にもたくさんいるお手本となるミックスルーツの有名人たちについて書いた。私にぴったりのトピックだった。「雑種」という言葉をあえて使い、ミックスだからこそたくさん得られるメリット、「ハイブリッド」だから活力に溢れているということ、世界への視野が広いこと、いろんなシチュエーションにうまく対応できることなどを語った。

結果、私が優勝してトロフィーを持ち帰った。私たちの学校が参加した中で一番小さい学校だったので学校にとってもすごいことだった。表彰式でトロフィーを受け取りステージから降りたあと、親や先生たち、生徒たちがみんな集まっている方へ歩いて行くと、途中で年配の白人の男たちのグループが笑いながら話していた。近づくと「雑種が優勝したのは初めてだな!」と聞こえ、みなで笑っていた。自分でスピーチ内でも使っていたし、ほんとに純粋に、彼は言葉遊びとして使っているだけだと私は素朴に思って特に気にしていなかった。だが、そのグループの中に入って一緒に笑おうとしたら、私に気づいた全員がすぐに笑うのをやめて姿勢を正し、そっぽを向いた。

ほんとに悔しかった。まだ十代でなかなかクールな賞をもらったのに、白人の観客にはそれが何の意味も持たず、ましてやジョークのネタにされるなんて。なんか言いたいことがあるなら面と向かって言えよ、と言ってしまいそうだった。唯一の救いは、私に聞かれたとわかった時の男たちの気まずそうな顔がおもしろかったことだ。

ママが次の男に出会ったのは、私が十一年生になってすぐのことで、まだブラックボールに住んでいた時だ。私はあまり良い気がしなかった。デインの父親が最初に現れた時は彼のジョークに愛想笑いをしたりしていたけど、結果あまり意味がなかったし。今回はこの男と仲良くする前に信じて大丈夫という証明が絶対必要だ。

ママは当時ブラックボールのヒルトンでウエイトレスをしていて、私もそこでバイトさせてもらっていたので、その男の人が入って来たのを見た。自分の親が色気を出してるのを見たことがある？　マジで気持ち悪かった。この男の人は特に何の特徴もなく……背が高くて、結構年配。ママはバーカウンターにもたれかかって、小声で言っていたつもりだろうけど、バーはうるさいので大声で話す必要があるから丸聞こえだ。「あなたを見てると疲れた目が癒やされるわ」げっ、吐きそう。

彼の名前はママの兄と同じでニールといって、とても丁寧な人だった。最初のやり取りがまともだったので、悪くないなと思った。結果的に彼は、男はこうあるべきと言われる見本のような人だった。いつもママを手伝い、決して声を上げることはなく、手先が器用で役に立つ。家を建てることだってできた。彼とママはじっくりと話し込み、笑い合って、いちゃいちゃしていた。こんな健全な関係を見るのは初めてだった。

ニールがしてくれたことの中で一番クールだったのは、運転を教えてくれたことだ。マジで助かった。これまで家で大人に助けてもらったことなんてなかったが、彼は違った。いままでがいままでだっただけに現実味がなかったが、ママと一緒に最高の生活を手に入れたと思った。十五歳、十六歳と、友達とパーティーにまだよく行ったけど、もうそこまでバカなことはしなかった。単なる偶然とは信じがたいことに、ママの生活が落ち着いたタイミングで、私の頭と精神状態もだいぶ落ち着いた。

その後しばらく経って私が十二年生になってすぐの時、ママはブラックボールの家を売り、ニールと一緒に住むためにグレイマウスに引っ越した。新たなチャプターの始まりだ。賃貸物件だったけど、いままで住んだ中で一番良い家だった。グレイマウスの郊外の治安のいいエリアにあって、家の中の色のトーンが統一されていて、外の道には積み上げげられたガラクタやゴミなんてなくて、金持ちエリアの豪邸だと思った。庭に置くための大人も入れるサイズの簡易プールまで買った。プールつきの家じゃん！位置的にも便利だったので、いつも友達が遊びに来ていた。

運転免許が取れる年［ニュージーランドでは十六歳］になったらすぐに取得し、バイトして貯めたお金で自分の車を買った。千四百ドルの、小さなホンダ・シビック。ニールが買うのも整備するのも手伝ってくれた。クロームホイールが欲しければ、クローム加工の銀色スプレーでペイントすればいいだけって知ってた？　ニールはタイヤとオイルの交換方法も教えてくれた。

自分で四百ドルを払って、ラジエーターを新品の物にした。でも十八歳の誕生日の週、アメリカ人観光客が運転中に交差点で確認する方向を間違えてしまい、私の車に突っ込んだ。幸運なことに保険をかけていたので、保険屋が車を見に来た時に「七百ドル支払うよ」と言われた。七百ドルでは新しい車は買えないのでガッカリだ。ところがその場にいたニールが保険屋と話してくれ、「最近ラジエーターを新品にしたんだ」などとうまく話をつけてくれた。すると、支払いが千ドルまで上がった。やった！すげえ！　と思ったのと同時に、「見本になる親」を持つってこういうことなのかな？　と考えた。ニールは私に様々なライフハックを教えてくれた。時にはママとニールも喧嘩することがあったけど、「さっきこう言ったじゃん」「いや言ってないよ」と言い合うだけで、家の物が壊れるようなことはなかった。

彼がママを気にかけてくれるのが本当に嬉しかった。それは、私が心配なく家を出られるようになったことを意味した。

週末は、たまに友達と一緒にナイトクラブへ行くためにクライストチャーチまで遊びに行った。姉のフェイク身分証をまだ持っていたので、ナイトクラブには問題なく入れた。めちゃくちゃ楽しかった。友達とクラブに行って飲んで騒ぐのは大好きだったけど、酔っ払っている時に盛り上がったからって、素面《しらふ》の時にその人と話せるとは限らない。「ブツ」が足りないのだ。それはだいぶ前から知っていた。他の子たちがドラッグやアルコールにウキウキしながら手を出し始め「はっちゃけようぜ！」となっている頃、もちろん私も参加したけれども、それほど楽しみなわけではなかった。とにかくいまの生活があるのが嬉しくて嬉しくて、アルコールやドラッグの手助けなんていらなかった。はっちゃけることはかまわないけれど、いまの私はもっと別のものを探し求めていた。それに、その道がどこに続くかはもう最後まで見たのだ。メレディスの死は私の人生にとんでもない衝撃を与え、ずっと忘れることはできなかった。行き止まりなんだ。

この時は、人生が与えてくれるものを全て受け取ったという気はしていなかった。他に何があるんだろう？

高校の最後の二年、私はとても落ち着いていた。いまでも家のどこかに、当時学校を代表して参加したスポーツのバッジがたくさんついた制服のネクタイがある。ネットボール、ラグビー、スカッシュ、ホッケー、陸上競技、そしてスピーチ、何でもやった。さらに生徒会委員でもあった。

もちろんやらかしたこともある。ある年、私はライオンズクラブのスピーチコンテストで、全南島一位を競う決勝まで進んでいた。コンテスト前夜に学校のダンスパーティーがあり、お酒も何杯か飲んでオールで遊んでしまった。次の日の早朝、ニールのピックアップトラックの後ろの席でネルソンへ向かう間はひたすら爆睡だった。到着してトラックから降りる寝不足と二日酔いでフラフラな私を見ながら、ママとニールはずっとくすくす笑っていた。帰り道も私たちはずっとくすくす笑いながら帰った。だってそんな状態でも私が優勝したのだから。

またある時は、なぜか私の家でウエスト・コーストで一番大きい高校のスクールダンスのアフターパーティーをすることになった。なんでうちだったのか全くわからない。私はその高校の生徒でもなかったのに。次の朝、ママたちが帰って来る前に私は必死でビールの缶を片付けていたところで声が聞こえた。

「あら、ルビー?」

近所のおばさん、ミセス・ケーンだ。白髪のおばさんは片手でフェンスにつかまりながら、もう片方の手で潰れたビールの缶を握っていた。

「一つ見逃したんじゃない?」

真っ青になった。だって私たちは**相当**うるさかったはずだ。年配の近所の人たちのことなんて考えやしなかった。怒られた犬が尻尾を足の間に丸めこむ時みたいに私は恐る恐るフェンスに近づいて缶を受け取るために手を伸ばした。

「ミセス・ケーン、本当にごめんなさい……」

恥ずかしさと罪悪感と二日酔いとで、もう泣きそう。こんなひどい二日酔い、十一歳の時以来だ。親と警察に知らせるわよと叱られるのだと覚悟した。

ところが、ミセス・ケーンはニヤニヤ笑いながら缶を差し出し「楽しかった？」とだけ言った。

彼女が笑いながら家に戻って行ったのが信じられなかった。人はグレイマウスという小さな街についていろいろ言うけれども、この街には最高に良い人たちがいる。ミセス・ケーンのことは一生忘れない。

高校生の間は学校の休暇期間のたびにパパとリーシュとお酒を飲んでいたが、以前ほどは飲まなくなった。それよりも自分と同じ年代の子たちと飲みたかった。例えば友達と勝手にママのワインを飲んで、悪さしていることにくすくす笑いたかった。十八歳になった頃には、周りの友達はみんなクラブ遊びに夢中だったが、私はもうやりつくしていたのでそれほどハマらなかった。人生において、それ以上のものを探していた。

高校を卒業したらすぐにこの街を出たかった。

私はいつもママの聡明さと、大学と専門学校を出ていることに憧れていた。パパも大学に行くのは大事だと考えていたようで「大学に行け！　行って学位を取ってこい！」と私に言い聞かせた。学位、学位とばかり言っていたが、どういうわけだか、専攻が何かなどは別にどうでもよくて、私が何らかの学位を取ればいいと思っていたようだ。パラギ側の家族がいて良かったと思うことは、彼らはみんな数字や本を読むことが得意で、どうやって大学に就学するかの知識があった。もちろん、ママとニールは私の進路の決定の手助けをしてくれた。

ニールは私が初めて出会った、自身のきょうだいととても仲のいい白人男性だった。私とサモア側のいとこたちぐらいに仲がいい。ニールの兄は、ロトルアという北島の街で恵まれない子どもたちの進路相談のプログラムを運営している。彼らが得意なことなどの情報を入力すると、その子に合った職業リストが弾きだされるというものだ。ニールは私もそれをやるように言った。先生に言い返して減らず口をたたくのが得意だったから、弁護士も向いてるかなと思ったが、**ジャーナリスト**を提案された時、頭の中で電球が光ったようだった。そうじゃん、ジャーナリストならスポーツと話すことっていう得意な二つのことを専門にできるじゃん！

学校を卒業したばかりの子にとって将来何をするか決めるのは簡単じゃないが、ニールおじさんも助言をくれた。将来何がしたいかがわかっていなくても、大学で学位を取るのは時間の無駄にはならないと彼は言った。喩えるなら、日曜大工の道具箱。勉強をすることによって道具を増やしていくみたいなものだと。だから何が起こっても対応できる道具を持っていることになる、と。世界にとって大切な資源になれるから、とりあえずやってみな、と言った。

尊敬していた大人たちは全員同じようなことを言った。私は自分が何がしたいのか全くわからなかったけれど、グレイマウスを出て世界を見に行く時が来たことはわかっていた。そして私はクライストチャーチのカンタベリー大学に、メディアとコミュニケーションを第一専攻とし、英語を第二専攻にして進学することにした。結果としてこれが正しかった。大学で私は女子ラグビーに出合えたのだから。

ルビーのライフレッスン

道具箱にどんどん道具を増やしていけば、
それが世界と自分自身にとって良い資源となる。

Part 2

〝グレアティチュード〟

〝グレアティチュード(Greatitude)〟は私の価値観の一つだ。「感謝（グラティチュード、Gratitude)」に似ているけれど、もう少しパンチが効いている。〝グレアティチュード〟は私にとって感謝の気持ちを**声にして伝えるだけではなくて、行動を通して感謝を表現する**ことだ。例えば私がラグビー選手として活躍できていることに感謝をしているとすれば、私がそう言っているのを聞くだけではなく、**実際に目に見える**ようにすること。行動の例としては、暇さえあればいつでもどこでも試合を研究して、チームの解析ミーティングで何度も話し合って……というのが「行動」だ。必要とあれば、誰かと一対一のミーティングもするし、追加のパス練習などもする。女子ラグビーの発展のために、学校訪問をしてスライドを使ったプレゼンテーションをしたりもする。もし私と一緒に時間を過ごして日常で何をしているかを見ることができるなら、私が何に対して感謝しているかを見ることになる。そうすれば、わざわざ言う必要はない。それが〝グレアティチュード〟。

今日は、いまある自由に感謝している。ツアーから帰ってきたばかりだ。何週間もチームのスタッフと共に時間を過ごし、ここへ行け、あそこに行け、今度はこれをやって、と言われ続ける生活をし、その後ビジネスクラスの帰国便に乗る。それでもまだ嵐のようなスケジュールの中。

ニュージーランドに飛行機が着陸して、やっと帰ってきた。

帰宅翌日、自分の家で朝起きて、食べたければ何か食べるし、お皿を洗いたければ洗う。それから車に乗り込むと、ギアを変える、ハンドルを切る、となんでも自分でコントロールできる。行きたいカフェに行って、熱めに作ってもらう大好きなココナッツラテと、トーストしてジャムを塗ったベーグルの朝ご飯を買う。そうすることができるから。天気がいいので海まで歩いて、ゆっくりと自分だけの時間をとり、靴を脱いでビーチに立ち砂の熱を感じる。海に足をつけてみる。海に入りたければ服のまま入ることだってできる。この国ではそんな素晴らしい自由がある。ブラジルや南アフリカのケープタウンのツアーではホテルのすぐ横がスラム街で、この世の間違ったこと全てが凝縮されたのを見るから、帰ってきた時のこの気持ちはいっそう強く感じられる。こういった日常の普通のこと、車、コーヒー、砂。人生のいい部分を噛みしめる。

私たちは多くのことを当たり前だと思っている。いまある生活、家族、恋人、仕事、私の全てに感謝するには、落ち着いて、人生のいいこと全部をきちんと認識しないといけない。私はこれの練習をする。停止ボタンを押し、ゆっくりと時間をかけて。そしてそれは私の人生のあらゆる面で役に立っている。

砂の上でいいスポットを見つけたので、座って目を閉じ、耳をすましてこの瞬間に溶け込む。カフェでたくさんの人が話して笑っているのが聞こえる。カフェは道路の向こう側にあるので、集中しないとよく聞こえない。犬が吠えている。車が近くの交差点で減速して、また発車する。どこかでカモメがカニをめぐって喧嘩している。かすかな風の音が耳をかすめる。五つだ。マインドフルネスの練習のためにこのゲームをするのが好きだ。

周りの音に没頭し、ふらふらとぶれないように音が私を優しくつなぎとめる。目を開けると、光と色が飛び込んでくる。さっきと全然違い、もっとはっきりと見える。四つだ。マケトゥからマンガヌイ山の間の水平線が見える。貨物船が三隻、小さくておもちゃのように見えるのがタウランガ港へ向かっている。他に何が見えるだろう？　打ち上げられたクラゲがいる。お母さんが子どもたち二人と遊んでいる。

もう一度目を閉じてみる。何を感じられるだろう？　今日のブラの紐は左の方が少しきつい。そんなこといままで気づかなかったのに。おもしろい。左足に砂がかかった。風が肌をなでつける。三つ。目を閉じたまま、次は匂いに集中する。二つのことを発見した。少しツンとする匂い……これは何だろう。海藻か、魚の死骸かな？　だから鳥たちがうるさかったのかもしれない。そこまで嫌な匂いじゃないので、海藻が乾いていく匂いと思うことにした。それからその背後の匂いは、海だ。とてもしょっぱい海の匂い。

そして最後は味覚。舌を動かして、何回か飲み込んでみる。さっきおいしく飲んだコーヒーの味がする。五、四、三、二、一。すると温かさを感じた。感謝の温かさ。コーヒーが大好きだし、いま自分がこうしている時間が大好きだ。

今朝はやることがいっぱいある。掃除機をかけたり、雑用をこなしたり、何週間も家を空けていたから帰国したと何人かに電話もする。それらのことはちゃんとやる。私はいつも成功を追いかけたくて、最高の機会があればしっかりと掴み、競争も好きだし、レッツゴー、レッツゴーと、とにかく働く。これが〝グレアティチュード〟。私が仕事に、チームのためにどんなに懸命に取り組んでいるか。私の人生や仕事ぶりを見た誰もが私が常に感謝していることが見えるだろう。

でもこんな静かな時間に、いまこの瞬間を意識できること（マインドフルネス）はとてもピュアな喜びだ。今私はビーチにいる、ここにいる、この瞬間に浮かび上がってくる感謝というマインドフルネスは、私には五感に訴えてくる直感的な体験なのだ。

プロのラグビー選手として生活していると破茶滅茶な体験もいろいろある。中国、ドバイ、フランスと旅をする中でプレッシャーに押しつぶされそうになることもある。物事が嵐のように襲ってくる時は、ビーチにいる自分を想像し、五感を研ぎ澄ますと落ち着きを取り戻せる。どこにいようと、この絶大な落ち着く感じが得られる。ポジティブなエネルギーと温かさを感じられる。これをどこへでも持っていくことができる。私は世界のどこにいたって、このビーチにいることができる。

13　このラグビーっていうもの（2010）

「どうしよう、すごく高いじゃない」とママが言った。私が進学するクライストチャーチにあるカンタベリー大学の学生寮の家賃を見て、不安な表情をした。二千ドル以上なので決して安くない額だ。心の中で私は、ママ、お願い！　と懇願していた。いままで全部自分のことはやってきたし、車だって自分のお金で買ったけど、いまそんな額を自分で一括払いするなんてとてもできないんだ。

パパはいつもヘルプが必要な時は助けてくれたけれど、すぐにそんな多額なお金は用意できない。わかってるよママ、と私は言った。しかもこの寮は高級な部類じゃなくて、安い方だ。学生たちは高級な方を「リッツ」と呼び、こちらは「ゲットー」と呼ぶらしい。

でもママはなんとかしてくれた。「ま、どっかには住まなきゃいけないもんね」と言いながら、この偉大な人物は全額をクレジットカードで払ってくれ、私は準備が整った。荷物を車に詰め込んで、自分で運転してクライストチャーチまで行き、寮の部屋に引っ越して、大学の一年目が始まるのを待つばかりになった。ワクワクしていた。

だから二、三ヶ月後、大学の事務室から請求書が届いた時は心底驚いた。「いや、いや、いや、親が払ったから問題ないはずなんだけど」と言うと、事務員は二千五百ドルは一学期分の金額だと説明した。

いまは次の学期分の支払期限で、一年が終わるまでにあと二回請求があるという。心が折れかけた。ママはもう既に私のために全てを投げうってくれていて、再度頼むなんて無理だ。どうしよう、住む所がなくなってしまう！　と、パニックになった。独り立ちして家を出て、新しい世界に足を踏みだした事を誇りに思っていた矢先にこれだ。でもここで終わるわけにいかない。が、家賃が払えずに寮を去っていく生徒たちも何人かいたので、ここで終わる可能性も見た。ちくしょう。

とりあえず事務所に話に行ってみることにした。「いまは払えないんだけど、働いてお金を稼いでから払うのはどうですか……？」と言うと、呆れた顔をされた。きっと他に何人も同じようなことを言う生徒がいて、私が払えるわけがないと思ったのだろう。でもありがたいことにチャンスをくれた。次の学期が終わる六月末までが期限。「学期末にまた事務所に来てね。その時はお金をちゃんと用意してなきゃだめだよ」わかった、ありがとう、と言ったものの、やばい。マジでやばい。どうやってお金を調達しようか。

ラッキーなことに、パパのいとこのネットおばさんとサーおじさんの姪が大学内にあるファンドリーという名のバーで働いていて、私もそこで木、金、土の夜、午前三時までのシフトをもらえた。基本、一年生がそこで働くとシフト中にベロベロになってしまうからあまり雇ってもらえないのだが、私は勤務中は飲まないと決めて休むことなく働いた。死ぬほど働くと決めたので、文句も一切言わず誰よりもドリンクを売りまくった。絶対にお金が必要だったし、家族と約束した以上、大学を辞めてがっかりさせるわけにいかなかった。

そのバイトだけでは足りなかったので、学生用のバイトのサイトで探して単発の雑用仕事をなんでもこなした。ある老婦人の庭の雑草抜きとか、試供品配布や店頭販売の手伝いとか、犬の糞拾いとか。大学一年生の時は数え切れないほどのバイトをした。

あるバイトで、男の人二人と一緒に働くことになった。一人は小柄で白髪で年配、もう一人は大柄で強そうでタトゥーまみれ、こちらはわりと若そうだ。仕事内容は、ある古い家の床下に潜り込んで、何本もの杭周りのコンクリートを破壊するというものだった。大柄な男はコンクリートを破壊する力は充分だが土台の隙間が狭すぎて入れず、小柄な男は入れるけれど五、六十代で破壊する力がなさそうだったので、消去法で隙間に入れるサイズで強さもある私がやることになった。授業をサボってまで何日も家の下で作業をして、家の前のコンテナまで壊したコンクリートを運び続けた。作業の最終日になって雇用主がやってきて、私たち三人に同額の給料を現金でくれた。私がほとんど一人でやったのに。そして彼は「税金とかは自分でしてくれ」と言うと、二人の男はニヤニヤしながらお金を受け取った。納税を自分でしようにもやり方なんてわからなかったので少し混乱した。ニールおじさんが教えてくれたことは、現金手渡しのこの現実世界では無意味に思えた。

ゆっくりと、少しずつ、私のベッドの下の貯金は増えていった。事務所での支払いの期限の日が来たが、全額には少し足りなかった。手元にあるお札と硬貨を一銭残らず引っ張り出して、何度も何度も数えたが千八百ドルにしかならなかった。仕方なくそれを事務所に持っていき、窓口に差し出した。「足りないのはわかっています」とスタッフに伝えた。「でも約束したとおり勉強していない時間は全部働いて稼いだんです、だからお願い、放り出さないで」と言って、窓口の女の人が首を振るのを待った。「ルビー、六百ドル足りないわね」この時スタッフがお金を見ていた表情をいまでも覚えているが、とても良いかとても悪いの表情で、どっちなのかわからなかった。

ついに彼女は顔を上げて私を見て、「有言実行したなんて信じられないわ。本当にすごいわね、ルビー」と言った。「いままで何人も同じようなことを言った子がいたけど、戻って来た子なんていなかった。でもあなたはほぼ二千ドル持ってきたじゃない。もちろん住み続けて大丈夫よ」と言ってお金を受け取ってくれた。嬉しかった。その場では泣かなかったけれど、事務所からの帰り道に涙がこみ上げてきた。ここにいられるんだ。自分のことをとても誇らしく思った。

その年はその後も働き続けて、学期ごとに事務所にお金を持っていった。毎回少しずつ足りなかったが、寮を追い出されることはなかった。


子供時代はスポーツがあったからいろんなことを乗り越えることができた。スポーツは確かな存在で、常に私に幸せを与えてくれた。友達も作れたし、仲間がいる心強さも知ったし、何より毎週の楽しみをくれた。ネットボール、サッカー、ラグビー、スカッシュ、何でもやった。ヨハネ・パウロ二世ハイスクールではほとんど全てのスポーツで学校代表としてプレーした。あまり得意じゃないものでも全力を注ぎ込んだ。でもなんといっても一番好きだったのはネットボールで、シルバーファーンズに入ることを夢見ていた。

高校生の時は可能な限りスポーツのコートで過ごした。レフリーもやったし、誰かの試合に飛び入り参加もした。高校で唯一私よりもコートにいたのはジェス・カーステン（現在はジェス・コール）。ジェスは私の高校時代の親友で、お互いスポーツが得意だったからこそとても仲良くなれた。私たちは二人ともＣＳＣと呼ばれるカトリックの学校の総合チームでプレーした。ネットボールが私より上手いと私が認めたのは彼女だけだ。彼女はいとも簡単そうにピョンと飛んで空を横切り、次々とボールをネットに入れて点を取りまくった。私はコートの反対側でディフェンスについていて、敵の最後列がどのように動くかを観察し、本を読むかのように動きを読み取って……ほら来た、バーン！　インターセプトして、ボールをすぐにジェスに戻す。ああ、超楽しかった。クラブチームのネットボール、カンタベリー地方のネットボールアカデミー、そして人生初の海外遠征でオーストラリアに行く機会まであった！

ジェスはスポーツチームのトライアルに行くたびに受かり、それを楽しんでいた。彼女は私より一学年上で、ある時クライストチャーチに引っ越してネットボールの道に進もうとした。でもプロのアスリートの道は険しく、プレッシャーもとんでもないし、スケジュールも自由がきかなくなる。彼女はそれに嫌気がさし、大切な人たちと一緒に過ごすためにグレイマウスへ戻った。彼女は自分の家族が欲しかった。いまはそれを実現して、幸せな結婚生活と二人のかわいい子どもたち、ブリンと私がゴッドマザーであるアンディーがいる。ジェスは、本当の幸せが何なのかをいつも思い出させてくれる。

彼女から遅れること一年、私もサザンアルプス山脈を越えてクライストチャーチへと移り、シルバーファーンズになる夢を叶えようとした。そして、同じような問題に直面した。簡単じゃないのだ。

当時の自分は相当上手いと思っていたから、すぐに室内で練習するプレミアチームに入れると信じていた。ところがそうはいかず、気づいたらクライストチャーチ市内の公園、ハグレーパークのコンクリートコートで練習する普通のチームにいた。思ったようにはならなかったけど、次こそはプレミアチームに受かろうと必死だった。

でも問題はそれだけじゃなかった。全てが大変だった。例えば、靴……靴がとにかく高すぎる！　バスに乗って練習に行くのも安くはなく、クライストチャーチにまだ慣れていなかったことも重なり、練習に行くこと自体がまず難しかった。食べ物を外で買うほどの金銭的余裕なんてもちろんなかったから、寮に住みながら外にいる間に食べる物を全部用意するのも大変だった。トライアルに行っても知り合いは一人もいないので、自分で自分を励ますしかなかった。一発やってやるつもりでいたが、ジェスの応援もなく、ヘルプをしてくれる人は誰もいなくて、いつもの調子が出せなかった。

これらのことが重なってネットボールの道を突き進むのは非常に難しかったが、このためだけに投げ出したくはなかった。それでもやりたかった。でもあの日、カンタベリー大学一年生だったあの日の早朝、寮の友達が目の前にあるアイラムフィールドにラグビーを見においでよと誘ってくれて……。まあ、そのおかげでネットボールの道は進めなくなった、と言っておこう。

ストライク・ハード、ゴー・フォワード（強く当たって、前に進め）。人生にとってもラグビーにとっても悪くない考え方だ。

私のラグビー人生は二〇一〇年三月、ユニバーシティ・ラグビー・フットボール・クラブという、カンタベリー地方のラグビー組織の中に四十五あるチームの一つに入ったところから始まった。コーチはアーニー・グッドヒュー。15人制とセブンズ、男女どちらにも教えた経験があるコーチだ。奥さんのケイはカンタベリーラグビー協会のマネージャーで、シデナム地区のクラブチームを管理運営していたので、二人して明けても暮れてもラグビーに関わっていた。何人もの選手をブラックファーンズに送り込んでいる。驚いたことに、その日フィールドにいた四人の選手、ケンドラ・コックセッジ、キンバリー・スミス、アニカ・ティプレディ、そしてオリビア・コーディーはブラックファーンズの選手だった。その年、ケンドラ・コックセッジは女子ワールドカップのスコッド（選抜メンバー）にも選出されていたので、彼女のことを見つめすぎないようにするのに苦労した。

「ラグビーやったことあるの？」とアーニーに聞かれた。

「あります」

「どこで？」

「学校で」と答えたけれど、ネットボール用の靴でやっていたことと、一年に一日しかプレーしていないことは言わなかった。彼の様子からすると、まあ試しにどんなもんか見てみるか、と考えていたようだった。

というか、この女子ラグビーの世界にフラッと入れたことにびっくりした。私がオークションサイトのトレードミーで二十ドルで買ったスパイクでじたばたしている場所で、国代表選手たちも練習していて、はっきり言って舞い上がってしまった。

豆知識だけど、ラグビーのスパイクというのは知識がないと買うのがとても難しい。私のポジションはウイングなのに、この時はフロントロー［ラグビーの一番、二番、三番のポジション］用のものを買ってしまっていた。

代表選手たちは素人から見てもすごかった。背が高くて引き締まっている代表選手たちが車から降りてくる。みんなスポーツレギンスを履き、ラグビーソックスをレギンスの上に被せ、更にはブラックファーンズのロゴが入った短パンをレギンスの上から履いて、そしてきちんと紐が結ばれた最先端技術のアディダスのスパイク。私のスパイクなんかより全然速そうだ。その格好が、彼女たちがすごい選手だと物語っていた。みんなアディダスのラグビー用ウインドブレーカーを着て、きつく結ばれた髪の毛の上にはブラックファーンズのキャップ。それを見ただけでいまから何かすごいことをしてくれそうに見えた。

私なんかが最高の選手たちと一緒にプレーする機会があると思うと、吹っ飛びそうだった。世界一の選手たち。超クールじゃん！　人生の楽しみには最高の状況だった。というのも、私にとってはスポーツが上手くなるとハッピーが増えるのだ。こんなに上手い人たちに囲まれて上達しないはずがない。何より彼女たちはとてもフレンドリーだったので、初日から友達になることができたし、いまでも関係が続いている。

アーニーはとりあえずタッチラグビーをプレーさせ、「スピードはあるね。ボールさばきも悪くない。ただ、君の投げ方はネットボール選手みたいだ」と言った。他の女子たち、勇猛果敢な戦士たちはそれを聞いて笑っていたが、そりゃそうだろう。あの時の私を見れば誰でも笑うと思う。

上手くなりたかったが、楕円形のボールはなかなか曲者だった。アーニーがスピンのかけ方を教えてくれた日から、ずっとボールを手にしていた。ボールを一つ寮に持ち帰り、空き時間はずっと上に投げていた。投げて、投げて、また投げて、正しい回り方をするように。

徐々にパスが上手くなってきた。まだまだ上手いとは言えなかったが、最初が下手すぎたので目覚ましい進歩はすごいことだったし、アーニーも他の選手たちも喜んでくれた。この年の年末に私のコーチとなるメレ・ベイカーは、未だにあの時の私のパスは彼女がいままでで見た中で最悪だったと言う。でも最初のシーズンの終わりまでには、完璧ではなかったけれど、狙った所にボールが行くようにはなった。

初シーズン中、コーチと代表選手たちからずっと最高レベルのコーチングをしてもらった。私は常にコーチに質問しまくっていたし、練習の時はいつもブラックファーンズの誰かが「いま入っちゃだめ！」「そっち走って！」「周って行って！」と教え続けてくれたので、言われたことを全てやったらうまくいった。こうしてその場ですぐ確実で信頼できるフィードバックをもらえたので、日に日に上達していった。

どちらのスポーツに進むかの結論はすぐには出なかったので、しばらく同時進行させた。土曜日はラグビーの日で、日曜日はネットボール。どちらか一つに絞ることはとても大きな決断で、友達にもずっと相談していた。「ねえ、マジでどうしたらいいかわかんないんだけど……」ネットボールは馴染みのあるスポーツで、いわばこれまでの人生、ずっと目指してきたゴールだ。でも、ラグビー……。下手くそだったけど、チームのみんなは「ルビー、うまいじゃん！」とポジティブな言葉をかけてくれる。ネットボールで褒められることよりも全然多かった。ちょっとネットボールはお休みして、ラグビーを一年やったらどうなるか見てみようか？

最終的な結論を出した理由は、ネットボールが最悪だったからとか、チームに入れないと思ったからとか、お金がかかりすぎたからではない。単純にラグビーに恋をしてしまった。ラグビーというスポーツ自体だけでなく、その文化も含めてだ。出費の面も大きかったが。なんせ、ラグビー場は寮の窓から見える場所にあった。加えて、ラグビーの人たちはいつでも「車乗ってく？　送って行ってあげるよ」「試合の後にご飯出るらしいよ！」と優しく、私にとって大都会のクライストチャーチの中でとても密なコミュニティだった。ネットボールでは経験したことのない団結力があった。この団結力の強さは、多分他のどこにもない。

ラグビーは私が好きなものが「全部揃っているセット」みたいだった。人との繋がり、移動、楽しみ、笑い、そして勝つこと。初めてから二ヶ月経つ頃には、いままでのネットボールの経験よりもはるかに多くのものを私に与えてくれた。最終的に決断するのは簡単だった。

二〇一〇年五月二十六日に公式に発表した。その日にFacebookに「ネットボールの靴をしまって、このラグビーってものに挑戦してみるよ」と投稿した。

このラグビーっていうもの。いっちょやってみるか。

ルビーのライフレッスン

最高レベルの人たちに囲まれていたら、私もどんどん上達する。

14 ブラックファーンズは実在した

うちのチームにはブラックファーンズの選手たちがいたからクールだと思っていたけど、なんてことだ。他のチームにもいることがわかった。カンタベリー地方の女子ラグビーで王座に君臨し続けるシデナム地区のチームにもブラックファーンズがいた。最初にシデナムと試合をした時は、私がラグビーを始めてからまだそんなに日が経っていなかった。

準備運動をしながら相手選手たちを見る。でかい……。気分が悪くなったし、試合に出たいかわからなくなってきた。特に一人、飛び抜けてでかい選手がいた。赤い髪で、片手で羊を持ち上げられそうだ。この時は知らなかったが、彼女はケイシー・ロバートソンというブラックファーンズの八番で、近々女子ワールドカップに出場するためにイギリスへと出発する選手だった。後に、私の初のラグビーアイドルとなる。私は一七七センチで彼女は一七四センチだから身長差はあまりないが、彼女の方が三十キロほど重い。私は後になってもっと筋肉をつけるが、当時は六十キロぐらいしかなくて、彼女は九十キロあった。

もし彼女が誰なのかを試合前に知ってしまっていたら怖くてタックルにいけなかったと思うので、知らなくて本当に良かった。試合開始後すぐにスクラムから出てきた彼女はボールを持ち、かかってくる選手たちを喉を掴んで持ち上げてはひょいっと地面に投げていくみたいだった。一人、また一人と。私はウイングなので最後に対面するポジションなのだが、チームメイトが次々と吹き飛ばされている。やばい、次私の番じゃん。頭の中でみんなに教えてもらったことを考えていた。「とにかく倒すんだよ。**彼女を倒すんだ**」

普段は片足を掴んだら倒せるが、彼女は片足だけじゃびくともしない。荒っぽく、とにかく掴めるところを掴んだら、彼女が少し横にゆらいで私の上に倒れた。しばらくは、ケイシーが前の選手たちを一人ずつなぎ倒して、私の番、というパターンが続いた。彼女はまるでボウリングのボールのように突撃してきて、こちらのチームメイトたちはボールが当たったピンのようにバタバタとグラウンドに倒れている。また私の方へやってくると思ったその時ひらめいた。**片足で倒せないなら両足を掴めばいい……**ドーン！　彼女が倒れた！　この試合中、同じことがあと数回できて、私はとても嬉しかった。通常は八番《ナンバー・エイト》の選手はもっと前方で止められるので、ウイングがタックルすることはあまりないのだ。

この時点でもう最高な試合だったのに、さらに点を取ることもできた。ボールを手にしたら、とにかく走る。チームメイトたちが「いけルビー！　いけーーーー！」と叫んでいるが、大きな身体のブラックファーンズ三人が私めがけて走ってきているのでなかなか怖い。でも私は速い。そして走る以外の選択肢はない。ラグビーでは自分を信じるしかないし、速く走れないのならフィールドに立つ意味がない。

急げ！　と自分に言い聞かせながら走っているとゴールラインが見えてきたが、ブラックファーンズの三人ももうそこまで迫っている。目を閉じて、とにかく届くことを願って**バーン**と飛び込むと、やられた。三人のブラックファーンズが体当たりしてきて、私は地面に倒れた。体を半分に折られたみたいな感覚だ。タッチライン［ラグビーフィールドの両端のライン］を大幅に越え、一八〇センチ以上の巨大な体三人分が上に乗っている。ボールを離す前に地面にしっかり置けたかわからない。あっという間だったから。ちくしょう！　ところが次の瞬間、チームメイトたちが歓声を上げながら走ってきた。一体何が起こったのかわからずにいると、「見てみな！」と言われた方向を見たら、タッチラインから一メートルほど内側にちゃんとボールがあった。押し倒されてぐちゃぐちゃになる前に、ちゃんとボールを置けてトライしていたんだ。

チームメイトたちのハグの嵐を受けながら、なんてクールなんだと思った。ネットボールではシュートが決まってゴールしたり、インターセプトが成功したりしてもみんなで集まって祝うなどしない。ゲームが途切れないスポーツなので、動き続けないといけないからだ。でもこの女子たちは、まだよく知らない新入りの私に飛びついたりハイタッチしたりしている。マジで最高。

その日の試合はシデナムに勝つことができ、私たちはその年シデナムから勝利を奪った唯一のチームとなった。試合後の更衣室は大きなパーティーになって、みんな飲んだり何かを吸ったりして大騒ぎしていた。ネットボールではこんなの経験したことがなかったから不思議な気分だった。

オリビア・コーディーが私の隣に来て座った。彼女は二年前、十八歳でブラックファーンズに選出されていて、代表では最年少選手なので尊敬していた。彼女は七番でタックルはずば抜けている。

「ルビー、あんたどうやってケイシー・ロバートソンを止めたの？」

「え、誰それ？」

「あの赤毛のでっかくて女の子たちの喉掴んでた子だよ」と言いながら首をつかむジェスチャーをした。

「ああ、彼女がケイシー・ロバートソンだったの？」

「そうだよ、ブラックファーンズのスタメンの八番《ナンバー・エイト》。カンタベリーじゃ誰よりもワールドカップに出場してる選手だよ」

「え、マジで！　試合前に聞かなくて良かった」

　この時体験した全てがクールで信じられなかった。例えばネットボールで言えば、シルバーファーンズのレジェンドのケイシー・コプアと同じチームみたいな感じだけど、それが起こることは絶対にない。素晴らしい体験だった。ニュージーランドの代表選手たちに囲まれてプレーして上達しないわけがない。チームで一番下手くそなのはラッキーかもしれない。このままどんどん上手くなればずっとチームにいられるんだ。**だから絶対に上手くならなきゃ。**この思いは私をワクワクさせた。

　数年後にラグビー選手になってから、ニュージーランドのトレーニングの一環としてスポーツ心理学者のデイビッド・ガルブレイスと話す機会があった。彼はその後何年にもわたり「ルビー・ラグビー・ルビー」の関係を教えてくれ、私を大いに助けてくれることになる。彼からは勇気と臆病のスパイラルが自身にどのような影響を与えるかを教わった。もしあなたが臆病だったら、当惑したり恥ずかしく思ったり、自己嫌悪になりさらに臆病になってしまう。でも勇気に溢れていたら、良い行動をとりそこからプライドを得て、自己肯定感や自信、そしてやる気が出てくるのでさらに 勇気溢れる行いができるようになる。

　なのでまさにこの時は、よっしゃー！　という気分だった。ケイシー・ロバートソンを倒せたことは自信に繋がり、誇りに思えた。そこから学んだのは、どんなチャレンジでも勇気を出して取り組むと、そこから先に道が広がるということ。

その年の大会の決勝戦もシデナムとの試合だった。私たちにとってはとても大事な試合で、なんと勝つことができた！　このチームが優勝するのは何年かぶりのことだったらしい。

私にとって初の女子ラグビー大会優勝は忘れられない思い出になった。女子ラグビー選手たちはどんちゃん騒ぎの天才だ。クラブハウス中を占領し、チームの中のグループカラー、紫、緑などなどの色の衣装を着て、チーム全員で盛大なパーティーをした。もしアイラムフィールドが世界だったとしたら、私たちが世界を動かしている気分だった。爆音の音楽と、椅子や机の上に乗って踊り狂うチームメイトたち。跳ねて、大声で歌い、クラブ・チャンピオンシップのトロフィーからお酒を飲む。私には初めての年だったが、先輩のチームメイトたちはこの瞬間を長い間待ち望んでいたので、達成に少しでも貢献できたことが嬉しかった。笑いすぎて頬がつりそうだった。

このお祝いの席でなんと私もトロフィーをもらうことができた。ベスト・ルーキー賞のトロフィーで、人生でお気に入りのトロフィーの一つだ。チームに歓迎されて評価されている証だった。いまでも大切に持っていて、タウランガにある自宅の木製の棚に飾ってある。棚の上にあるトロフィーはそれだけで、横にはママ側の祖母のスーの写真、パパ側のグランマとグランパ、そしてその子どもたちの移住前、サモア時代の写真が飾ってある。

ラグビーの好きな部分は、その正直さだ。プレミアムレベルのネットボールの試合にグレイマウスで出ていた時に覚えているのは、相手チームのとても背の高いシュートを打つポジションの選手（私は一七七センチだが彼女はさらに十センチほど高かった）が、本来なら「ノーコンタクトスポーツ」であるネットボールなのにゴールキーパーの私に体当たりしまくっていた。上手い選手ほど違反を隠すのが巧みで、バレないように肘やおしりで当たってきた。私はいつも相手に当たってしまった時に隠すのが下手だった。

でもこのラグビーという新しく発見したスポーツは、根っからのコンタクトスポーツ。走って激しくぶつかり合うスポーツで、ぶつかりたくない人にはできない。嘘やズルなど一切なしで、真正面からバーン。上手くぶち当たればハイタッチで褒めてもらえる。こっちの方がずっとしっくりきた。

二〇一〇年の九月初旬、イギリスで開催された女子ラグビーのワールドカップにてニュージーランドチームが決勝に進出した。かの有名なトゥイッケナム・スタジアムの向かいにある、一万三千人が入るストゥープ・スタジアムでイングランドチームと対戦。ブラックファーンズなんて見たことなかったこの私が、仲間の女子たちと一緒にポップコーンやビールを用意して、オールブラックスの試合を見るようにテレビの前で観戦していた。

「スカンク」と呼んでいたチームメイト数人が住むフラットに集まった。その家はみんなのたまり場で、クールな家というかクールなクラブみたいだった。仕事をしているチームメイトもいたのでお酒を用意できるお金もあった。私のチームだけではなく、シデナムの選手たちも何人か来ていた。みんなブラックファーンズの選手たちと実際に友達なので一緒に見て、ブラックファーンズの話をした。私は静かに観戦していたけれど、この試合のすごさを一秒も逃さずに見て、ただただ圧倒されていた。だって、例のブラックファーンズが目の前のスクリーンにいままさに映っていたから。聞いたことはあるが見たことはない、幽霊のような存在だったブラックファーンズ。目の前で見ることができていることに感動したし、彼女たちは本当にかっこよかった。

テレビに映るケンドラ・コックセッジ。私の初シーズンを共に戦い、クラブ・チャンピオンシップの優勝を一緒に手にした仲間だ。そしてワールドカップスコッド最年少で私より二歳年上なだけのケリー・ブレイジアーが得点王だった。彼女は勝利を決するペナルティキックも成功した。この時は知る由もなかったが、彼女と私はこの後十年にわたってセブンズのニュージーランド代表のチームメイトとなる。

この日初めてブラックファーンズをテレビで見て、**本当に存在するんだと**この目で確かめた時、人生が変わった。そしてキャンバスタウンの日々を思い出した。暗いワカマリナ川と辛かった日々、家の中でいつも聞こえた叫び声。ネットボールもホッケーもなく、他にやることがなかったから仕方なく学校の女友達と三人で一緒にやったラグビー。コーチたちが男子に「オールブラックスになれるよ」と言うとみんな大喜びしたのに、私は「ブラックファーンズになれるね」と言われてムカついたこと。それ、何？　本当に存在すんの？　どんな姿してんの？　全く知らないものを言われてイライラした。もしそんなものが本当に存在したとしても、テレビで見たことないんだからたいしたことないじゃん。

それが十一歳の時。早送りして十八歳のいま、ここで、目の前のテレビの中で彼女たちを実際に見ている。イングランドに13対10で勝ち、四大会連続の優勝の瞬間を目の当たりにした。**これ**がブラックファーンズの姿なんだ。これが彼女たちの名前で、こんな顔をしてるんだ。実際にいた。本物だった。

すごい。いま私の周りにいる女子たちと同じように、しっかり存在してんじゃん、と思った。**私**もブラックファーンズになれるかもしれない。

クラブ・チャンピオンシップが終わったのが一年の中盤で、その後はカンタベリー地方の代表チームに入った。これは次のステップで、チームに入るためにはカンタベリー中の選手たちと競わなければいけなかった。タイミング的にブラックファーンズの選手たちはまだ帰ってきていなかったのでラッキーだった。もしいたらきっと選ばれなかった。そして、選ばれたからには必ず全力を注ぐと決めた。

二〇一〇年はワールドカップの年で、ニュージーランドチームは優勝したというのに、女子ラグビー界にとっては非常に辛い年となった。通常ならナショナル・プロヴィンシャル・カップ（NPC、現在はファラ・パルマー・カップ、FPCと呼ばれている）が行なわれ、全国の地方代表の女子チームの試合があるのだが、その年の一月にニュージーランドのラグビーを管理しているニュージーランドラグビー協会が女子のNPCの中止を発表したのだ。これは国中の女子選手たちが目指す全国大会がなくなったのと、優勝して帰ってきた代表選手たちにとっても意味のあるトップレベルの試合がなくなったことを意味する。女子ラグビーの財政状況はとても厳しかったが、これはちょっと酷すぎた。これに対して非難の声があがり、ブラックファーンズの有名選手たちも抗議し、あるコメンテーターはこれはニュージーランドの女子ラグビーの死を意味すると言った。

結局のところ、その年は女子ラグビーの大会を開催する予算がなかった。もし試合を組みたければ自分たちでやらなければいけなかった。それで、カンタベリーのコーチはウェリントンのコーチに電話をして、君たちもやりたければ是非試合をしようと相談する。そして開催が決まれば、資金調達をするかスポンサーを探す。その年はとにかく急ごしらえの年だった。

ただ私はルーキーだったので、期待を潰されることはなかった。気持ちよくハイになることのできるドラッグを新しく見つけたような気分で、もっともっと欲しかった。ラグビー一年生の私はカンタベリーチームのスターティングメンバーに選ばれた。そしていま考えても決定的だったのは、偉大なニュージーランド女子ラグビー選手の一人であるミッズことアミリア・ルール（旧姓マーシュ）が隣に立っていたことだ。彼女は二〇〇二年と二〇〇六年の女子ワールドカップ優勝メンバーで、本来ならこの年もイギリスへ行っていたはずだったが、膝の怪我のため行けなかった。彼女は残念だったと思うが、私にとっては彼女がいてくれたことがキャリアのためにはとても重要だった。

クラブでは私はウイングでプレーしていたが、カンタベリーチームではセンターのポジションを与えられ、隣にいるミッズは十番で、彼女は「ラグビーの読み方」の偉大なる先生だった。

多くの昔のラグビー選手がそうであるように、ミッズは時にとても怖かった。気が短くて多くを言わない。彼女が特に深く考えず放った一言で他の選手を試合中に泣かせたのを見たこともある。多くの女子選手は誰かがミスをした時は「まあ、次があるよ……」という態度を取るが、ミッズの場合は「チッ、クソッ」とだけ呟いてその場を去る。実はこの年、彼女は一人だけレベルが高すぎたためイライラしていたのだ。私は彼女にいくら暴言を吐かれようと叱られようと特に気にしなかった。だって彼女から得られるものの方が全然大きかったから。何を言われても気にしないスキルさえ身につければ、彼女は本を読むようにラグビーを読む方法を教えてくれる。

彼女のおかげで、敵のディフェンスラインに穴を見つけて走ることや、ディフェンスを騙すことを覚えた。彼女は**その選手がいるべき場所**にボールを投げるので、走って正しい位置まで行かないとボールを受けることができないから、私はいつもディフェンスの間を刃のように走り抜けた。彼女とプレーしていると、テストか何かで全部答えがわかったような気分になった。最高だ。だからいつも彼女の周りをうろうろしていた。ことあるごとに、ハーイ、ミッズ！と声をかけていたので正直彼女からすればウザかっただろう。だが私にとっては、彼女と一緒にプレーできるのは絶好の機会だった。

翌年から数年はカンタベリーチームに入るのが難しくなった。ワールドカップから戻ってきたトップ選手たちが国内にいたので、私はスターティングメンバーには選ばれなくなった。だから二〇一〇年は私が上達するのにとても大事な一年となった。

二〇一一年、カンタベリー地方のチームがウェリントン遠征をした時、私もチームの一員として行くことができた。パパとリーシュがリーシュの二人の子ども、私の甥っ子にあたるジャックとデイリーを連れて見に来てくれた。その試合で初めて「バーナー（症候群）」［首や肩にタックルを受けた時に首から腕にかけて痺れるような痛みが生じる症状］が何かを知ることになった。

私はまたウイングとして出場していたので、普段なら向かってくるフルバックか相手チームのウイングにタックルすることになるのだが、この時は相手チームのセンターが誰にも止められなかった。二人で止めにかかっても彼女はパスをせずに走り抜いてしまう。私はラグビーが楽しすぎて恐怖心が全くなかったため、この時までには相当タックルのスキルが上がっていた。でもこのセンターの選手はまずフランカーをぶち抜き、続いてスクラムハーフ、そして彼女と同じポジションのセンターと抜き続け、私がタックルしなきゃいけなくなった。なんでチームメイトがみんな低い姿勢で彼女にタックルしないのか謎だったが、私は右肩で当たって腕を回して掴んだ。私がタックルしたからみんな心配すんな！　と思ったのもつかの間、タックルで当てた肩から指の先までものすごい電流が走った。起き上がった時、右腕全体の感覚がなく動かせなかった。

試合中だがトレーナー［チームの理学療法士］が走り寄ってきて、私のぶらんと垂れている腕をチェックしている。「ルビー、動かせる？」

「無理！　麻痺してる！」とプレーから目を離さずに答えた。

彼女は私の腕を動かしてみて「痛い？」と聞く。

「いや、痛くない。でも腕を上げられない……」

彼女はもう少しいろんなことを試してから「バーナーだね」と言った。

「これって腕の感覚また戻って来るの？」

「うん、戻るよ。でもちょっとしっかり診たいから一回下がろう」

そう言われたけれど聞きたかったことは聞けたので、従わずにプレーに戻り、腕の感覚が戻ってくるのを待った。もう一度あのセンターが私の方に来るまでに腕が治ったらいいんだけど。この試合ではあと二回、このセンターのせいでバーナーを経験した。この時のセンターの選手の名前はシャキーラ・ベイカーと言い、後に彼女はセブンズのニュージーランド代表チームで十年一緒にプレーし、私の親友の一人となる。

プレーを続けていると腕の感覚が戻ってきた。なんと、その騒動の後でもトライすることができた。

右ウイング側で見ている家族の前で。家族に一体感をもたらす行為ができたことが嬉しかった。もっとも甥のデイリーはおばさんの私が真剣に戦っているよりも砂場に夢中だったけれども。パパはめちゃくちゃ喜んでくれたので、親が喜んでくれることができて良かったと思った。

二〇一〇年のシーズンが終わって夏が始まる頃、チームメイトに「ルビー、あんたもセブンズやる?」と聞かれた。これまで作ってきたものを無駄にしたくなかったので、もちろん! と即答し、チームについて行くことにした。

ルビーのライフレッスン

勇気を持って何かをする時、
それは誇り、自己肯定感、自信をもたらしてくれる。

15　セブンズヘブン

グレイマウスの古いネットボール仲間のジェスが最近、高校のイヤーブックの切り抜きを持ってきて、笑いが止まらなかった。他のウエストランド地区の高校と遊び程度のセブンズをやっていた時のものだ。写真ではラグビーのスパイクを履いている時もあれば、ネットボール用の靴の時、それすら履いていない時もあった。本気の試合では全然なくて、スクラムやラインアウトなんてなかった。

私たちの高校はウエスト・コースト地方では一番小さかったけれど、何年か連続で優勝していた。フィールド上での私とジェスの化学反応《ケミストリー》は学校のニュースレターでも紹介されていた。

ウエストランド地区の高校の試合でのベストプレーはジェスとルビーの凄さ。ルビーがフィールドを横切りながらボールを手にして、守備を取りながら、ボールをパスしようという時には後ろにちゃんとジェスがいた。二人で圧倒的にゲームを支配して、そのままジェスがポストの下までフィールドの半分を走りきった。

もしあの時セブンズがちゃんとした競技であることを知っていて、ラグビーを真剣にやる気があったのならば間違いなくジェスと一緒にその道を行っただろう。その時は、単なる野外活動の日としか思っていなかった。年に一回だけプレーするのは楽しかったが、まさか将来につながるなんて思いもしなかった。

二〇一〇年の年末、ここにきてセブンズは私のためにあるようなスポーツだと知る。

15人制ラグビーの世界では私の六十二キロしかない身体は有利にはならない。私は足が速かったが強さが足りなかったので、私よりももっと大きい女子たちにいつもボコボコにされていた。15人制では注意していなければすぐに捕まり、私にはそれに耐える強さがなかった。でもセブンズでは小さくて速いことが重要になる。セブンズの時はプロップのポジションだが、15人制ではプロップは百キロの女子たちのポジションなので私は絶対にできない。セブンズは、どのポジションであっても全てのスキルを持っていないといけない。全員が速くてスキルがあって機敏でないといけないのだ。

セブンズはとにかく速い。15人制と同じサイズのフィールドでほぼ同じようなルールだが、人数が半分になる。だから個人がカバーする範囲も二倍になり、二倍のスピードで走らないといけない。15人制でタックルをミスしても、フランカーや別の選手がいて止めてくれるので一巻の終わりにはならないが、セブンズではタックルをミスしたらその選手がトライを取る可能性が大いにある。だからセブンズは楽しい。素晴らしいセブンズの選手になるには、究極のアスリートになることが求められる。

15人制のスクラムの時はバックスの選手は少し停止する時間があって、ちょっとだけ休憩できる。そしてコンバージョンキックの制限時間は一分半なので、他の選手たちは少し息を整えられる。ところがセブンズではスクラムは十五秒以内、コンバージョンキックは三十秒以内に蹴らないといけないルールなので、バン、バン、バン、と進んでいく。試合は十四分しかないのでとても短い。そして、とんでもなく疲れる。全力疾走した後は息切れしてへとへとで休憩が必要になるものだが、セブンズは走って、走って、また走る。しかも速く走るだけではなくて、その間にタックルをして、ラック〔両チームの選手が地面にあるボールを奪い合う密集戦〕にも入り、また立ち上がるという動作を全て同時に行う。もし休憩しようものならそこで終わりだ。その間にトライされてしまう。

そしてそれを二日間の間に六回繰り返す。大会のエンターテインメント性のためにそう設定されているのだが、精神的にも肉体的にもたくさんのことを要求される。休息なんてなくて、この究極に高い体力消耗率に誰が一番耐えられるかの戦いなのだ。

でも私にとっては、セブンズは体の大きい選手たちが一気に三人も攻めてこないゲームだという意味だった。ただでさえ数少ない選手がそんなことをしたら敵にスペースを与えてしまうことになる。スペースさえ見つければ私は上手く利用でき、優位に立てる。**15人制と全然違う！** 当時の私の体力面は完璧ではなかったが、疲れるのが嫌だと感じたことはなく、ひたすらやり続けることができた。

その夏は大学のセブンズチームでクラブ・チャンピオンシップに出ることになったが、その時はもちろんこれがこの後十二年のキャリアになるなんて思わずに足を踏み入れた。そんな予兆なんて全くなかった。私は相変わらずチームで一番下手で、一番体が出来ていなかったが、私だけが唯一毎回トレーニングに参加している選手だったので選ばざるをえなかったのだろう。何が起こってもトレーニングを休みたくなかった。まあ、練習場が住んでる場所の目の前だったというのもあるけれど。

よく聞く言葉で、良い従業員の三つの特性というのがあるが、それはチームスポーツにも適用できる。

能力、信頼性、そして付き合いやすさ。例えば、行くと言った時には必ず行くことはお金をかけずにできる。私はいつも時間より早めに行っていた（部屋に籠って勉強するよりは走っていたかったからというのが大きいが）。そして私はラグビー場では常にハッピーだったので、付き合いやすかったと思う。能力はなかったが、コーチから言われたことは全てやったのでどんどん上達していた。前は能力がないことや下手なことは良くないことだと思っていたが、だからこそもっと上手い人よりも確実にどんどんスキルアップができるということに気づいた。私は成長していくのが好きだ。

私は人生において大事なことに対する勤勉さを持ち合わせていた。これも誰でもお金をかけずにできることだ。

その年のクラブ・セブンズは私たちのチームが優勝した。その時、コーチのアーニーが私を見る目が少し変わった気がした。

そして学年末になり、休暇期間はグレイマウスへと戻った。

寮に滞在し続けるためにこの年はずっと一生懸命働いていたけど、それでも足りなかった。学年末になっても実は一年の寮の滞在費より五百ドル足りず、事務所の女の人に夏休み中に必死で働いてお金を貯めて、来学期の初日に必ず持ってくると伝えた。私が一年間必死で働いたのを知っていたので彼女は信用してくれ、笑顔でバイバイと言ってくれた。

この時はもうママとニールはウエスト・コーストから引っ越していたので、プールのバイト友達の家に週百ドル、食事付きで下宿させてもらった。骨身を削って働く覚悟を決めたので、夏休み中はバイトを三つ掛け持ちした。朝のバイトは郵便配達。四時に起き、ニュージーランドの国民的朝食である全粒小麦シリアルのウィートビックスを食べ（ウィートビックスを食べたら強いラグビー選手になれる！というＣＭを見て育ったからそりゃあ食べる）、インスタントコーヒーとベロッカというビタミン剤（これもテレビのＣＭの影響）を飲んだ。疲労困憊でボロボロだったけど、時給17・5ドルの機会を棒に振るわけにはいかない。最初にしたバイトの二倍以上の時給だった。朝だけのシフトの日もあったが、大きいシフトをカバーしなきゃいけない時は一日中走り回る羽目になった。他の慣れている従業員たちは効率よく働いていて、朝の業務をこなしたあとは四時間ほど休憩をし、その後ササッと集荷業務を終わらせる。彼らにはちゃんとリズムがあった。毎朝彼らはラグビー場でのポーシャ・ウッドマンよりも速く仕事をこなしていた。でも私はそうではなく、日が昇ってからもしばらく仕分けが終わらず、走る時ももたもたしていて、休憩や昼寝に二十分も取れれば良い方だった。ほとんど毎日ノンストップで詰め込み作業、仕分け、バンを素早く移動させ、犬を避けながら行ったり来たり走り回って郵便物を放り投げていた。二〇一〇年の夏、グレイマウス地区で「取り扱い注意」の荷物を発送したり受け取ったりしたみなさん、本当にごめんなさい。

時には朝に郵便配達の仕事を終えた後、午後はプールでライフガードとして働いていた。どちらの昼間の仕事にしても、終わったら一度下宿へ戻って夕食を温めて食べ、すぐに六時半から始まる街で一番人気のバーのバイトに行く。

「ザ・ラッザ」と呼ばれていたザ・レールウェイホテルのバーのシフトを始めると最初の方はいつも偏屈そうなおっさんたちが百八十ミリリットルで七十セントのビールに群がって何杯もおかわりをしてい

た。彼らは優しかった。中にはちょっと優しすぎる人もいて、一度だけその辺で摘んできた花の花束をもらったことがある。

夜がふけると雰囲気がガラッと変わる。電気を消して、爆音の音楽が流れ出す。街で唯一の十二時以降も開いているバーだったので、木曜日から土曜日までは毎晩若い人たちがパーティーを求めて群がった。DJ、ラグビーリーグの選手たち、アーティスト、さらにはニュージーランドのセレブまで、グレイマウスに滞在した人は誰でもラッザのドアを開けた。

バイト、バイト、バイト。気づけば一週間に八十時間以上働いていた。どうしてもお金が必要だったし、お金を稼ぐ方法をこれ以外に知らなかった。

この時はラグビーを始めた年の年末で、新しく芽生えた野望、ブラックファーンズになるという夢があったので、空き時間はいつも走りに行くかジムに行くか、または公園などで自重トレーニングをしていた。一日にある全ての時間を使って働いて、寝て、食べて、そして鍛えていたので、達成できつつあるものに誇りを持っていた。しかし、そこまで忙しい生活は長く続けられない。夜遅くまで働いて、次の日また四時に起きる。ある日バーで働いていた時のこと、寝不足のせいで酷い偏頭痛になり、なぜか目が見えなくなってしまった。働き続けたかったけれども、うるさい音楽の中で客の唇を読んでオーダーを取ることができなかったので、仕事を切り上げるしかなく、頭が割れそうななか歩いて家まで帰った。自分に死ぬほどムカついた。

プールのライフガードをしていた時、同僚の一人がコモンウェルスゲームズ［イギリス連邦に属する国や地域が参加して四年ごとに開催される総合競技大会］の陸上でニュージーランド代表選手として出場していたことを知った。彼女にもっと速く走れるように鍛えてほしいとお願いしたところ、引き受けてくれた。高校時代、いつも百メートル走でジェスの次にゴールしていた陸上トラックに来た。ここは芝生なのだがトラックが引いてある。

「手はコントロールするんだけど、力を抜いて。親指と人差し指の間に芝生の草を持ってるのをイメージしてみて。握りつぶさない程度の力で、でも落ちないように」

そう言って、彼女は実際に芝生を抜いて見本を見せてくれた。いまになってもスピードトレーニングの時はこの教えを守っている。

彼女の教え方は素晴らしかった。トラックを何周か走り、歩いてスタートラインへ戻っていると、突然すごい吐き気に襲われた。膝から崩れ落ちてその場で吐いてしまった。体が限界に達したのは明らかだった。彼女にどんなスケジュールで生活しているのかを聞かれたので、毎日トレーニングしつつ週八十時間働いていることを伝えると、その場でトレーニングを終了してそれはやりすぎだと言われた。彼女は正しかった。私は体に回復する時間を一切与えていなかった。その夏は、自分の体がどれぐらい働けて、どこが限界なのかなど、たくさんの学びがあった。

休暇中に七千ドル稼いだので、新しい車を買った。一九九八年式の三菱ミラージュをネットおばさんの友達を通して購入した。車は紺色で、友達にAUXケーブルでミュージックプレーヤーなどとつなぐことのできるステレオを設置してもらったら、いままで持った車の中で一番クールな車になった。クライストチャーチに戻ってすぐに寮の事務所へ行って、全額そろえて渡し、事務所の人に信用してくれてありがとうともう一度お礼を伝えた。すると、仕事をオファーしてくれた。

「ルビー、あなたはちゃんと借金を返してくれたわね。私たちみんなあなたの勤勉さに感心しているの。だから、寮のアシスタントとして働いてみない？」

なんだって⁉　それは一年間無料で寮に住むことができて、しかも食事付きの仕事だったのだ。ところが新しい年に向けて既にフラットを決めていたので辞退するしかなかったのだが、追い出されるかもしれないと思って過ごしていたのに、こんなすごい仕事をオファーされたことは私の中でとても大きかった。

働きながら大学生活もこなすのはとても難しかったが、何か欲しいものがあればそれに向けて働かないといけない、そして自分で手に入れなければいけないことを身に沁みて知った。ママとパパにはもう頼れなかった。現実として、私はもう大人で、自分しか頼れる人がいなかった。そして、有言実行の大切さ。事務所の女の人は、私が毎回きちんと戻ってお金を届けたから信用してくれたのだ。さらには仕事までオファーしてくれた！　他人との約束をきちんと守り、自分とも守る。自分のことをちゃんと信用していいとわかったのは、大きなギフトをもらったかのようだった。

大学の時は大変だったけれども、九歳、十歳、十一歳の時ほど辛くなかった。あの時の辛さといったら。家の隣の部屋で誰かが暴行を受けている環境にいるよりは、骨身を削ってへとへとになるまで働いて勉強とトレーニングに励む方が断然良い。私は死んでないし、ドラッグのオーバードーズもしていない。これくらい余裕だ。私ならできる。

それ以上に、私にとって大学はたくさんの友達ができて、ラグビーを発見して、懸命に働いて自活することができたとても楽しい場所だった。

勉強の方もいい成績をキープできた。大学というものは、高校で勉強がそこそこできればそんなに難しくないのだ……三年生までは。三年生の時は必死で頑張らないといけなかった。後年、本当に全力をつぎ込むようになるほどには、当時は勉強にあまり力を入れなかったが、それなりに頑張ったので、三年経ってコミュニケーション学の学位と、第二専攻の英語学の学位を取得して無事に卒業した。これでスポーツジャーナリストになれる……もともと大学に進学した理由はこれだったのだ。そのつもりだったが、ラグビーに恋してしまい、チームの中に自分の目標を見つけた。二〇一二年の年末、大学を卒業した時に、私はセブンズのニュージーランド代表チームの一員として、フィジーで開催されたオセアニア・ワールドシリーズに出場し、デビューを果たした。

ルビーのライフレッスン

何かが欲しければそれに向かって働かなきゃいけない。
自分しか頼れる人はいない。

16 アンダーグラウンド・ワールド（2011）

私がセブンズに出合ったタイミングはパーフェクトだった。当時は15人制の女子ラグビーですら環境は良くなかったが、セブンズとなると「せいぜい頑張ってね」という感じだった。何年もの間国際大会で勝ち続けていたにもかかわらず、ラグビー組織からは存在しないもののように扱われていた。戦い続けていた女性たちと、それをサポートしていた男性たちはほぼ非公認なうえに資金援助もなかった。公式の記録にはほぼ残っていないが、それでも十年ほどの間プレーし続けていた。彼らは栄誉と称賛を受けるべきだ。

一九九七年に香港女子セブンズが発足したが、ニュージーランドラグビー協会は国代表チームを送ることはなかった。ニュージーランドはブラックファーンズの選手たちとその他の有望な選手たちを集めたチームで、非公認で参加していた。他の国からすればニュージーランドのチームが代表チームではないのが不思議だっただろう。そのチームは「ワイルドダックス」という名前で、一九九七年と一九九九年に優勝しているが、国の公式チームではなかったために正式な国際試合とはされていない。

二〇〇〇年と二〇〇一年はニュージーランド代表チームとして参加して優勝までしたが、その後はまた女子チームは経済的支援を打ち切られた。

ところが、香港セブンズの大会運営者の一人であるアメリカチームのコーチ、エミル・シグネスはどうしてもニュージーランドチームを試合に出させたかった。彼はニュージーランドチームなしではセブンズという競技自体が廃れてしまうことを心配していた。彼はニュージーランド北島のベイ・オブ・プレンティ地方のチームのコーチであり二〇〇〇年よりアオテアロア・マオリセブンズのコーチをしているピーター・ジョセフの元へ行き、そのチームを招待した。しかし国代表の公式チームではなかったために資金調達に手こずり、ジョセフと妻のシェリーは自分たちの持ち家を担保にして手に入れた六万四千ドルを注ぎこんで、チームを香港大会へ送り出した。

この方たちが献身的に尽くして乗り切った話は私たちの競技の歴史からは欠かせない。アオテアロア・マオリセブンズチームは最初はマオリ族のチームとして開始し、後に他の人種の選手も参加できるようになった。その年優勝すると、そこから五年間優勝し続けた。さらにローマで開催されたセブンズ・チャンピオンシップでも二〇一〇年、二〇一二年に優勝している。二〇一二年にアオテアロア・マオリがニュージーランド非公認チームとして決勝戦で戦っている頃、メレ・ベイカーがKUSAというチームを作り、このチームは主に南島を本拠地とし、女子選手たちに多くの機会が与えられることとなった。

これらのチームは数々の輝かしい功績を残しているのに非公認チームだったため認識されず、ニュージーランドラグビー協会のウェブサイトにすら載っていない。なかったかのようになっている。まるでアンダーグラウンド・ワールドだった。

変化が起きはじめたのは二〇一一年。オリンピック委員会が二〇一六年のリオデジャネイロ大会よりラグビーセブンズを競技に含めることを決定し、世界に衝撃が走った。たくさんの国が金メダル獲得を目指して、女子ラグビー育成のためにようやくまともな支援と資源を投入するようになった。そして二〇一二年の十二月にワールドラグビーによる女子のセブンズシリーズが開始され、公式大会のため女子セブンズにも注目が集まるようになった（もちろん男子のセブンズはもっと早い一九九九年よりワールドシリーズが開催されている）。

ニュージーランドではジョナ・ロムーら著名人からの大きな働きかけもあり、大々的なキャンペーンが繰り広げられ、お偉方の見方は「あのギャーギャーうるさい女子セブンズ」から「オリンピック金メダルのチャンス！」へと変わった。そして代表チーム設立のための国を挙げての活動がニュージーランドラグビー協会の後援を得て始まった。公式チームを一から作ることがメディアでも報道され、いままでずっと真剣に取り組んで実際に功績を残してきた女子選手たちにはさぞかし腹立たしくショックだったことだろう。

二〇一一年にニュージーランドラグビー協会が代表チームの選手を探し始める時まで、私はこんな背景があったなんて知るよしもなかった。そして、私自身の未来が女子セブンズの未来そのものになるなんて想像もしなかった。

ラグビー人生二年目の二〇一一年は、目の前にあるトレーニングや試合の機会全てに「イエス」ということに集中した。二回目のカンタベリーチームで出場したＮＰＣの15人制大会が終わった時、コーチのアーニーにちょっと違うセブンズチームのトライアルに行ってみないかと誘われた。「本物のセブンズだよ」と彼は言った。それはメレ・ベイカーがコーチのＫＵＳＡというチームでアオテアロア・マオリチームと並ぶ選択肢だった。ニュージーランドの王道のラグビー構造には含まれない「地下チーム」だったが、世界中でプレーしてきた選手たちと一緒のチームになれる機会だった。

非公式チームだったため、トライアルを受けるには知り合いを通じてしか方法がなく、アーニーが切符をくれたわけだ。ＫＵＳＡはすでに国際大会に出場していたのでとても良いチャンスだったが、もちろん資金援助はない。メンバー登録するためには選手自身がお金を払う必要があり、そこまでの移動費、宿泊費なども自腹だった。たしか選手一人につき三千ドルほど必要だったと思う。かなりの額だ。夏休みに毎週百六十時間働くことができていたらよかったのに！

そして、チームで資金調達もしなきゃいけなかった。クイズナイトの開催、洗車イベント、ソーセージ販売など。ベイカーはタイガーテールと呼ばれるマッサージの棒をどこかで十ドルで仕入れてきて、私に二十ドルで売れと言った。思いついたことは全てやった。私はそんな大金を集められるわけがないと思っていたけれど、ゆっくりと、少しずつ目標金額に近づいていった。中には三千ドルを現金で一括支払いできる選手もいたので、イベントなどで調達したお金は払えない選手たちの自己負担額に分配してあてた。私は毎回資金調達イベントに参加した。クライストチャーチの海辺のサムナー地区にあるホームセンター、マイターテン・メガの前でソーセージを焼きながら、世界中でセブンズをプレーすることを夢見ていた。

六月のローマの大会に私は選ばれなかった。私たちのチームはもう一つのニュージーランドチーム、アオテアロア・マオリに負けて二位で終わった大会だ。アオテアロア・マオリには、数年後にブラックファーンズ・セブンズのキャプテンとなるサラ・ゴス(ニックネーム:ゴッシー、現在はサラ・ヒリニ)がいた。優勝したアオテアロア・マオリは賞金を受け取ったが、私たちのチームはまた振り出しに戻って資金調達をしなければいけなかった。

十月にオーストラリアで行なわれたバイロンベイの大会にも選ばれなかった。この時は、KUSAが優勝した。正直その時私はまだ完全にチームのレベルについて行けていなかった。だがちょうどその頃に衝撃を受けたトレーニング、ベイカーが前の選手たちに追いつけば世界一のセブンズ選手にしてあげる、と言い、自分の精神と体の繋がりを理解した出来事があった。そのすぐ後の二〇一一年十一月、オーストラリアのクイーンランドで行われたゴールドコースト・セブンズ大会にようやくKUSAチームとして出場することができた。私の初の国際ラグビー大会。オーストラリア、トンガ、フィジーなどと戦う大会。やっとここまで来れたんだ。

でも残念なことに、準々決勝で大失敗をしてしまった。トンガが戦術的なプレーをして、私たちも判断をミスって残念な結果となった。誰よりも悔しがっていたのはベイカーだ。感情を露わにしてサイドラインで水ボトルを蹴ったり、怒鳴り散らしたりしていた。クリップボードをぶん投げているのも見た。

何回かベイカーに、スペースができた時に素早くカバーしに行っていないというので、ベンチに下げられた。「あんたは見てるだけじゃない。動き続けなきゃ。立って見る、歩いて見る、じゃなくて、走りながら同時に、今起こっていること全てを観察して判断する。走るのをやめた瞬間、相手チームに対してスペースができる」と彼女は言った。

それからの私は体力面では劣ったものの、立ち上がっては走り、立ち上がっては走り、止まることはなかった。

もっと上手くプレーできなかったことに対して自分に腹が立った。でもベイカーは他の経験豊富な選手たちを差し置いて私をスタメンにし、交代させてくれなかった。これはどういう意味なんだ？　散々な結果だった大会後、ベイカーが私のところへ来て、私をしっかり見ず、興味がなさそうに見えるベイカー節全開で「何人かにあんたが誰か聞かれたわよ」と言った。マジで？　クールじゃん、と思ったけれど、**これは一体どういう意味なんだ……？**　すると彼女は「うーん、あんた多分ニュージーランドチームに入れると思うよ」と言った。もちろんこの時はまだ国代表チームは発足していなかったが、近々作られるという噂が流れていた。彼女からそう言われたことは衝撃だったが、平静を装った。へーそうなんだ、と、いままでそんなこと考えもしなかったように。でも、彼女が言葉にした瞬間、現実味が湧いた。それは私の心の中にあった火の種で、それがこの瞬間に燃えだした。

大会が終わって帰国した後、また資金調達をしなきゃいけなかったのでみんな不機嫌だった。

オーストラリアでの初大会でさらした大失態は私に大事なことを教えてくれた。

日が落ちるまで練習をしても足りないのだ。プレッシャーが必要だ。ＫＵＳＡのトレーニングはいままでしたトレーニングの中でも最もキツかったものの一つだが、あの準々決勝でのようなプレッシャーは感じなかった。日常生活と同じく、ラグビーの試合でもプレッシャーに飲まれてしまうと人は変な行動に出ることがある。ある試合で全く予想していなかった時に相手チームにトライを取られてしまった。そのせいで全員「どうしよう！　やばい！」となり、トンガ戦でトンガがルール違反をしたのにレフリーが気づかなかったというような小さなことに対して気持ちが不安定になってしまった。そこから雪だるま式に悪いことが重なり、何をすれば良いかわからなくなった。予期せぬ展開だったので、パニックになってしまったのだ。

当時はみんなラグビー以外にも仕事をしていたり、資金調達に時間を取られたりでトレーニングが完璧ではなかったし、精神的にも準備不足だった。何年も経ったいま、プロチームになったブラックファーンズ・セブンズはトレーニングの時も試合と同じぐらいの真剣さでやる。練習なのにみんなの競争心が半端ない。コーチが「**あと三十秒！　いま5対0で負けてるぞ！**」と叫ぶと、そこからは絶対にトライを取らないといけなくなる。どうせ練習じゃん、と思う選択肢もあるが、私たちはやり切る。そしてトライを取る。そのマインドセットを持っているのだ。三十秒でトライを取るためならどんなことでもやる。

ある時、私のチームは攻撃の調子が良く、あと十メートルでトライできるところだった。相手チームのゴッシーがペナルティを受けたが、彼女は私たちがタップして速くボールを回せば勝つことがわかっていた。彼女のチームメイトたちはまだ立ち上がっていなかったからだ。私もそれを理解していたので急いでボールを取りに行った。ボールを掴もうとした瞬間、彼女はなんとボールの上に倒れ込んで立ち上がれない素振りをした。それでも手を伸ばしてボールをもぎ取ろうとしたのだが、彼女は私側に体を倒してきたので届かなかった。意地になって彼女を突き飛ばしたら、やり返された。チームメイトたちが駆け寄ってくるまで、なかなか激しいつかみ合いになった。彼女に邪魔をされたことでタイミングを逃して点を取れず、結果負けてしまったのでめちゃくちゃムカついた。しばらく経って落ち着いて考えてみると、彼女は選手として尊敬に値する人だと思った。

このように試合中につかみ合いになることは珍しいが、私たちはそれぐらい真剣で、いろんな場面で自分を駆り立ててこのメンタリティを作っている。練習試合で負けた時でも、実際の試合で負けた時と同じような気分になる。たとえトレーニングであっても私はスコアを把握しているし、レフリーに時間も聞くし、試合と同じように立ち向かう。

人によっては練習試合でそこまでやるのは激しすぎると思うかもしれないが、私たちの国際試合の様子を見たらその意味がわかるだろう。試合で残り三十秒の時に一トライ差で負けていたとしても、前にその状況になったことがあるからこそ、どうすればいいかがわかる。

しかし、私たちのような方法でトレーニングするにあたって、試合じゃない時になぜ、どうやってそこまでプレッシャーをかけるかは理解しづらいだろう。大切な試合の時、選手は誰だってベンチから出て試合に入るのが怖いが、私はとにかく入っちゃえ！　と思う。ボールを落としてしまったって、負けてしまったって、気にしない。とても怖いけど、失敗をしたらそこから必ず学んで同じ失敗は二度としなくなる。フィールド上で何が起きたとしても、負けてしまったとしても、全力を注ぎ込みさえすれば必ず成長できる。何が起きたかを覚えておけば、次回の役に立てられる。

比喩なんだ。ラグビーというものは、生きていて呼吸をしている比喩。

チャンスは逃さずに拾って、常に百パーセントで取り組んでいれば、大事な時にちゃんと実力を発揮できる。人生で歯向かってくるもの全てにタックルする。どんと構える。

ルビーのライフレッスン

チャンスは逃さずに拾って、
常に百パーセントで取り組んでいれば、
大事な時にちゃんと実力を発揮できる。

17 デビューティフル（2012）

「ルビー、ちょっとこれ見てよ」二〇一二年三月のことだった。クライストチャーチ、バーンサイド地区のクラブに所属するアーチボルト家の双子の一人が、初秋の泥対策のために長靴を履いて、パンフレットを配っていた。「金メダルを目指そう《ゴー・フォー・ゴールド》トライアル」「オリンピックのセブンズチーム……」

オリンピックだって!? そんなわけない。そもそも、自分に関係ある話とは思えなかった。そんなの他の人の話に決まってる！ 自分がオリンピック出場選手になるなんて、考えたこともなければそんな自信もなかった。とりあえず箇条書きの項目を読んでいくと、一番下に「十四名のセブンズ選手と契約を結ぶ可能性」と書かれていた。それを読んで一気に興味が湧いた。契約書ということは給料が出る。想像してみてよ！ いままでずっと一緒にプレーしてきた素晴らしい選手たちは、別に仕事があったせいでトレーニングに参加できないこともあったが、その人たちもラグビーで給料が発生する。そして、もしかしたら私もそれを確保した世代として貢献できるかもしれない。いまから起こる、給料がもらえるという女子ラグビー界の大きな変化の一部になれるかもしれない。

やってやろうじゃないの！ まずは何をしたらいいんだ？ とりあえず真っ先にパンフレットにあるウェブサイトに行き、「セブンズ・アカデミー」とやらに登録してみた。

この十年間、数々の国際試合で活躍し何回も優勝した古株のセブンズ選手たちはニュージーランドラグビー協会からの支援は一切なく、自分たちでチームを作って資金調達をしていたので「一体どういうこと!?」という反応だった。彼らは一体誰なんだ？　私たちが一番よくセブンズを知っているのに。当時私はまだ若くて、うぶで、やる気に溢れていたし、これは私たち全員への素晴らしいチャンスだと思った。

「ゴー・フォー・ゴールド」は、ニュージーランド中から参加者を募って様々な測定をするプログラムだった。他のスポーツ、ネットボールやホッケーの選手も引っ張り込んで、これからのセブンズの国際的な発展、特にオリンピックを目指すのが目的だった。トライアルは全国で開催され、千人以上もの女性が応募した。私は二〇一二年初頭にカンタベリー地方バーナム地区のトライアルに参加した。六十人にまで絞られた時私はまだ選考に残っていて、次の合宿は北島中心部の砂漠というか荒れ地にある、ワイオウル陸軍基地に連れて行かれた。とても激しいトレーニングだったが、全員が新人だから何もかもが楽しくて、私はとにかくいいチャンスだと思った。

内容はたくさんの測定、ランニング、腕立て伏せなど。そして最終日には「コンフィデンス・コース」という名の恐ろしいチャレンジがあった。

三人組に分けられてこのコースをクリアするというもので、私の組はミニと呼んでいるミカエラ・ブライド、そしてショーティーと呼んでいるセリカ・ウィニアタ。ミニは当時まだ十六歳で高校在学中、ショーティーは警察官として働きながら二〇〇八年よりブラックファーンズの選手としても活躍していた。全くの他人同士だったが、すぐにまとまったチームになれた。「あんたたち、本当にこれが欲しい？私は参加したいだけじゃなくて、一位になりたい……」というと、二人とも「当たり前じゃん！」と言った。二人とはこの週末に会ったばっかりだったが、すぐに意気投合することができたし、この時交わした少ない言葉だけで二人ともとても勤勉な素晴らしいアスリートだとわかった。最高。二人を知れたし、何より私についてきてくれる。二人とも、トレーニングの時はまるで化け物だった。

開始と同時にできるだけ速く走って坂を登る。二人はすぐ後ろにいる。「ショーティー、いる？」「いるよ！」「ミニ、いる？」「うん！」後ろを振り返ることなくどんどん走って丘を越える。後ろにちゃんといるかを確認する時の二人の声だけを聞きながら。「ショーティー？」「はい！」「ミニ？」「ここだよ！」氷のように冷たい水の中、大きなポールをくぐり、滑る土手、壁を越える。これは公園の散歩では決してなく、一チームを追い抜いて、さらにまた二つのチームを追い抜く。他に追い抜いているチームはいない。「ショーティー、ちゃんといる？」「うん！」「ミニ？」「はい！」

二人とも常に私の後ろにいて、私が憧れていた選手、例えばフリと呼ぶフリアナ・マニュエルや、二〇一〇年のワールドカップで活躍してＩＲＢ［この当時のワールドラグビーの名称］プレーヤー・オブ・ザ・イヤーに選ばれたカーラ・ホヘパも追い抜いた。これは私たちの戦いだ。

他の人たちはみんな個人個人でチャレンジしていたと思うが、私たちはチームだった。そうに違いない、だってほとんど全ての人たちを追い抜いて三人一緒にゴールしたのだから。

この時はこの二人とこれから何年もチームメイトになるなんて思わなかった。特にミニとは、二人一緒にワールドラグビーセブンズの「プレーヤー・オブ・ザ・イヤー」を受賞することになる。ミニは二年連続で受賞した。一緒に東京オリンピックで金メダルも取る。これが最初の合宿で、全ての始まりだった。

最初の方のトライアルでは才能に溢れていて素晴らしい女性が何人もいたけれど、その中には私が得た「ベイカー・モーメント」ともいうべき閃きの瞬間のような、自分の進む道がとてもクリアになる瞬間にまだ出合ってない人たちもいたのだろう。そうしてどんどん数が減っていった。

私は最初から真剣だった。初回から休憩中や夜に日記を必ず書くようにしていて、その日に学んだことや、新しい動きを理解できるように絵にして記録していた。私が学んだことは経験豊富な選手にとっては基礎だったかもしれないが、私には全てが新しかった。この習慣はいまでも続いている。いまでは二十冊以上にもなるノートの山があり、このキャリアの全てを記録してある。ラグビー選手としての事務的なことから、トレーニングのスケジュール、フィットネスプログラム、そして夢と希望、信念、感謝など、本当に全てが書かれている。

二〇一二年は目の前にある機会には全部飛び込んだ。クライストチャーチのタグラグビーもスキルアップのために参加した。他の尊敬するセブンズの選手たちもみんなそれに出ていた。さらに、テ・ワイポウナム・マオリ・ラグビートーナメントという大会まで。何度も私はマオリ族じゃないと伝えたが、私が体力があって速い良い選手だったため、係のおばさんに黙っておくように言われた。結果、その大会でもたくさん学べたし、とにかく楽しかったから良かった。

次の合宿では人数が三十人にまで減った。私はトライで点をたくさん取ったからではなく、タックルをしまくったから残れたような気がした。私が恐れずにタックルをするのを審査員は見たのだろう。

日記には二〇一二年六月の合宿時に決めた人生プランが書かれている。

二〇一二：学び
二〇一三：構築
二〇一四：チャレンジ
二〇一五：極める
二〇一六：オリンピックで金メダル

上手く行かないはずがないじゃないか。

その後すぐに、二〇一二年八月にフィジーで開催されるオセアニア・女子セブンズチャンピオンシップのチームが発表された。これは、ラグビーセブンズが正式にオリンピック競技になることが決定してから初めてのチーム結成だった。ニュージーランド中から応募してきた中から十二人が選ばれて、私にも電話が来た。私はフィジーで戦うチームのメンバーとなった。**マジで？　私が選ばれた？**　ブラックファーンズのすごい選手たちもいた中で？　信じられなかったし、その意味がよくわからなかった。飛行機に乗ってニュージーランドを出発し、太平洋が見えた時にやっと実感が湧いた。なんてことだ！　いまから私はニュージーランド代表としてプレーするんだ！

ラウトカという場所にあったトレーニング用のフィールドは芝生がボーボーに生えていて、地元の人たちが笑いながら乱入してボールを奪おうとしてきたりもして、いまのトレーニング環境とは雲泥の差だったが、私たちは全く気にならなかった。この時のチームで前回のワールドカップでプレー経験があるのはフリとリンダ・イトゥヌ（ビンディー）の二人だけで、後は全員が新人だった。私たち新人はまだまだ青く、目をまん丸くしてついて行くのに必死だった。全てのことが新しかった。何も経験がない状態だと失望することがなく、どんな環境でも平気なもんだ。

私たちは全員ワクワクしていて、とにかく幸運だった。最初は千人、それが最終選考時は六十人になり、そして残った十二人。まだ全員のことをよく知らなかったが、同じホテルに泊まり、プールでエアロビをし、たくさん笑い、一生に一度の経験をしていた。全員が新人だったから特に何も期待はしていなかったが、何かすごいことが起こる予感がしていた。みんなが若く熱心なパイオニアで、次に何が起こるんだろうと思っていた。今回精一杯やってみて、今後どうなるか見てみようよ、という感じだった。しがみついて、離すものか。

試合日の前一週間トレーニングをしたが、この頃のトレーニングはとんでもなくキツかった。GPSを使って運動制限をかけるなんてことは当時はなく、毎回大変なフィットネスのトレーニングだったので、当時まだプロのアスリートではなかった私は不安だらけだった。いろんな事が急速に起こったおかげで試合に関しては緊張していなかったが……大会の最初に更衣室へ行くまでは。その時に感じるだろう感情に備えておくことなんてできなかった。

その日は、試合前日の夜に起こった事にまだ圧倒されていた。国際大会の時は、トレーニングが完全に終わり、試合が始まる直前まで本当に試合に出場できるかどうかがわからない。怪我やその他の大惨事が起こる可能性がある。最後の瞬間まで追いかけて、追いかけて、追いかける。そして、人も頻繁に入れ替わる。例えば、ある時のワールドシリーズで、ニュージーランドを出発する直前に行なわれた心電図検査にて選手の一人の心臓に問題があることがわかった。すぐにでもペースメーカーを入れる必要があり、彼女が出場することはとても危険だったので、直前になって一緒に来れなくなってしまった。

だから、最後のトレーニングまでついて行くことはとても大事だ。試合の前夜、私たちは初めてのジャージ・プレゼンテーションを経験した。黒のジャージの贈呈式。コーチが一人ずつ名前を呼び、試合ジャージを手渡ししていく。私は四番だった。何を言われたかは正確には覚えていないけど、「よく頑張ったね。君は一生懸命やって大勢から選ばれたんだ。おめでとう」という感じだったと思う。ジャージを手にした瞬間、リアルになった。私は本当にプレーするんだ。ああ、早くやりたい。人生がまた新たな展開を迎えた瞬間で、それはとても重大なことを意味し、自分がしていることの重みを感じた。

いままでニュージーランド代表としてプレーしたことなんてない。黒いジャージを手にしたら、自分の人生が意味を持った気がした。

コーチがこんな感じでその儀式をしたのは珍しいことだった。ジャージ・プレゼンテーションというのは大会のシンボルであり、チームのための重大なイベントで、時には有名人や自己啓発スピーチをする演説家などを招待することもある。握手をして、ジャージを受け取る。どんな設定であっても、毎回体中に感情が溶け出すとても特別な瞬間なのだ。**やばい、チームに入れた。**ずっと入りたかった組織にやっと入れた時の気持ちと似ている。フィールドに出る前にすでに賞をもらうみたいだ。ついに出場できる**権利**を手に入れた。

翌日の朝、更衣室へと向かう。フィールドに走り出る前の更衣室というのは神聖な場所で、私は胃が口から出そうだった。周りを見渡してみると、みんな檻の中の動物みたいだ。誰かの真似をしたり、何をしたらいいのか迷っていたり。誰も助けてくれないし、全員が同じ気持ちだ。部屋そのものは軽量コンクリートの小屋で、老朽化していて薄暗く、釘が壁から飛び出ていたりペイントが剥がれていたりして、少し怖くさえ思える。心臓が早鐘を打っている。何人かは祈っている。他の選手たちは黙って座っている。

掛かっていたジャージを手に取った。誰かがスピーカーをオンにしてブラックマンユナイテッドの「U Will Know」を大音量で流し始めた。夢を叶えるのは難しく、とにかくプランに従うことを歌っている歌だ。この歌は男性のことを歌っているけど、後に私たちのアンセムとなる。私たちは国を背負って戦い、女性だけでなく男性にも私たちのすごさを見せつけたい。そして進展に最も必要なのは、男性を感心させることだ。

初めてニュージーランドを代表して走り出ていくところだが、息することもできない。

気づいたらフィールド上にいて、トンガチームが向かいに立っていて、笛が鳴った。キックオフ後すぐに私は全力疾走して前に行き、後ろに下がり、誰かをふっ飛ばし、上下逆さまになって、抜け出そうとしたらボールを受け取っていて、パスを投げる。洗濯機の中にいるみたいだ。普通の人なら体中が痛むと思うが、全てが一瞬で起こりボヤけているので痛みは感じない。七分が過ぎ、そして十四分。この時の私は自分がどこにいて、何をしていて、次に何をするべきかをよくわかっていなかった。そして何をとってもほとんど覚えていない。練習したとおりでもあるし、全然練習通りじゃなかった。

失敗しちゃいけない。

54対0で勝利した。次はクックアイランドと対戦し、27対0で勝った。その次はフィジー戦で、大会の終盤に近づいてきている。スタジアムはそれほど大きくなく、観客は二百人いるかいないかという程度だったが、もちろん全員が地元フィジーチームを応援していた。

キックオフの時にボールは十メートルラインを越えなければいけない。私はフロントのポジションにいたが、スタートの位置が後ろ過ぎたので、ボールが線を越える時にそこにいるように十メートルラインまで走った。待って、待って、待って、ボールに触るのはボールがちゃんと線を越えてからだと待ったが、フィジー側の選手は待たなかった。かなりラインに近かったが、確実に十メートルよりも手前だったのに前に出てボールを拾った。それも自信満々にだ。**それは違反なんだけど……。**レフリーの方を見て、ねえ！　と叫んだが無視されてしまった。クソッ。私の目の前にボールがあったのに、タイミングを待っていたせいで取れなかったのでかなり間抜けに見えただろう。そこですぐ学んだことは、ルールを守るためにじっと待たないこと。フィールド上ではとにかく主張すること。そして、ルールをしっかり守っても、レフリーが反則をとらなければ意味がないということ。レフリーが百パーセント正しく判断できることはないのだ。

この瞬間、私が取れたはずのボールを誰かに取られてしまったことはこの大会での大きな教訓となった。前のめりになってそのチャンスをしっかり取らなければ、バカに見えるだけ。その日以来、私は十メートルラインを越える前のボールを絶対に誰にも触れさせない。九・五メートルだとしても、早めのプレーをする。その時のフィジーの選手のように、自信満々でボールを拾って走り出してしまえばレフリーがわざわざ止めることはない。それと同時に、失敗をしてこそ大きな学びが得られるということも知った。

非常に大事な瞬間は、誰も他人を待ったりしない。

フィジーはセブンズの世界でも最も強豪なチームの一つで、最初に戦ったこの日のことは決して忘れない。フィジー戦はまたタックル、起き上がる、タックル、起き上がる、の洗濯機の中にいた。タックルするはずじゃない人にまでぶち当たってしまった……それほどガムシャラだったのだ。とにかく全力だった。多分、これがいままでの中で一番クレイジーな試合だった。

初回の選抜までの積み重ねはとても大きく、偉大なる黒いジャージとその歴史、そして心の中には私の尊敬する、これまでに報酬もなしに十年間戦い続けてきた女性たちがいる。私は**彼女たちを喜ばせたい、誇りに思ってもらいたい**という気持ちでいっぱいだった。だがそんな力強い言葉を実現するのは簡単なことではない。それが何を意味するのか理解するには時間がかかる、だから実際にフィールド上に立ち国代表としてプレーするずっと前から始まっているのだ。

フィジーでの大会に行くまでは、私はセブンズをふた夏の間に心から楽しんでプレーしただけだった。しかしこれまでの先輩女子選手たちから受け継いだものと、ハイレベルなスポーツをスポットライトの下でプレーする感情から、実際に黒のジャージを着て試合に向かう時になると、重圧を感じずにはいられなかった。とにかくいつもと違った。もし私がボールを取れなければ、トライアルに来た全員と、いままでプレーしてきた人たち全員を失望させることになると感じていた。その気持ちを全てフィールド上に持ち込んだら、気づいたら洗濯機の中にいた。だが、ある意味プレッシャーなんて実は存在すらしないのだ。プレーに影響するようなものは。いまなら、ここは同じ大きさのフィールドで、ボールも同じ大きさだといつも自分に言い聞かせる。

トレーニングと試合、そして普通の試合と黒のジャージを着て出場する試合に違いがあるか？ 目に見える部分では違いはある。でも、目に見えない根本的な部分にはない。全くない。どちらにせよ、全ては準備にかかっている。洗濯機の中で起こったことを一つひとつ引っ張り出し、きちんと準備をする。フィジーの時は、スペースをコントロールできる理性を失った。準備することを学習し、大きなプレッシャーを細かく崩し、一つひとつ向き合える小さなプレッシャーにすることは、選手として成長するのにとても大切なことだった。

プレッシャーが一気に襲って来ると不安にかられる。十分にやった？ 体は仕上がっている？ 毎回のトレーニングで本当に全力で練習した？ 相手選手たちの分析は足りてる？ あの状況のスクラムでは何をするんだっけ？ いまは選手として、毎回のトレーニングで全力で取り組むことを覚え、余分にパスの練習もするし、コーチに指摘される以上にプレーの分析もする。そうすれば、プレッシャーが襲ってきて、ちゃんとできることを全部やった？ と聞いてくる時に、ひとつ深呼吸をしてから、当たり前じゃねーか、もちろんだよ、見とけよ。と返せる。

対フィジーの試合はこれらのことを学ぶ前だったが、それでも19対7でホスト国を倒して決勝へと進み、オーストラリアに35対24で勝利した。

勝った！ そして女子セブンズのニュージーランド代表チームとしての初のキャップも手に入れた。

すごい。ずっと顔が笑いっぱなしだった。マジかよ……で、勝ったら何したらいいんだ？　いまはチームにはとても意味のあるハカをする文化があるが、初めて勝った当時はそのようなものはなかった。でもお祭り騒ぎが大好きなフィジー人たち、特にパーティー好きなセブンズ選手たちはスピーカーから大音量で音楽を流していたので、私とビンディーが大声で叫んで当時流行っていた「アゾント」という曲をかけてもらった。観客におじぎをしてから踊りだしたら、他のチームメイトたちも参加しに来た。当時の大会はカメラもテレビ放送もなかったので、本当にその瞬間の私たちのための時間だった。みんなで踊る。純粋な幸せだった。

大会中、私はチームメイトたちをよく見ていた。経験豊富なキャプテンのフリアナ・マニュエル。私と同じくデビュー組であるサラ・ゴスは私より若いのにひじょうに落ち着いて冷静で、いくつかの素晴らしいランを披露した。オークランドに拠点を置くネットボールチーム、ノーザン・ミスティックスの将来有望なスター選手ポーシャ・ウッドマンはこの大会で肩を骨折してしまったが、数々の素晴らしいトライを披露した。マジすごいじゃん、という気持ちでいっぱいだった。なんてクールな人たちなんだ。私もここにいたい。子どもの頃どこにも完全に所属できず、居場所を探し続け、こんな素敵な輪に入れた。この輪の中で一番下手だろうけど、それでもまだ私はここにいる。もちろん私は自分がいい人間でチームの資産になっていると思うし、死ぬほど頑張ってトレーニングもしたけれども、スキルやタックル、ラグビーの理解においてはみんなより劣っていた。まだまだ学ばなきゃいけない。もしここにいさせてもらえるのなら、もっと上手くならなきゃ。

いまからどうなるの？　次は何だろう？　このチームが永遠に続くような気がした。

最後になって、アシスタントコーチのアラン・バンティングが私のところへ来て、「ルビー、君はとても良いエネルギーがある。そのエネルギーをリオに欲しいんだ」と言った。彼が私の中にとんでもなく大きな夢の種を植え付けた最初の人だった。二〇一六年オリンピック、リオデジャネイロ大会。四年後だ。

カヌースプリントの偉大な選手リサ・カリントンがセブンズのニュージーランド代表チームの合宿を訪問し、ロンドンオリンピックの金メダルを私が実際に持たせてもらったのはそれからすぐ後のことだった。生まれて初めて見た本物の金メダル。絶対に首にはかけなかった。だって、私はいつか自分で金メダルを取って、自分の首にかけるんだから。

当時は女子ラグビーの資金がなかったので、出場したことへの報酬はなかったが、大会の賞金として二千ドルをもらった。私のラグビーでの初の年間収入は二千ドルだったが、それだけで最高だった。自分の銀行口座に実際に振り込まれたのを見た時、モノにした実感が湧いた。もちろんすぐに全部使ってしまったが。クライストチャーチへ戻ってすぐにショッピングモールへ向かい、ｉＰｈｏｎｅを二台買った。当時ｉＰｈｏｎｅはお金持ちの人が買う高級携帯で、それを私と友達のために一台ずつ買った時は超クールな瞬間だった。

ルビーのライフレッスン

全ては準備次第。

18 駆け引き

私は次にあった試合のセブンズ・ワールドシリーズに選抜されなかった。その次もだ。

その年は女子セブンズにとっては「ワールドラグビー・女子セブンズシリーズ」が発足したとても重要な一年で、オリンピックの正式種目になることもあり女子のセブンズが爆発的に発展した年だった。初年のシリーズでは四つの大会が行われ、十二月のドバイから始まり、続いてヒューストン、三月に中国の広州、そして五月にオランダのアムステルダム。それから数年の間にさらに規模が大きくなり、大会数が五つ、そして六つへ。それに加えて他の国々での大会も合わせると八、九大会にもなる年もあったが、いつも十二月のドバイから始まり、翌年の半ば頃まで試合が続いた。開始からの九年でニュージーランドは六回優勝している。

フィジーからニュージーランドへ戻った後、私たちはさらに合宿を重ねて、全員が新しいシリーズの第一回の大会という、言うまでもなくとても大きな瞬間であるドバイ大会に選ばれることを望んでいた。

電話で私が選ばれなかったと告げられた時はそりゃあもう傷ついた。

私は上手じゃないからこのチームに入れなかったんだ。試合出場メンバーの十二人に入るには試合直前のトライアル合宿に参加しないといけないが、私はそれにすら行くことができなかった。練習に励んで進歩しているというのに、それをトライアルで見せることもできないのだ。なかなか受け入れがたい事実だった。

私はまだ大学在学中だったので、他の選手たちが海外遠征に行っている間もトレーニングを続けるモチベーションが必要だった。コーチのベイカーが閃きをもたらしてくれた例の「ベイカー・モーメント」は当時の私にとってはとても重要だった。ベイカーのおかげで、大きなゴールのために集中して頑張るには何をすれば良いかわかっていた。たとえ一人で練習していても一つひとつ全力をつくし続ける必要があった。朝六時に練習し、また夕方六時に練習した。

私があまり目にとめてもらえなかったのは、私の体が小さいからかもしれない。痩せっぽちで筋肉がない。もちろんジム通いはしていたがこの頃はまだ、何を目標にすればいいのかちゃんとわかっていなかったし、栄養についても適切に理解していなかったので、思うように効果が出なかった。

身体を大きくしなきゃ。強くならなきゃ。でもどうやって？

ウエスト・コーストの古い友達、ジーンを通じて夏の間製材所での仕事を手に入れた。従業員たちはあまり馴染みのないタイプの人たちだったけれど、とても優しかった。その場を仕切っているマネージャーの男は始業時間にちゃんと来て仕事をしさえすれば、履歴書（もしくは犯罪歴）はそれほど気にしないようだった。

毎日このくそ重い木材を持ち上げていれば大きくなれると思った。ところがマネージャーは私を一目見るなり「ふむ」とちょっと考えて、駐車場の一番端っこに追いやって庭の草むしりと小さい木を引っこ抜くよう指示した。「終わったら言いに来てね」と彼は言った。せっかく男たちに混ざって重い木材を持ち上げられると思ったのに。まあいいや、とりあえずこれを必死でやろう。この仕事から何かを得よう。どんな小さい一歩でもきっと大きいゴールに繋がる、でしょ？

多分三、四時間くらいで終わらせたと思う。必死でやったので汗だくで顔も真っ黒だ。何もかも引っこ抜いて、事務所へ戻ってマネージャーに終わったことを伝えると彼は私をじっと見つめた。なんなんだよ！　後で彼が言ったのだが、それを終わらせるのに一週間くらいかかると思っていたらしい。

その後も彼は小さい仕事を見つけては私にやらせ、それを繰り返したが私がとにかく必死で終わらせるので、ついに諦めた。そして、ようやく男たちに混ざって重い物を運ぶ仕事につけた。木材によっては二十メートルもあるとても大きな板で、持ち上げることすら出来なかった。もちろん仕事を失うわけにいかなかったので、どうすればうまく動かせるか早々に身につけ、ジムでのトレーニングも相まって、夏の終わりには着実に体が変わっていた。

最初は胸と少しの脂肪がお尻にあったけれど、夏の終わりには胸はぺったんこになって少しガッカリしたが、下腹部がV字形になったクールな腹筋と肩のところに三角筋ができた。マジかよ、効果あったじゃん。

ラグビーはニュージーランドの国技と言われている。でも長い間、一世紀以上もの間、ずっと男だけの国技のようにみなされてきた。国技と呼ばれているのに男しかプレーしないというのは私には意味がわからない。その間も国中のクラブチームで女子ラグビーは行われていたけれど、歴史にも記されていなければ認識もされていなく、ラグビーの関係機関にも承認されていないので全ての公式試合を記録する年鑑にも記載がない。

歴史家でありオークランド大学の教授であるジェニファー・カーティンが「ラグビーは過剰に男性化されたスポーツ」と述べたように、体が強くて男らしいイメージと結びついている。元オールブラックスの選手でメンタルヘルスの提唱者であるジョン・カーワンはそれを「強くないといけない文化」と呼んだ。なので女性がプレーをすると道徳的に忌まわしい、女性らしくないと言われた。

それと並行して、固定観念としての女性らしさというのは丁寧であること、繊細であることが全てだ。人によっては、強くて筋肉のある女性がお互いにぶつかり合うスポーツをするというのはショックだろう。**女が男みたいに振る舞っている。**正直、私も始める前はそんな気持ちが少しあった。ラグビーというのは、ニュージーランドの主流文化で女性らしいとされるあらゆることの正反対を象徴していた。

女子ラグビーは真剣に捉えられなかった。最近の話では二〇一七年、ラグビーワールドカップの初戦でブラックファーンズがウェールズに44対12で勝つという素晴らしい結果を残した時ですら、ニュージーランドの大手新聞も一紙がほんの少し言及しただけだった。それもそれほど重要でない男子ラグビーの試合よりずっと後の記載だし、男子ラグビーなら自国でない南アフリカチームも特集するのにそれより軽視されていた。女子スポーツが全般的にこのような扱いを受けることは珍しくなかったが、ことラグビーに関しては、私たちの国技としている国なのにだ。そして、ブラックファーンズはワールドカップで優勝した。六大会中、五回目の優勝だった。二〇一六年のリオオリンピックでブラックファーンズ・セブンズが国に銀メダルを持ち帰ったあとだったので、二〇一七年のメディアはもう少し女子ラグビーに興味を示してもよかったのに（男子セブンズはオリンピックでは五位に終わり、メダルは持ち帰らなかった）。

しかし十年以上前はさらに注目されておらず、私が十一歳の時にコーチから「君はブラックファーンズになれるよ」と言われた時、それが私にとって何の意味もなかった上に気分を害したように、彼女たちの存在は聞いたこともなかったし、どんな見た目をしているのかも知らなかった。彼女たちにインスパイアされる機会なんて皆無だった。

でも昔から多くの女性たちがラグビーをプレーしている。小さい女の子たちは男の子たちと同じようにラグビー場の側で遊び、お父さんのプレーを見ていたり、もしかしたらお母さんもちょっとプレーしたりするかもしれない。そしたら女の子たちは「なんで私はプレーできないの？　私もしたいのに……」と思うだろう。一九九一年の初めての女子ワールドカップめがけて一九九〇年にブラックファーンズが発足した時、選手たちは突然どこからともなく現れたわけではない。彼女たちは多くの人たちに見えていなかったかもしれないが、確実にそこにいたのだ。初期にプレーした女性たちには驚くばかりだ。固定観念をぶち壊し、周りがなんと言おうと、ただ好きだからプレーした、勇敢で素晴らしい女性たち。

私たち女子ラグビー選手たちは、15人制とセブンズ、どちらの選手であっても、女子ラグビーに対する一般人とメディアからの見方を変えてきている。もしかすると特にラグビー組織の管理者たちの見方をだ。現在もらえているプロ選手に対する金銭面とその他の支援、そしてメディア露出など、全てが成功した結果だと言える。そしてそれは私たち、非公式チーム、公式チームにかかわらず、ニュージーランド代表として何年もの間プレーしてきた全ての女性たちの功績だ。

女性たちがプレーをして、勝っている。私たちの勝率は世界中のどのスポーツを見てもトップレベルだ。ニュージーランドラグビー協会の最近のデータによると、二〇一六年から二〇一九年まで（二〇二〇年と二〇二一年はコロナ禍による不完全データとして除外）の女性のラグビーへの参加率は四十パーセント増加したのに対し、男子ラグビーは三・九パーセント減少となった。ニュージーランドラグビー協会・女子ラグビー育成部門の元部長であるケイト・セクストンによると、ニュージーランドで女子ラグビーが発展しているのはブラックファーンズとブラックファーンズ・セブンズの成功によるもので、少女たちの見本となっているからだそうだ。同感だ、私もかつてはその少女の一人だったのだから。

そう聞いてとても誇りに思う。学校訪問をして女の子たちに私のキャリアについて話すのは全く飽きない。そしてこれからの女性の体に対する見方を変えることにも繋がる。女性の体は強さと自信から成り立っていて、強さの中に美しさがある。

みなさんにできる小さいことがある。もしあなたがニュージーランド人か、ニュージーランドラグビーのファンで、オールブラックスのシャツを持っているのなら、ブラックファーンズのシャツも買って着てみたらどうだろう。そうすれば、それは少女たちが目標にできるもので、実際に存在するんだとわかる。それに、友人にオールブラックスとブラックファーンズ、どちらの方がワールドカップで優勝しているかを聞いてみるのもいい。男の子たちがみんなオールブラックスになりたいんだから、女の子がブラックファーンズを目指したっていいじゃないか。

前述したように、二〇〇二年にブラックファーンズとしてデビューしたケイシー・ロバートソンは私の最初のラグビーアイドルで、彼女は力強さを全面に押し出していた。初期のブラックファーンズでプレーしていた多くの選手たちのように彼女は農業をやっていて、強くいかつく頑丈で、ラグビー場でも日常生活においてもとても有能だ。彼女と他のブラックファーンズの選手たちを見た時は、なんて人たちなんだ、絶対にこの人たちを敵に回したくないと思った。歩き方だけを見てもこの地球上で自分の立ち位置をしっかりわかっているのが見てとれた。怖かったけど、ワクワクした。

私が最初にラグビーを始めた時、社会から求められる女性像と大好きなスポーツの間で葛藤した。強く、男らしくなりすぎてしまうのではないかと気をもんだ。セブンズチームのオリンピック出場が決定したいま、私たち選手はニュージーランド代表アスリートたちを支援する機関のハイパフォーマンス・スポーツ・ニュージーランドと提携することができ、プロラグビーを専門とする心理学者に出会って私のメンタルヘルスを理解する旅が始まった。そして数年にわたり心の中の不安と向き合うことができた。

心理学者と共に自分のアイデンティティと向き合う時、重要な質問に答えなきゃいけなかった。私は何が欲しいのか？　いい見た目でいたい？　モデルみたいになりたい？　ドレスアップしたら結構きれいになれるから、なろうと思えばなれるのは知っている。それとも、自分がなれる限りで最高のセブンズの選手になりたい？　人生において私が望むものは何か、私が選んだのは「世界に挑戦したい」だった。世界一のチームのメンバーでいたい。それを選択するのなら、ジムに通って身体を大きくする必要がある。栄養のあるものを食べて、プロテインを飲む。うげっ、筋肉だー！　と自分の体を見るのではなく、自分が選択して目指した結果として見るのだ。

いまの私が自分の筋肉を見た時は、これこそが努力の賜物だと思う。誰にも私がどれだけ必死で鍛えたかを告げる必要がない。誰でも見ればすぐわかる。私そのものが努力の象徴だ。筋肉隆々であることは私に自信と能力を与えてくれる。私は美しいが、違う定義での美しさだ。若かった頃に製材所で筋トレをしていた時、胸がどんどん小さくなっていくのに悩んだことをいまは笑える。自分の姿を見ると、筋骨たくましいことにワクワクするし嬉しく思う。私たちの体はそれぞれ遺伝子的に違っているので、私にとって身体づくりは簡単じゃなかった。私は常に他のラグビー選手たちより小さかった。ニュージーランド代表のチームメイトの中にはチームのプログラムをこなすだけでものすごい筋肉量を得られる人もいて、とても憧れる。でも私は、他の選手たちは考えもしないだろうが、筋肉量を増やしキープするにも居残りして余分にトレーニングしなきゃいけない。いま自分の体を眺めて見えてくるものといえば、あのトレーニングに費やした時間、流した汗、余分な練習ばかりだ。そしてこの体が一生続かないこともわかっているので、いまのこの時に感謝している。自分の体がたくさんの喜びを与えてくれる。

すると、ジムで余分にトレーニングした効果がフィールド上で表れた。

最初の頃、シデナムチームと試合をしていた。シデナムの巨大な女性たちは私よりもずっと大きくて強かった。ボールを盗もうとして地面に打ち付けられ、右肩の上部分にある肩鎖関節を痛めてしまった。怪我をしながらもプレーをし続けたらまた吹き飛ばされて、次は脳震盪を起こし、目の前に星が見えて吐いてしまった。私の肩はこの日からずっとねじ曲がったままだ。

体作りを始めた時まで少し早送りする……。フィールド上には私より三十キロは重そうなゴツい女子がいて、私と同時に転がっているボールに向かっていた。私の方が少し速かったので先に飛び込み、肩の下にボールを入れ込んだが一秒もしないうちに彼女が追いついたので、私の肩に彼女の全体重が乗って来ると予想できた。**ああ終わった、マジで終わりだ、また肩鎖関節じゃん。**思ったとおりに、ボールが下にある状態で彼女の全体重がドーンと肩に乗り、防御の姿勢を取る間もなかった。ボールが抜けて彼女は更にボールを追いかけて去ったので私は立ち上がった。肩を掴んでみたが、動かすのが怖い。気をつけながら腕を動かすと……あれ、痛くない⁉ もう少し動かしたが、なんのダメージもなしだ。なんだよ、たいしたことないじゃん。このスポーツは怠けちゃだめということを学んだ。トレーニングをしないでうまくできるわけがない。強くならなきゃいけない。筋肉が体を守ってくれる。

男性アスリートはこのようなことを語る必要がない。男はみんなゴツくありたい。いずれにしろ、それは男性の見た目の良さの象徴でもある。でも女性は社会的には繊細でか弱いものとされていて、悲しいことに若い女性アスリートたちはそのせいで自身の体に関して悩んでしまうし、私も共感できる。

私が理想のプレーをするために痩せっぽちだった体を製材所で鍛え、その後きちんとジムでの鍛え方を学んだあと、十キロもの体重を筋肉量だけで増やすことができて、概念まで変わった。自分の筋肉は一つひとつが、私が重ねたハードなトレーニングの結果だ。引き締まっていて強く感じる。前より健康的だし速くなった。とにかく気分がいい。というか、自分の体がこんなになれるなんて思いもしなかった。

他の人はこの見た目を手に入れるためにトレーニングするのかもしれないが、私は自分がなれる最高のラグビー選手になるためだけに鍛え、その結果がこの見た目だ。そして考え方も完全に変わった。この体が大好きだ。変に聞こえるかもしれないが、私は自分の体を愛しているし、どれだけ毎日頑張ったかを物理的に思い出させてくれるものなのだ。

ラグビーで当たられたり、試合中ずっと全力疾走を繰り返したり、ノンストップで走り続けたりするのは簡単なことじゃない。**このような見た目の体**がないとできない。私の筋骨たくましい体は名誉の勲章みたいなものだ。自己肯定感も爆上がりする。

自分の筋肉について考える時、私めっちゃアスリートに見えんじゃん、と思う。勤勉なのがすぐ見てわかるし、何より最高にかっこいい。ボールに向かって飛び込んで、一番大きな選手が私の肩に直撃して乗ってきても、何事もなかったように歩き出せる。

これも〝グレアティチュード〟へと繋がる。感謝の気持ちから出る素晴らしい行動。たくさん食べて、寝て、みんなよりも練習して体を強くする。私の遺伝子だと、他の選手たちの強さを手に入れるにはみんなの三倍バイセップカールをしなきゃいけない。そしてこの強さは永遠ではない。フィールド上でとても威圧的だった選手ですら、三年後にジムのトレーニングなど一切しなくなった時に会ったらただの凡人のようだったというのを何人も見てきて、現実を突きつけられた。この体と筋肉はギフトだと思い、いつも余分にトレーニングをする。一時的なギフトだ。これを理解して、人生が変わった。

ルビーのライフレッスン

自分の体を愛している。
最高のラグビー選手になるためにトレーニングして、
その結果がこの見た目だ。

19 赤に染まる（2013）

二〇一三年一月、ニュージーランドで女子のラグビーセブンズ大会が十年ぶりに復活した（その間も、男子の大会は途切れることなくずっと行われていたが）。その大会はニュージーランド中の地方代表チームが争うもので、私はアーニーがコーチを務めるカンタベリーチームでプレーしていた。みんなとにかくワクワクしていて、選抜合宿にいた六十人の女子たちは全員燃えていて、各地方の代表として出場していた。最高じゃん。ホテルにチェックインしながら、私はその全ての瞬間を楽しんでいた。

私は超イケていたし、目立っていた。なぜなら、いままでずっとしたかったこと、ついに髪の毛を赤く染めたからだ。頭全体を真っ赤に染めたかったけれど、そこまでのお金がなかったので片方のサイドに太い赤の筋を入れたのだが、それがとても気に入った。髪の毛をアップにすると絶対に目に入る。

髪の毛のご利益なのか、試合前夜にアーニーの部屋に呼び出されると、彼は「明日、チームキャプテンは君だと発表するよ」と言った。

床にへたりこみたい気分だった。私は二十一歳になったばかりで、チームの中で一番若い上に一番小さい。カンタベリーチームの他の選手たちは国代表として何年もプレーしている人ばかりだ。私は単に一つの大会に選ばれただけ。先月のドバイ遠征チームにも選ばれなかった。それなのに、どうやって私がチームを引っ張れると彼女たちに信頼してもらえるんだろう？　ちょっと、冗談でしょ？　そして気づいたのが、やばっ、ミッズいるじゃん！　彼女をどうやって引っ張れるっていうんだよ？　絶対に目を丸くされるし、笑われるかもしれない。私の頭はいつもネガティブな方向にとらえてしまう。

でもアーニーは私に聞いてるんじゃなかった。決定を伝えていた。

その夜は眠れなかった。次の日、彼がみんなに伝えた時、私は考え続けていた。シデナムの選手たちは、アーニーが私を選んだのは私の大学チームのコーチだったからというだけで、私も反論できなかったのだと思っているだろうと。

実際に試合が開始すると、私にできるのはセブンズをプレーすることしかなかったので少しリラックスできた。私は前よりも強くて丈夫になり、速くて、何よりやる気に溢れていた。フィールド場のどこにでも走って行き、どの瞬間も真剣にプレーし、とてもいい働きをしていたのでチームメイトたちの信頼を得ることができた気がした。

ピンときた。アーニーはきっとキャプテンは上意下達《じょういかたつ》でなくてもいい、ということを私に学ばせたかったんだ。だってこの選手たちの中で私がトップに立てるはずがない。キャプテンは別にそのチームの一番の選手である必要はなく、何か一つとても秀でていることがあること。私の場合は、実際に自分の手を使って必死で取り組み、他のチームメイトを元気づけて励まし、さらに力を出せるようにプッシュし、自分でも見本を見せること。私は決して誰にも偉そうに話さなかったし、というか、あまり話そうともしなかった。私は一歩脇にどいて年上の選手たちに経験からの話をしてもらい、何かうまくいかなかった時には率先して話した。それが私の瞬間だった。

その瞬間は、ある日のあまり良くなかった試合のあとに訪れた。円陣を組んでいた時に、合宿中に言われたこの瞬間にとても関係のある言葉を思い出した。確か、「やりすぎなくていい、あなたのただ一つの仕事をするだけでいい」というものだった。そこで私は伝えた。「ねえみんな、聞いて、みんなが一人ひとり自分の仕事を一個ずつすればいいんだよ」円陣が終わった時ミッズが私の方を向いて言った。「ルビー、あんた良いこと言うじゃん」。マジかよ。私にとってその言葉は、法律の学位が取れたようなものだった。ミッズ、ダントツで一番厳しいラグビー選手。特に若い選手には、本当に素晴らしい時以外に褒めることはまずない。彼女が言ってくれた「良いこと言うじゃん」。しかもみんなの前で。これは私にとってものすごく大きかった。

私たちは準決勝まで進み、オークランドチームと対戦することになった。オークランドには二人もニュージーランド一の俊足選手がいた。私がフィジーで一緒にデビューしてからずっと親友で、いまではスター選手のポーシャ・ウッドマン、そしてこちらもまたフィジーで共に戦い、その後ＩＲＢ（現ワールドラグビー）女子セブンズプレーヤー・オブ・ザ・イヤーにニュージーランド人として初めて選ばれたケイラ・マカリスター。アーニーは私をポーシャ側のウイングに置いた。私たちの陣地に入ったボールを取ったら、ポーシャが走って来た。過去の彼女とのプレーを通じて、彼女がラグビーを始めて日が浅くタックルに慣れていないのは知っていたが、やっぱり高めに当たってきた。私は手のひらをできるだけ強く突き出して、彼女の胸の真ん中に当て押し飛ばした。彼女がぎこちなく手を動かしたが、私はそれをかわし、そして彼女は空をつかもうとしたがどうにもならなかった。信じられなかったけど、そのまま彼女の外側を走り抜けた。とにかくがむしゃらに走り、半分まで行き、敵陣の二十二メートルラインを越え、五メートルラインまであと少し。行けルビー、あんたならできる！　しかし、走っている間中ずっと後ろからとんでもない速さの足音が聞こえていた。私よりずっと速い。ケイラ・マカリスターだ。それに加え、ポーシャも少しつまずいたものの追いかけるのをやめず、すでに追いつかれていた。トライの少し手前、五メートルラインまで来た時、二人がかりで背後からタックルされ、タッチラインの外へ押し出された。死ぬほどムカついた。この時、あとちょっとゴールラインに近ければ。というか、この二人じゃなかったら勝利を決めるトライを取れていたのに、と思ったのを覚えている。アーニーはそのプレーで私が消耗したのを見てとり、交替させた。不服ながらもフィールドから出た。会場内はカメラだらけだったけれども、私は誰もいないテントを見つけ、その裏で腹の底から吐いた。吐いて、吐きまくった。全部出しきった。誰にも見られなかった。ベンチに戻るとアーニーが、戻る準備はいいか？　と訊いてきた。もちろん、もう大丈夫だ。

みんな本気でやったが、結局準決勝は12対17で負けてしまった。ミッズさえも試合後私のところにきて「速いやつらは二回倒さなきゃね」と言った。まさに的確なフィードバックだ。私のせいでチームが負けてしまったと思えるような瞬間にすら学びがある。ミッズがとてもいいことを教えてくれた。

その日、私はリーダーシップとは何かをさらに学ぶことができて、アーニーが私のなかにその可能性の光を認めてくれたことに感謝した。自分ですらリーダーになれる準備ができていると思っていなかったのに、彼は信頼してくれたんだ。これは私のキャリアにおける地固めになった。

アーニーからはたくさんのことを学んだ。彼はいつも「パフォーマンスが全てだ」と言っていた。試合に出て、勝ち負けのためだけに相手を負かすことが全てじゃないんだ、と。いままでトレーニングしてきたことをするんだ。たとえ八十点差をつけて勝ったとしても、もし私たちがトライのチャンスを台無しにしたりすると彼は怒る。それは正しくて、もし次の週にもっと強いチームと当たったら、練習でした全てのスキルを使わなきゃいけない。彼はいつも「プロセスをちゃんと行い、パフォーマンスをし、楽しめ」と言っていた。彼と奥さんのケイはカンタベリーの若い選手たちに多大な影響を与えてきた。

この全国大会では私たちは上位四位チームに入ったので、地元のカンタベリーに誇りに思ってもらえたように感じた。私としては、チーム最年少でキャプテン、そしてミッズに認めてもらえたので、年上の選手たちと同等にプレーできたと感じた。「部屋の中で一番下手」であることは魔法なんだ。私はラグビーが上手だとは思わなかったが、素晴らしいチームにいたおかげで成長を感じた。もしあなたがチームの中で一番下手だと感じたら、そこからは必然的に伸びるしかないので、実はギフトなのだ。そして、もし「部屋」の中で自分が一番優れていると感じたら。それは別の「部屋」を探す時だ。

その後、ニュージーランド代表チームの合宿に何度か呼ばれ、ついに自分の「部屋」を見つけたと思った。これまで経験してきたことから考えれば、どこか居場所を見つけたことはとても大きかった。私はここに所属できて、尊敬できる素晴らしい人たちに囲まれている。本音を言うと、私はギャングに入ってしまう人の気持ちがわかる。私だって、もしスポーツに出合っていなければ、どこか他に所属できるグループを探し求めただろう。

二〇一三年二月に行われた合宿中に日記に書き込んだ一節は、心の中を正直に書いたものだ。心理学者のデイビッド・ガルブレイスがセッションに来て、私たちに「なぜ自分がここにいるのか」を考えるように言った。

当時二十一歳だった私はまだまだ先が長かったが、自分がそこにいた理由は確実に知っていた。私は立ち上がって自分が書いたものを読み上げた。

小学生の時に雲梯《うんてい》ができるようになって以来（ママによると、私の年頃では誰よりも先にできるようになったらしい）、自分が素晴らしいということを証明するのに肌の色や年収などそんなものは関係ないことを見せられるファミリーと居場所を探していた。それはあなた自身の戦いであり、仕事に対する論理だ。毎日やり終えるまで帰らないとか、寝る前にちゃんと個人《I》パフォーマンス《P》プラン《P》を書くとか、パブに行って飲みすぎたり、ついつい付き合いタバコをしたりしないとか。

家庭で何が起こっているとか、私は女の子が好きだとか、マオリ族じゃないとかは関係なくて、どれだけトレーニングに集中するか。いままで誰にも言っていない嘘、たとえば百回腕立て伏せをやったと言ったけれども、実際には八十五回しかやってなかったりだとか。うっかり板チョコを二枚も食べちゃったけど、次の日に四十メートル走を十本って言われた時に十八本やったりだとか。正直であること。だって、フィールド上では嘘をつく選択肢はないのだから。タックルには本物か嘘しかなくて、パスは完璧か、もしくは偽練習の結果か。素敵な女性たちがそのようにトレーニングをし、プレーをし、パスをしていて、嘘や、気の抜けた偽物のパスなんて代物《しろもの》がない場所があると想像する。

私は人生でずっとファミリーを探してきて、ついに見つけた。長い道のりだけれど、私には時間がある。長いトンネルだが、何世代にもわたる巨大な金色の光が見えている。別にいいんだ。私の中にそれを見つけたから、私の心はもう他のどこにも行かない。

若い頃の自分を振り返ると、その道をそれずに進み続けたことを誇らしく思う。その合宿の後、すぐに電話があった。「残念でした」の電話じゃなくて、良い方の。三月末、中国の広州で行われる次のワールドシリーズの大会に選ばれた。

ルビーのライフレッスン

自分が素晴らしいということを証明するのに、肌の色や年収などそんなものは関係ない。それはあなた自身の戦いであり、仕事に対する論理なんだ。

20 黒い部屋

中国・広州の空港に降り立ち、その土地のスケールを見た時は衝撃だった。いままでの人生でこんなにたくさんの人を見たことがなかった。ニュージーランドのスーパー「パックンセーブ」のレジの行列がすごい人だと思っていたけど、ここでは人の列が本当に一キロほど続いている。バスに乗ってからはこの街の巨大なインフラを眺めていた。何百階もありそうな高いビル、五十メートルもの高さに作られた高速道路、全てにくすんだ黄色の靄《もや》がかかって濁っていて、同じ地球上にいると思えなかった。度肝を抜かれたし、世界の大きさに打ちのめされた。フィジーは楽しくて浮ついていたけど、中国は、**なにこれ、本当に何も誰も知らない遠いところに来ちゃった、超やばい**、と思った。

ニュージーランドの一番新しいラグビーチームはドバイ大会で勝利したあとヒューストン大会では負けたため、プレッシャーを感じていた。チームの上の方の人たちがプレッシャーを感じる時、それは下へも流れる。この新しくて素晴らしい冒険に潜在しているのは、もし上手くできなかったらお金もサポートも打ち切られ、夢がそこで終わるということ。なのでチームの雰囲気がいつもと違った。

それでも私はこれ以上ないぐらい嬉しかった。子供時代、ずっと何を**したくないか**がわかっていた。怒鳴り声や暴力や虐待が充満している空間にはいたくなかったし、恐怖や孤独を感じたくなかった。ドラッグやアルコールで死にたくもなかった。ラグビーに出合ってから、したくないことと同じぐらいしっかりと、自分が**したいこと**を把握していた。ただその「部屋」にいたかった。ドバイとヒューストンの大会に選ばれなくてがっかりした。本気で自分を疑った瞬間もあり、もう大会に呼ばれないんじゃないかとすら思った。私何かヘマしたっけ？

最初はでこぼこ道だったけれど、道がでこぼこになることもあると知るのは良いことだ。なぜなら、メダルを獲ってハグしあう写真を見る時、誰もにその場にいる権利があり、そこに道が到達するのは必然だったと安直に思ってしまうだろうから。でも、必然なことなんてない。何度も何度も自分自身に聞いた。私にこれができる？　私の力で足りる？　と。そして私はいまここ、中国にいる。またこの「部屋」に戻ってきた。プレッシャー、ストレスにやられてるコーチたち、何もいまの私からこの喜びを取り上げることはできない。

巨大ながらんとした会場で私たちはプレーしたが、**こんな中でどうやって息するんだよ……？**　と思うほど大気汚染が深刻だった。信号もなければ高いビルやスモッグなんてもちろんなく、緑の木々がいつも見えるグレイマウスと全くの別世界だ。それに加えて、天気も次元が違った。単なる雨じゃなくて、嵐だ。そのせいでいくつかの試合が数時間押してしまった。私たちはそれに順応して大会に集中するしかなかった。

しかし、私はもちろんスタメンに入れなかった。トライアル合宿に呼ばれて遠征メンバー入りすることと、スタメンに入れるかはまた別の事だ。私の出番は各試合で数分だけかもしれないと思いながら、ベンチに座って自分の出番を待つ。その「部屋」にいることができたのだから、あまり試合時間をもらえなくてもかまわなかった。フィールドに立っていない時でも私は自分のポジションにいる選手に細心の注意を払うことで、心のなかで試合に参加する方法を見つけていた。その選手が何をしているかをしっかりと見る。彼女がボールに飛び込むのを見て、ボールが離れたあとも見続ける。**よし、もう一回いける。そう、私もできる。絶対私にもできる、簡単じゃん……。**緊張してビビりながら待つのではなく、もう少し論理的に持っていって、感情に飲み込まれないように肉体がフィールドに立つ前から自分の精神を試合に入れる。そうすると自分を絞り込んで集中させることができて、よりスムーズに試合に入れる。これはフィジーで飛び込むハメになった洗濯機から考えれば進歩だった。

それはともかく、その大会では私たちは決勝まで進んでイングランドと対戦することになった。7対5でほとんど差がなく、どうしても点を取らないといけなかった。私のポジションでスタメンのハニー・ヒレメが足首をひねって足を引きずりながら出てきたので、コーチはリスクのある決断をした。私に入れと言ったのだ。この大会を通して彼からの信頼は得られたけれども、新人の選手を大事な瞬間に入れるというのはやはりリスクだ。コーチたちは新人にも経験を積ませたいが、やはり試合には勝ちたい。勝ちが確定しているゲームで新人が最後の二十秒出させてもらえるというのはよくあるのだけれど。

フィールドに出てすぐ、すごい事が起こった。イングランドの選手は全員左ウイングにいる、一番俊足選手のケイラ・マカリスターをマークしようと向かって来ていた。彼女は三人ほどの選手をまるで子どもを相手にするかのようにかわし、オフロード［タックルを受けながらパスをすること］したので一瞬でボールが私の方へ戻ってくることになった。ゴッシーが私の外側にいる。そして、相手は私が誰なのかを知らない。ケイラとゴッシーのことはよく知っていて、彼女たちは固くマークされている。イングランドの素晴らしい選手ケイティ・マックリーンが私をマークしていたが、私がボールを受け取った時、彼女は私の方を見もしなかった。その代わり、私がゴッシーにボールを回すと読んでゴッシーの方へ向かった。ちょっと、なんだよ、私は超速いんだよ。あんたがマークしなかったらなんでわざわざパスを投げると思うんだよ？

そしてその瞬間、時間が止まった。まるで私が自分以外の全員に一時停止ボタンを押したみたいに。周りに目をやると全ての物が見えた。分析し、しっかりと時間をかける。まるで聖書でモーゼが紅海を割ったみたいに、目の前がガラ空きだ。ディフェンスにぽっかり空いた巨大な穴は、私が走るための高速道路みたいだった。こんなに簡単でいいの？　事前のゲームプランでは私がウイングまでボールを出すことになっていたけど、そんなの気にしてられない。自分を疑ってゲームプランに従うこともできたけど、そうしなかった、抜けられるとわかったから。少しだけ、軽く加速して、楽々と抜ける。ケイラが外側で何人もの選手を引き付けてくれていたおかげで私の近くには守備選手が誰もおらず、簡単にラインを越えた。

と、思ったのだがそうじゃなかった。あとで見返してみると誰にも止められないぐらい全力疾走していて、一瞬の出来事だった。動きを止めた瞬間はなかった。ゴールポストの下をくぐり、ボールを置いた。トライを喜ぶキメポーズすらしなかったことがショックだった。時間が止まっていたように感じて、何が起こったかわからずに少し混乱した。フィジーでは洗濯機の中にいるようにもみくちゃにされていたのに、でも今回は……映画のスローモーションのシーンみたいだ。ボールを置き、私は走って戻る。

笑ってすらいなかったけれど、チームメイトのビンディーが駆け寄ってきてルビー！　と言いながら私をはたいた。次はもう一人のチームメイトのハッズが走って来てハグして祝ってくれた。あ、そっか、私いまトライを決めたんじゃん！　それから、私はチームメイトがワールドシリーズで初めてトライをした時は必ず駆け寄っておめでとうと言うことにしている。それは大きな功績で、私もその感覚を知っているし、本人ですら喜ぶのを忘れることもあるから。

そのトライはこの試合では決定的だったし、私のキャリアにおいてもとても重要なものになった。セブンズというのは常にギリギリのスポーツだが、たまに、よしきた！　勝てる！　と思える機会があり、これはまさにその瞬間だった。試合の残りはとても順調で、この後にさらなるプレッシャーを感じることはなかった。ケリー・ブレイジアーがまたトライを取り、私たちは19対5で勝利した。自分が勝利に貢献できたことはわかったし、その日からコーチが私に接する態度が変わった。信頼を築けたので、コーチが頼ってもいい選手だと思ってもらえるようになった。

新人は、コーチからの信頼を得られないとなかなか難しい。コーチが新人選手を全く信頼することがないということではなく、ただその新人選手が見せ場を与えられていないというだけ。私のコーチはとても僅差の、しかも決勝戦で私を使わなければならない状況になり、そこで私は点を取った。でももし入れられたのが最後の二分で、ボールを落としたりしてしまったら。**誰だってボールを落とす。**もし新人選手がボールを落としたら。次のチャンスはないかもしれない。

フィジーの後の八ヶ月でたくさんのことを学んだ。体力面、精神面ともに耐久力をつけ、チームにいる価値があり、選ばれる理由があると感じられるようになった。

広州のフィールド上で、人生で初めて「流れ《フロー》」を体験した。いまではほぼ常に感じており、もし試合中に感じないなら何かおかしい。これは個人のことではなく、通常はチーム全体がどう動いているかに関係している。もし他の選手たちがやるべきことをやっていなければ、私自身が最高の瞬間を得られないと言っているわけではない。だが、私にとって最高なのは、全員が役目を果たしているからこそ、ただ自分に集中してすべきことをやれる状態だ。この状態が、あの初めてのとき起きたのだ。全員がそれぞれの役割を鮮やかに果たしていたから、私は他の選手の心配をする必要がなく、自分の仕事をするだけで良かった。そこでビューンと行けたわけだ。

試合中、たまに一時停止ボタンを押して、チームメイトと何をするかをちゃんと会話したくなる時がある。「あんた追いかける?」「何言ってんの、あんたの方が近いじゃん」「でも、あんたの役割をしたくはないんだけど……」「これでトライになると思う?」「バカ言わないでよ、行きなって」実際には言葉は交わさないが、お互いをじっと見て思いを伝えあう。まさに以心伝心。テレパシーみたいに、質問、答え、決定、全部だ。ポーシャとそんなテレパシーの会話をした試合のあと彼女のもとへ行き、「ねえ、私がさっきあんたを見た時、私はあんたが追っかけてって思ってたけど、私に追っかけてって言ってたよね? 通じてた?」と聞いてみた。そしたら彼女は「そうだよ」と言った。こんなことができるなんて、なんてクールなんだろう。

フィールド上でこんなことができるのは、いままでに築き上げてきたチームの文化から発生した何か、またはフィールド以外の場所で一緒に頑張ってきた成果からだと心から信じる。

でも後で見返してみると、指をパチンと鳴らすみたいだ。停止している瞬間なんてない。

この大会ではもう一つ、雷に打たれたように思ったことが起こった。アメリカチームと対戦した試合で、レフリーの判断がよくわからなかった。試合後にバーにドリンク（ノンアルコールの）を取りに行った時、そのレフリーがフレンドリーに話しかけてきたので聞くことにした。

「ねえ、あの時なんで私にノットロールアウェイの反則「タックルした人が主に取られる反則で、攻撃側がラックからボールを出そうとするのを妨害する行為」を取ったの？ プレーに影響してなかったし、私が離れようとしてたの見えてたでしょ？」

すると彼は笑って言った。「ああ、ルビー、わかるでしょ？ 君はニュージーランドチームじゃないか！ 相手はアメリカだよ。もちろん僕は君たちに厳しくしないといけないでしょ。ボロ勝ちだったじゃん。悪く思わないでよ、ね！」

彼はドリンクを持って笑いながら去っていった。

心が沈んだ。信じられなかった。私はトライのラインから五メートルのところで反則を取られ、試合の流れ《フロー》が一気に崩れたのだ。私のこのチームでの居場所は保証なんてされていなくて、反則のせいで私の名前に大きなバツがついた気分になったのに、レフリーは**単にニュージーランドチームだから厳しくしないといけなかっただけ**と言った。ラグビーはビジネスなのだ。彼は私のこのチームでの個人的な状況なんて知るわけもないし、気にもしなかった。

その時、ルールだけが全てじゃないと知った。ルールがどのように反映されるか、だ。そのレフリーが何を考えて、何を重視しているかを理解できなければ、私がルールブックを一語一句暗唱できたところで意味がない。

その日から私はたとえ国代表としての試合であっても、必ずレフリーにルールをどのように見ているかを聞くようにしている。たとえばラインアウトのルールとしては、ボールを「ディレイなしで」投げないといけない。私はそのルールは靴紐を結び直したりボールをタオルで拭いたりすることも含むと考えるが、**私**がどう理解しているかは問題じゃない。レフリーに聞いてみると、靴紐とタオルは問題ないが、もし選手同士で長く話したりするようならそれは「ディレイ」とみなす、と言われたりする。それによって私が試合中に使う言葉選びも変わってくる。レフリーに、靴紐結んでるのディレイじゃないの？ とは言わず、レフリー、あの人たち話しすぎじゃない？ というように。非常に細かいことに聞こえるが、その微妙な変化がオリンピックの準決勝で同点による延長戦での勝負を決める瞬間に関わったりするのだ。


早朝、まだ外が真っ暗の時間に、部屋の中で誰かが動いている音が聞こえる。ワールドシリーズ前にまたタウランガに戻ってきた。寝室から覗いてみると、ハニー・ヒレメだ。「パスの練習をしようと思って」と彼女は言う。時間を見たら五時半だった。いいよ、私もそれ超やらないといけないんだ。

彼女がバンツ、当時はアシスタントコーチだったアラン・バンティングにメッセージを送って、マウント・マンガヌイ地区の、ビーチに面したホテルから道路を渡ったところで落ち合う。砂と海の広いカーブが見え、最初に目に入る光は世界をより一層暗く感じさせる。街灯の下に三人で立って何回も何回もパスの練習をする。真ん中でパスを受け取り、二人が外側にいて前後に行ったり来たりしてパスとキャッチを練習する。

その頃から、バンツはいつもこうだった。朝でも夜でも、何時かなんて気にせずにいつも私たちのためにいてくれる。どれほど助けてくれたことか。自分のパスが不安になった時、心配する必要はない、だってあんなに朝早くから、アムステルダム大会に出発する直前まで必死にやったじゃん、と思い出す。

ルビーのライフレッスン

必然なことなんてない。

21 怪我の功名

十九歳、二十歳の時にセブンズのキャリアを始められて私は本当にラッキーだったと思う。この本を書きながら、私は三十歳になろうとしている。女子ラグビーセブンズがアマチュアというか地下スポーツだったのが、世界的スターたちを揃えたプロチームになった濃い十年間で、とても良いチャレンジだった。スポーツが成長すると共に私も成長できた。

いつだってプロのラグビー選手になりたいと願い、そのために戦ったけれど、実際になったあともプロ選手であることに頼り切ることはしなかった。それは私の人生が不安定で先の見えない状況から始まったからではなく、当初はプロ選手としての収入だけで食べていくことは出来なかったからだ。最初はみんな必ず生活費を稼ぐための違う手段を持っていないといけなくて、その状況があったことに私は感謝している。オールブラックスだった選手がキャリアを終え、生きる目標や全てを失い破産したり鬱になったりするのをよく目にする。それは、若い人が恋に落ちた時、その美しくて素晴らしい状態が永遠に続くと思ってしまうのに似ているが、終わりは来るのだ。現在では女子スポーツ選手にも同じことが起きている。でも十八歳のプロになったばかりのスター選手が、身の回りの世話から必要な物まで全て提供してもらえる環境を手に入れた時に、この状況がすべて終わってしまったときのために備えなよ、なんて言える？

私はブラックファーンズであることに頼り切らなかった。

変に聞こえるかもしれないが、二十一歳の時に起こったあることによって救われた。当時はこの世の終わりだと思えたけど、そこから学んだことは多かった。そして不運にも私と同じような経験をしてしまった選手たちは、どれだけのことを学べたかにおいて同意してくれるだろう。

中国での快挙のあと、五月にアムステルダムで行われた大会にも選抜され、さらに同年六月末にロシアでのラグビーワールドカップセブンズにも行くはずだった。やっと上り詰めたと思っていた。その「部屋」にいられることだけじゃなく、その部屋の中で自分の居場所を見つけたのだ。

アムステルダムでは、ウォームアップの時に音楽を爆音で鳴らした。他のチームから「この人たちやる気あるの？」という冷たい目を向けられたことに気づいていたけれど。でもセブンズの文化はとにかく楽しむことなのだから、そんなにシリアスになる必要なくない？　観客はみんな素敵なコスチュームを着て、子供連れの家族もたくさん見に来るのがセブンズというイベントだ。私たちがプロ選手だからって、シリアスじゃなければいけないと思わない。ニュージーランド国内のクラブラグビーセブンズの試合も、週末のお楽しみイベントという感じだ。ともかく、他のチームが同じことをし始めるのにそんなに時間はかからなかった。十八ヶ月後には全チームがスピーカーを持って来ていた。更衣室内はスピーカー合戦になっていて、踊ったりしてパーティーのようにみんな楽しんでいた。他のチームがどんな音楽をかけているかを聞いたりするのもセブンズの経験の一部となった。イングランドチームが「スパイス・ガールズ」をかけていたのを聞いた時ほどテンションが上がったことはない。「Tell me what you want…」ね、最高じゃん？　ドバイの砂漠でマオリ語のヒット曲を大音量でかけた時は、アオテアロア［マオリ語で「ニュージーランド」の意味］に戻ったかのような気分になった。

ゴールの白いラインを越えることに全神経を集中する術《すべ》を身につけることさえできれば、その他は楽しむために行ってるんだ。

二〇一三年、アムステルダムでの予選二試合目、中国チームとの試合でやる気がみなぎっていた時に、それは起こった。一生忘れられない、とても大きな出来事が。

スタンドオフの選手に向かって私が走って行くと、彼女は細かいステップで左右に動いた。彼女は私よりもだいぶ背が低く、私の下に潜り込んで来たので、一緒に動くために彼女の速い動きに合わせて右に動いたところ、私の膝が固まって着いてこなかった。膝だけが左に向いたままだ。世にもおぞましい音が聞こえ、何かが弾ける恐ろしく、耳を震わせるかという大きな音がして私は倒れた。起き上がろうとしたけれど起き上がれない。まっすぐ立てない。そしてこの激痛。なんなんだよこれ。いままでこんな感覚を感じたことはなくて、歩いてみるけれども次から次へと来る新しい痛みで気絶しそうだった。トレーナーが飛んで来て、肩を貸して歩かせた。自分で歩いて出られるよ、と言ったけど、実際は歩けなかった。足に体重をかけてみたけれど使い物にならない。まるで茹でたスパゲッティのようで、歩いたことがないみたいだ。普段はこういうのはジョギングすれば治るのに。あまりにも突然で、激しくて、ニュージーランドからはるか遠い地球の裏側のここで、混乱した状態でいることが変に思えた。この時はこれがまだ大惨事だとは気づいていなかった。

いつもならトレーナーは「大丈夫だよ」と言う。彼女にそう言ってほしかったけど、言わなかった。フィールドの脇で彼女は膝の具合を見て試しに動かしたりしてみたが、彼女の顔は……。その顔を忘れることはできない。彼女はずっと下を向いて注意深く私の足を見ている。すると大会のドクターが来て同じことを試す。私の太ももを支えながらゆっくりとすねを引っ張って、膝が安定しているか確認している。本来なら太ももの骨とすねの骨を繋いでいる膝にある前十字靭帯《ぜんじゅうじじんたい》が膝を支え、すねが必要以上に動かないようにしているが、私の足はそうじゃなかった。さらなるひどい音、何か液体がゴボゴボいうような音が聞こえた。私の足をあるべき位置に支えているものは何もなく、誰も一言も発さなかった。

私をテントの中へ移動させ、彼らはテントの外で話していた。忘れられないほど驚いたことは……当時はまだよく知らなかったニュージーランドラグビー協会の偉い人まで私の所へ来て、しゃがんで私の手を取り「きっと大丈夫だよ」と言った。このツアーでそんなに彼と話したことがなかったので、こんなことを言われるなんてきっと深刻な事態に違いないと思った。

ホテルに送り届けられたあと、トレーナーは私と一緒に座って言った。「ルビー、あのね、前十字靭帯が断裂してるから、あなたは手術をしないといけないの……」それ以上は耳に入ってこなかった。彼女は話し続けていたけれど、それしか聞こえなくて、他に何を言っているかわからなくなった。それが何を意味するのか厳密にはわからなかったけれど、この怪我をした選手がどれだけ深刻な事態に陥るかは誰もが知っていることだった。

次の日、私はフィールドの脇で試合を見ていた。松葉杖を使って、コデインという強い鎮痛剤を飲んでいるが、それでも来る痛みに耐えながら。ある記者が寄ってきて私の横に座り、「一体どうしたの？　またプレーできるの？」と聞いてきた。彼女は空気が読めないのか、気にしないのか、わからないけどとにかく辛かった。私が答えられない、考えたくもない質問ばかりしてくる。まだショック状態で、対応できる術もなかった。一体何を言えっていうんだよ？

怖かった。悲しみが押し寄せてきていた。不安で頭がいっぱいになる。

ワールドカップに出られないんだ。

この部屋の中の居場所がなくなるんだ。

ラグビーのキャリアが終わっちゃうかもしれない。他に素晴らしい選手はたくさんいて、私がスコッドに戻れる保証なんてない。

足を動かすたびに激しい痛みに見舞われていたので、帰国する時にずっと足を上げていられるように私にだけビジネスクラスのフライトを用意してくれたのはありがたかった。たまにチームで数席がアップグレードされることがあったが、その時は帽子の中に名前を書いた紙を入れてくじ引きをしたのは楽しい思い出だ。エミレーツのエアバス機の階段を上がって上の階に行き、横のテーブルとキャビネットにはドリンクが用意されている小部屋みたいな座席で、アイマスク、耳栓、ブルガリの香水とコルゲートの歯磨き粉が入った自分のよりも大きいバスルームアメニティのポーチなんかももらえた。サービスと食事も超がつくほど一流で、私が行ったことがある高級レストランよりも豪華なぐらいだ。二階の後ろはバーになっている。ちゃんとした設備のバーカウンターがぐるっと一周あり、そこで座って話したりできる。スナックだってもらえる。最高にクールだった。

でも今回はそうじゃない。空港では車椅子で移動し、階段は片足でジャンプして上った。一人でだ。アムステルダムからまずドバイへ飛び、乗り換えてオークランドへ飛ぶ。ドバイからオークランドへは十七時間で、当時は世界一長い直行便のフライトだった。私は心が折れて孤独な状態で乗っていたので、本当に世界一長いフライトだと心底感じた。大きなビジネスクラスの飾り付けや設備を見ながら、物質的なものは心が満たされていないと嬉しく感じないんだな、と思った初めての瞬間だった。自分の足の状態と未来について思うと心が重かったが、それについて話せる人もいなかった。とても若かったし、孤独だった。もし誰かが側にいたとしても、何を言っていいかわからなかっただろうが。「ヒューミディフライヤー」という、私たちがいつも使っていた、脱水と時差ボケを防いでくれるいかつい見た目の特別なフェイスマスクをつけ、ニット帽を目まで下ろし、豪華なビジネスクラスのブランケットを被って、泣いて、泣いて、泣きまくった。嗚咽しすぎてぜえぜえと荒い息をしていた。

フライト中に数回、トイレに行くというものすごく難しい作業をしないといけなかった。よろよろと歩いて機体の後ろのバーまで行くと、その時はたまたまトイレが全部使用中だった。中年のインド系と思しきおじさんがバーで豪華なグラスに入った一番上の棚の高級そうなお酒を飲んでいて、トイレを待っている私に「大丈夫?」と優しく聞いてきた。「うん、大丈夫だよ」そして、私が喘息持ちなのかを聞いた。よく意味がわからなくて答えられずにいると、彼は自分は医者で、さっき私が軽い喘息の発作を起こしているのかと思ったそうだ。顔につけていた「ヒューミディフライヤー」が彼には喘息のための器具に見え、喘息の発作だと思ったらしい。私はただ泣き崩れていただけだったんだけど。うなずいて軽く会釈して、次に空いたトイレに入るために素早くその場を去った。

飛行機を降りた時、国際線の到着ロビーでは迎えに来ている家族たちとたくさんのカメラがいた。私は頑張って写真などできる限りの笑顔で対応し、私は大丈夫、と一人ひとりに伝えた。そのフライトがどれだけ精神的にキツかったかは誰にも言わなかった。

ようやくクライストチャーチに帰着すると、前十字靭帯の手術を受けないといけなかった。ところが当時は女子ラグビーには資金のサポートがなかったため、手術は順番待ちリストに入り、何ヶ月も待つこととなった。［ニュージーランドは公立病院は医療費が無料だが、受診までに数週間～数ヶ月待つ必要があり、通常はアスリートなどは全額自己負担の私立病院で待たずに手術を行う］

帰った最初の週は鎮痛剤のコデインを飲み続けながら痛みに耐え、その後は何週間もただただ悲しかった。家のソファに座っていて水を飲みたい時ですら、その簡単な動作をするのに伴う労力と痛みに打ちのめされた。いままで大怪我なんてしたことがなかったのに、いまはコップの水すら取りに行けない。ソファに座ってとにかく泣いた。

何よりも、恥ずかしかった。屈辱だった。残念だったが、結局全部自分のせいじゃん？　きっと何か私は悪いことをしたんだ。屈辱だったのは、私はスポーツ以外で役に立たないから。屈辱だったのは、でっかい夢を見てしまったけど、いまの私を見てみてよ。怪我のことを誰かに言うと、みんな顔に出る。最初は「えっ」と言うけれど、みんな「**これでキャリアが終わったんじゃないの？**」と思っていると顔に書いてある。

誰からも手術の日にちやなぜこんなに時間がかかっているのか答えをもらえなかったので、イライラした。幸運なことにトレーナーが猛烈にプッシュしてくれたので、ついに三ヶ月後に電話が来た。現在では、翌日に私立病院で手術をしてもらえるようになり、このプログラムがそこまで発展したことに感謝している。だって、この待ち時間の三ヶ月はとにかく混乱して、自己喪失してしまいそうだったから。

人生で初めての手術ということでとても怖かったが、もう一度チームに戻れないことの方が怖かったので、手術に向かった。みんなが心配するなと言うので、私が本当はどれだけ怖かったかは誰にも言わないでおいた。かなり現実的な不安ばかり浮かんできた。私がいない間にもっと上手な選手が出てきたら、帰る場所がなくなってしまう。当時はいまほどの自信もなく、人生を揺るがされていた。

何かしなきゃ。いまの状態でポジティブになれることなんて何もないので、何か探さないといけない。前年に大学の学位は取得済みだったが、アオラキ工科大学［クライストチャーチの専門学校。現名称は「アラ」］でスポーツとフィットネスの資格を取ることにした。学校生活はだいたい悠々と過ごしてきて、大学の学位ですらわりと成り行きに任せながらやってきたが、いまは本気で勉強しようと思った。まともに歩けなかったので友達が送り迎えをしてくれ、松葉杖でよろよろと学校に通った。学校に行くのすらなかなか大変だったので、一度着いたら一日中そこにいた。他の人がみんな帰るなか、私は居残って勉強した。

本を全て読み、解剖学の専門用語を全部学び、授業で教わった体中の骨と筋肉の名前は全て空で言えるようになった。質問をして、居残りして、競争心もあり、集中していた。猛烈に勉強したので、学期末のテストの答えは全部わかった。いままで自分がこんなに賢いと感じたことはなかった。きっとこれは全力投球したからだ。そして、トップの成績で卒業した。もしチームに戻れなかったとしても、パーソナルトレーナーかラグビーの実況者として働けるからきっと大丈夫、と自分に言い聞かせた。もちろんブラックファーンズ・セブンズに戻るためにやれるだけのことをするけれど、保証がないのはわかっていた。私の自己を拡張しなければ、深刻な事態になる。あの飛行機で、一番豪華なビジネスクラスに座りながらどれだけ悲しかったかは絶対に忘れない。この世界は残酷だ。物事が一瞬で変わるのを何度も見てきたから、私も武装しないといけない。

この時期に怖かったことの一つは、ラグビーができないだけではなくて、アクティブな自分を失ってしまうことだった。アスリートとしての自分。いまは何をしても痛む。全身が痛くて、何もかもが難しくて、自分が役立たずにしか思えない。アクティブな自分とは、ラグビーよりももっと自分のアイデンティティになっているのだ。アクティブでいることが私だった。いままでの人生もずっとそうだったじゃないか。走り回って、このスポーツをして、このチームに入る。ずっと簡単にこなせてきて、それを通して仲間を見つけてきた。このどん底の時期に、それが変わってしまうのではと思った。

たまに人々はこのような経験をした時に「でもあれが起こって良かった」と言う。私は起こって良かったとまでは言わないけど、アスリートとしての自分を変えてくれたとは思う。

一つ目は、総合的な個人の成長について理解して、なぜそれが必要なのかもわかった。怪我をする前は、ずっとチームに入ることしか考えていなかった。それが全てだった。ところがある日突然それが叶わないものになってしまい、何か他のことを探さないといけなくなった。そりゃいまでもチームに入ることは大きいけれど、私には他にも何かできることがあるということを知って、少し心の中に自由が生まれた。
二つ目は、自分の体に関して責任を持つことを知った。実はこの時までウォームアップをあまり真剣にやっていなかった。チームに言われたからしていたが、深く考えずにやっていた。いまでは積極的にやっている。基礎中の基礎だが、試合中は本当に何が起こるかわからない。いまはたくさん知識があるけれども、体中の筋肉、腱、関節をベストな状態にしておくのは他の誰の責任でもない、自分だ。準備は細心の注意を払ってやるべきなのに、これに関しては誰もわざわざ教えてはくれなかった。私の場合はトレーナーの所へ行き、相談して、ちゃんとプランを作る必要があった。必須ではないし、これをせずにチームに入ることもできるが、私はより入念にやる価値を学んだ。

二〇一三年の年末、まだラグビーをプレーすることはできなかったけれど、一念発起して、クライストチャーチから北島のタウランガという街に引っ越した。KUSAが終了したいま、ラグビーから離れすぎていたら忘れられるかもと心配だった。カンタベリー地方のセブンズアカデミーは縮小し続けていて、トレーニングに来るのが私だけのことがよくあった。そして、いつかセブンズがまとめられてベースがタウランガになるという話が出てきていた（実際にそれが起こったのは二〇一八年十月だった）。年上の選手たちは自分の家、家族、仕事などがあり簡単に動けなかったが、私は縛りがなかったし、何より貧乏学生の生活に慣れていた。車に詰められるだけの荷物を詰めて、北へと走った。最初はあるコーチが、必要だったら泊まっていいと言ってくれたコテージに滞在した。そのコーチの妻はトレーナーだったので、彼女とも近くなれた。チームメイトでいい友達でもあるケリー・ブレイジアーもそこに住んでいたので、大移動をしたが少し気が楽だった。長距離を車で走って着いたばかりの時は、**一体私、何やってんだろう?** と思ったが。すぐにマウント・マンガヌイ地区にフラットを見つけた。私の予算内で見つけられたのはとても小さな部屋で、シングルベッドに当たらずにドアを開けられないようなサイズだったが、ビーチのすぐ近くだったので気に入った。新しい街を探索する準備ができた。ベイ・オブ・プレンティー工科大学でビジネスの資格のコースにも申し込んだ。「道具箱」を進化させていかなきゃいけないし。そして、体の調子を整えることに専念した。

二〇一四年一月末、私がまだ回復中の時、女子ラグビー界にとって大きな発展があった。女子ラグビー史上初の、セミプロのチームが結成されるというのだ。少なくとも四人分のトップレベルで年収三万ドルの契約があり、それに続いて少なくとも四人分のセカンドレベル、二万五千ドルの契約、他の選手は二万ドルもしくは一万五千ドルの契約が用意されることになった。

この金額は男子とは比べ物にならないし(男子チームの最低額が女子チームのトップレベルぐらいだった)、15人制はなくてセブンズだけに適用されるが、それでも革命的だった。

私は怪我をしていたにもかかわらず、セカンドレベルの二万五千ドルの契約をもらえた。夏の間に死ぬほど働いても一万七千ドルほどしか稼げなかったから、八千ドルの昇給だ。さらに、もう何個もの雑用仕事のバイトを掛け持ちして働かなくていい。有頂天になった。ヘッドコーチは私のことを心から信頼してくれて、故障選手として契約をくれた。ニュージーランドで初めて女子のラグビーチームが契約を結ぶというこの重要な瞬間に関われたことは私にとって本当に大きな瞬間だった。

私のここまでのキャリアはなかなか良かった。初めてプレーした時に二千ドルを手に入れ、その後二〇一四年には二万五千ドルだ。かなりの金額に思えたし、ラグビーをしてお金を稼げるなんて。夢が叶った。

この時までは、ほとんどの女子選手がスポーツをするかたわら正社員の仕事をしたり、何個も掛け持ちで仕事をしたり、学生だったり、家族の世話をしたりしていた。それだけではなく、レギュラーのスコッドすらなかったため、選抜が始まる時はほんの一週間前に知らされて、そこから仕事を一、二週間休む手配をしたり、子どもと離れてトライアル合宿に参加したりしなければならなかった、選ばれる保証もないのに。そして前のシステムで得られるのは大会の報酬のみだった。一週間も仕事を休んでトライアル合宿に参加しても、選ばれなければ報酬はゼロ。この新しいシステムは、金額はまだ満足できるものではないが、それでも選手たち全員の生活が変わるものだった。

私がスコッドに戻れるまで十六ヶ月かかった。二〇一三〜二〇一四年のワールドシリーズは一度も出られなかった。怪我をしてからちょうど一年経った時、もう試合に出られると思った。二〇一四年のシリーズ最後のアムステルダムの大会、怪我を負ったのと同じ大会に出ることを目標にしていた。選抜の時に必死でプレーし、もう問題がないと思っていたが、二時間半の激しい「ハニー・バッジャー」と呼ばれるトレーニングを終えると少し足を引きずっていた。私の足はまだそこまでの負荷に耐えられなかったし、自分でもそんなに負担をかけていると思わなかった。

コーチが私をスコッドに欲しかったのは確かだが、トレーナーが首を振った。

めちゃくちゃ残念だった。でも、九月に行われた二〇一二年にデビューしたのと同じオセアニアの大会（この時はオーストラリアのヌサで行われた）の時期には準備万端だった。私のプレーも絶好調で、速かったし、どこも痛くなかった。アムステルダムでプレーできなかったことは結果として良かったのだ。もう足のことも考えなくてよかった。足がどうかしたんだっけ？

そして、二〇一四～二〇一五年のワールドシリーズの開幕、ドバイ大会のスコッドに選ばれた。よし、なんでもかかってこい。

ルビーのライフレッスン

試合では何が起こるかわからない。
自分の体を準備するのは、
他の誰でもない自分の責任だ。

22 カルチャーショック（2015）

前十字靭帯断裂から回復した後、私が後ろを振り向くことはなかった。不安定だった二〇一二年と二〇一三年はもう過去だ。各大会のスコッドに選ばれないかもしれないという精神的なジェットコースターのような日々は終わり、二〇一五年までのスコッドでの位置が確定され、カナダで行われたワールドシリーズの四回目に後十字靭帯《こうじゅうじじんたい》の怪我で出られなかった時以外、全ての大会に出場した。チームの中心メンバーになっただけでなく、いままでずっと夢見ていたスターティングメンバーにもなれた。その時までに私がニュージーランドチームとして出場した全ての大会で勝利していた。リオオリンピックで金メダルを獲るという目標まであと一年だ。当時は口を開けばゴー・フォー・ゴールド、リオで金メダル、金のあれ、金のそれ、と金メダルの話ばかりだった。

　ところが、負け始めてしまった。私たちは二〇一四～二〇一五年のワールドシリーズのチャンピオンだったというのに、ロンドンとアムステルダムの二つの大会で敗れ、ロンドンでは三位、アムステルダムでは五位という結果に終わった。二〇一五～二〇一六年のワールドシリーズでは全く勝てなくなった。ドバイで勝てず、ブラジル、アトランタ、カナダ、さらにフランスでも。この時点でもうオリンピックの二ヶ月前。その年のワールドシリーズではオーストラリアに次いで総合点で二位になったものの、ひとつの大会も優勝できなかった。何かがおかしい。

負けた時でもコーチは「心配するな。リオでは金メダルを獲れるさ」と言っていた。リオ以外はどうでもよかった。でも、彼が言うことと、起こっていることが合ってなかったので混乱した。

自分たちのやり方を失ってしまった。勝ち方がわからなくなったみたいだ。


二〇一二年から二〇一六年のオリンピックまでのコーチは、男子の15人制を教えていた経歴があった。彼はゴー・フォー・ゴールドプログラムをリードし、ラグビーそのものと、とにかく私たちを表彰台に立たせたいという情熱に溢れていた。

私は彼によってチャンスをもらった。私のことを信じ、前十字靭帯の怪我から完全に回復する前にも関わらず故障選手としての契約をくれた。別にしなくてもよかったのに。試合への熱意は彼の長所で、技術面のコーチとしても一流だった。よく私たちはとても細かいスキルに長時間を費やしたものだ。そして彼よりもセブンズの経験がある他のコーチたちに戦術などを任せることもあった。私たちはただ新しい大きな経験にワクワクしていたし、彼のおかげでチームとして成長できたことに感謝している。しばらくの間はそれで機能していた。

彼のもとでチームが成長するうちに、彼が選手全員と寄り添えないこともあり、彼のビジョンに同意できない選手も出てきた。悲しいことにスポーツチームではこういうことがたまに起きる。そして私たちのチームは分裂してしまった。

チームにはいろんな人がいた。個性がとても強くて経験豊富な選手、オリンピックに出たいという気持ちだけでセブンズに飛び込んだ選手もいれば、セブンズの経験がほとんどなかった選手もいた。なんせ、私たちは全員プロ選手としての経験がなかった。全てが新しく、飛躍した選手もいればそうじゃない選手もいた。私はずっとプロの契約選手になることが夢だったが、契約ができてから予想外の事態が起こった。もちろんみんな契約が欲しかったので、報酬額や契約の有無に関して秘密にするようになった。ある選手がコーチが契約に関してこう言ってたと言えば、別の選手はコーチは違うことを言っていたと言い、私がコーチに聞くとさらにまた違う答えが返ってくる。オリンピックのシーズンは、いままで見たことがなかった選手たちがあちこちから集められた。そしてコーチはキャプテンまでも変更してしまった。これはとても重大な決断で、結果としてチームをさらに分裂させた。コーチはチームを前進させようと必死だったのだろうが、彼にはもう少しアドバイスやガイドが必要だったように思う。すでにチームの雰囲気はピリピリしていた。

私はコーチに感謝していたし彼の長所も知っていたが、彼の方法では私がずっと心から求めていたチームの文化は作れていなかった。ニュージーランド代表としてプレーして勝つことが私のいちばんの望みだと思っていたが、突然この新しい文化の一部になるのが嫌になった。

チームの文化が全てではない。勝つ要因の全てがチームの文化だけであると勘違いしてほしくはない。もちろん激しい練習やトレーニングに見合わないといけないし、どのチームも厳しいトレーニングをしている。みんなフィットネスだったりスキルだったり、余分な練習だったりをこなしている。チーム文化は隠し味のようなもので、その時は私たちのチーム文化は楽しめるものじゃなく、負け続けた原因の一つだったと思う。

理解に苦しむリーダーシップシステムがチームの分裂を起こし、みんなどの方向を向けば良いかわからなくなってしまった。若くて活き活きしている新しいキャプテンなのか、はたまた経験豊富な前キャプテンなのか。ヘッドコーチなのか、アシスタントコーチなのか。チームの中にはリーダーシップグループというのがあり、コーチとミーティングをする選手たちがいた。このシステムはオールブラックスでは称賛されていたが、私たちの場合は一貫性がなく、人が出たり入ったりしていた。なので、悪いことが起こった時に、誰が責任を取るのかがよくわからなかった。このようなことがフィールド上にまで影響した。

私はこのコーチのもとでスターティングメンバーになれた。彼のもとで、女子ラグビー初のプロのスコッドに入れた。私がずっと夢見ていた場所にいられて、最高の時間を過ごし、大好きなチームと勝ち続けてきた。でもそれがあまり楽しくない時間に変わってしまった時、萎えてしまった。こんなのが欲しいんじゃなかったのに。全く納得いかなかった。

負けて、また負けていると、スターティングメンバーにいることすら嬉しくなくなった。勝てないからではなく、チームの雰囲気のせいだ。

みんな不満だった。私も不満だった。当時のパートナーは、夜な夜な私がどれほど不満かを愚痴るのばかり聞かされた。心底疲れていた。

オリンピックが終わったらチームを出ようと決めた。

その一方で、私はコーチに対してはいつも思っていることを言って正直であろうとしていた。そのせいで衝突したことも何度かあったが。でも何人かの選手がチームに対して抱いている感情に耐えられなかった。これが私だ。私は何かに対して正しくないと思ったら言わずにいられない。そのせいで面倒なことになることもあるが、不満を抱いてイライラしているよりかは衝突する方がいいと思っている。

この時のチームの問題に関しては、自分の心の奥底までしっかりと見て、純粋に、正直な気持ちで向き合わないといけないと思った。このひどい状況の中で**自分**を失うのが嫌だった。自分をしっかりと持っていればこのクレイジーな嵐を切り抜けられると、直感的にわかっていた。

自分の心に正直に、思っていることを素直に話し、愛を持って行動すれば自分を保てるし、過ちを犯すことはない。私が間違いを犯さないと言っているわけじゃない。もちろん私も間違いを犯すけれど、最悪だった週や難しい状況を振り返った時に、私はみんなを尊重して対応したと思える。もし誰かに頭にくることがあっても、相手を尊重して対応していれば、自分については満足することができた。

チームとコーチに話す時、いつも私は正直だった。私は人によって態度や意見を変えたりしない。この分裂した状況において、何人かの選手はそれをしてバレていた。自分の価値からぶれない。私はただ全員とちゃんとした関係を築こうとしていただけだ。みんな素晴らしい人間なのだから。

客観的に見ても、コーチングとチームの問題以外でもその時は難しい状況だった。全く報酬のない状態からプロの契約選手になる変化が起きていたせいで、妥協点が動いていた。

二〇一四年の選手契約は大きな一歩だったが、額が足りないことは明確だった。私にとって二万五千ドルという額はものすごい昇給だったが、家庭を持っていたり家のローンがあったり、年収七万ドルや九万ドルの仕事を放棄しないといけなかったりする選手にとっては微々たる金額だ。契約から支給される額だけでは生活できず、多くの選手がもともとの仕事とプロレベルのトレーニングをどちらもこなさないといけない、ライフバランスのストレスを感じていた。しかも、貴重な時間を犠牲にしたのに、いつチームから落とされるかもしれないのだ。

みんなお金をもらえていない時はただただ楽しくてワクワクした。**仕事の前と後に「マヒ」**［マオリ語で「やるべきこと」の意味］**をしよう、みんなで資金調達をしよう！** 全員が同じことをしていた。その後何年も経ったいま、私たちは全員プロ選手だ。これがいまの生活で、給与がもらえる仕事。最高だ。十八、十九、二十歳の子たちも学校を出てすぐにチームに入ってお金をもらい、二十五歳になる頃には世界でトップの選手になれる。でも完全にそうなるまでのこの期間というのは、本当に難しい、変化のときだったが、それがたまたまチームの中に悪い感情が渦巻いているのと同時期に起こったのだ。こんな状況が持続できるはずがなかった。事実、女性たちは当てにならぬ不安と闘いながら、いまだに仕事、家庭、スポーツと全部をうまくこなさないといけなかった。

二〇一五年までにニュージーランドラグビー選手会の助けを得てニュージーランドラグビー協会に提出するためのたくさんの情報をまとめた。私たちは数々の合宿、試合などほぼ毎日のように招集された。男子のセブンズチームと比べてみると、男子よりも大会の数が少なかったのに、その年は男子チームよりも招集がかかった日数が多かった。私たちはもともとの仕事を捨て、普段の生活から離れ、男子チームよりも多くの時間を費やさないといけなかったというのに、給与は半額以下だ。そして、もちろん男子も女子も金メダルを獲るよう期待されていた。

納得できなかった。最初にゴー・フォー・ゴールドのパンフレットをもらった時に契約と報酬があることが約束されていたのに、まだちゃんとしたシステムがないじゃないか。報酬も期待していたほどではない。こんなの続けられるわけがない。

全部だ。コーチ、チームの文化、報酬、全部頭に来た。ある時、ニュージーランドラグビー協会のトップの人たちが飛行機で来て、何人かの選手たちとミーティングをする機会があった。私、カーラ、フリ、ハニー、ゴッシー、ケイラ、あと数人が参加した。三人の偉いさんたち、それぞれの名前は知らないが、とにかくトップの人たちの前に私たちは座らせられた。部屋の中はピリピリしていた。ラグビー選手会と一緒に裏でやってきたことが、ついにこの人たちと直接話せる機会をくれたと思った。私たちが話すのを手助けしてくれる人がいなかったから、緊張して少し崖っぷちに立たされたような気分だったが、契約について堂々と話をする準備はできていた。人生には、きちんと話せる機会をもらっても、もし逃してしまったらもう二度と訪れないことがある。私はフルタイムの契約、四万ドルを自分たちに獲得するために戦うつもりだった。私にとって四万ドルは立派なフルタイムの仕事の給与だ。四万ドルもらえるのなら三六五日休まずに働く。やってやる。勝ち取ってみせる。

しかし、ミーティング開始直後に彼らの口から出た最初の言葉は「いまのコーチはふさわしいと思う?」だった。

コーチに反発する秘密組織を作るために彼らは遠くからわざわざやって来たって言うの? とたんに私の緊張して不安だった気持ちは怒りに変わった。あんたら、マジで言ってんの? まず、チームや他の選手、私自身がコーチとどんな問題があったにしても、ラグビー協会と手を組んで裏でこそこそするなんて間違っている。私たちには代表者はいなくて、ほとんどの選手たちが目の前にいる男の人たちのことをよく知らないし、この議題に関して選手たちの間で話し合ってもいなかった。私がみんなの気持ちを代弁して言う立場でもない。完全に油断していた。もしコーチについて評価するのであれば、オープンで公平なプロセスは絶対だし、前もって他の選手たちと意見を合わせるのも大事だった。こんな形ではなくて。

次に、この国史上初めて、上の人たちが女子チームの契約の話をしにやっと飛んで来てくれたと思っていたから、私は機嫌が悪くなった。とてもスペシャルでお祝いするぐらいの機会だと思ったのに。そんな考えをしたこと自体甘かった。現在はこのような大事なミーティングがあるなら事前に質問したり、情報提供を求めたりして、時間を無駄にしないようにちゃんと返事ができるように準備しないといけないと知っている。

私にとってコーチングの問題は、**私たちが**本当に必要としていたこと、持続可能な契約条件と比べればちっぽけなものだった。でも彼らは私たち現場の選手たちがどのぐらいのプレッシャーを抱えているのかを一切理解していないようだ。

ムカついた。耐えられなかった。私は立ち上がり、話しはじめた。「ねえ、いつも小銭をかき集めて生活しているような私たちにとって、いまここに座って一番大事なことがコーチについてだって装えると思いますか？　ここには夢のために、子どものために必死でお金を工面しているお母さんたちだっているんです！」

このオリンピックの年の彼らが提示している目標を、私たちに妥当な額を支払いもせずに達成できると思ってるなら完全にふざけてる、とはっきり言った。

「私たちには契約が与えられるべきだ！」話しているうちに感情がこみ上げてきた。この瞬間がとんでもなく大事だったので、涙をこらえながら話した。最悪だったのは、クリップボードを持っている男の一人が私の感情が高ぶってたのを見てあからさまにあきれた表情を浮かべはしないまでも、他の男たちに向けて**ああ、また女が給与のために泣き出したよ……**という顔をしたことだった。彼が本当にそう思っていたかはわからないが、少なくとも私にはそう見えた。

自分を奮い立たせて、なんとか言いたいことを言い終えた。私はここで女子ラグビー界にとって正しいことをしようとしてるだけなんだよ。このプログラムの明るい未来を作りたいだけなんだ。コーチ、選手たち、みんな、いま起きているこの問題を直さなければ何もなくなるんだ。

私が座った時、彼は何かを書いていた。そして一分もたたないうちに顔を上げて、退屈そうな声で「報酬はあるから。いいかね？　君たちの契約はもうできてるんだ」と言った。そして話し続けたが、私はあとは何も耳に入らなかった。

そうして、私たちはフルタイムの契約を与えられることを知った。何年もの長い時間をかけて私たちの現状を訴えた挙句、こんなふうに知ることになるとは。全然違うことを話し合う予定だったミーティング中にだ。

超ビッグなニュースだった。これから私たちはフルタイムの契約になり、トップの選手は四万ドルが与えられる。残念なことに15人制のブラックファーンズよりだいぶ前にそうなってしまったが（ブラックファーンズは二〇一八年にパートタイムの契約が始まり、総合的な契約は二〇二一年に与えられた）。そして、同レベルのどの男子チームの契約とも比べ物にならないものだったが。

にも関わらず、この変な出来事のせいで心は沈んだ。この世界では、大きな進歩を遂げたからといって、過度に褒めたり、手を握ったり、祝ったりしてもらえるなんて期待しちゃいけないのだと学んだ。自分の目の前にある関係性を良く保ちながら、なんでも自分でやってかないといけない。

このミーティングを通じて、オリンピックに向けて自分の集中すべきことがはっきりしたという影響はあった。みんながガヤガヤ言っている表面上の問題なんてどうでもいい。私たちはみんな良い人間で、みんなここにいたくて、実際に歴史を変えたんだ。さあ、やってやる。ガチで。

ルビーのライフレッスン

難しい状況を振り返った時に、
私はいつもみんなを尊重して対応し、
いつも正直で、もし誰かに頭にくることがあっても、
相手を尊重して対応していれば
自分については満足することができる。

23　ただいま、ハニー・バッジャー

プロになる前、合宿の始めに「ハニー・バッジャー」と呼ばれるトレーニングメニューがあった。「ハニー・バッジャー」とは比喩なのだが、げっ歯類みたいな骨ばった哺乳類の動物〔ミツアナグマ。イタチ科〕の名前で、この小さな生き物は見た目によらず狙った獲物を逃さない獰猛さで悪名高い。ネット上にはこの動物が自分よりもっと大きいヒョウなどの動物を襲っている動画がたくさんある。時にはライオン六頭にも立ち向かっていく。ハニー・バッジャーは決して死なない怖いもの知らずの動物として知られている。

ハニー・バッジャートレーニングは最長三時間続く。このトレーニングは本当に激しくて容赦なく、途中ちょっと意識を失ってしまうこともあるぐらいだ。ある時はビーチで重いタイヤを頭の上に担いで走らされ、次のアクティビティへとジョギングで移動していた時に意識が飛んでしまった。目の前に眩しい白光が見えたが、意識が戻った時私は自分の足で立ちながらグループの後ろの方でまだジョギングしていた。隣にいたビンディーに、ねえ、私いま神様見たかも、と言った。

このトレーニングはいつもこんな感じで、とにかく走って走りまくり、吐いて吐きまくるが、また起き上がってさらに走るのを繰り返す。とにかくキツい。セブンズのトレーニングを十年間したあとなら少し楽にこなせるかもしれないが、当時は全員アマチュアで、普段の仕事の合間に一週間の合宿をしていた時は耐えられないしんどさだった。実際の試合の時ですら、このトレーニングの内容に比べれば楽勝に思えた。このトレーニングを一、二回一緒にすれば一生の友達になれる。

コーチは間違いなく体力面と精神面で私たちをどのように追い込めばいいかを把握していて、背後でいろいろ問題が起こっているにせよ、トレーニングは続いた。リオに向けてのハードなトレーニングだ。二〇一五年、コーチは私たちをフィジー合宿に連れて行った。猛暑の中で一日二回の恐ろしいトレーニングは私たちを壊すためじゃないかと思えた。「しんどいと思っても、吐いていなければまだ余力があるんだ」とコーチは言った。

よし行くぞ、追い込もう。吐いてなければ鍛えることができてないんだ、と自分でも思った。

トライアングル・スプリントというメニューがあった。三人で一辺が五十メートルの三角形を作り、角を目指して全力疾走し続けるメニューだ。終わりがないんじゃないかと思える。「休憩」の時間はプランクの体勢で過ごす。フィジーはたぶん気温が三十度ぐらいで湿度も高かった。そのトレーニング開始から一時間半か二時間ほど経った時、意識を失っていたのかはよくわからないが、果てしなく三角形を走っていると思ったら次の瞬間には胎児のような姿勢になりうずくまっていた。トレーナーのケイトが走り寄ってきて「大丈夫？」と聞いた時、私はすでにすごい勢いで吐いていた。熱中症だと診断され、その日はそれでフィールド上から引き離されたが、なんと次のトレーニングも休めと言われた。

なんでだよ！　理由もよくわからなかった。言われたとおりにやってただけじゃん……。

フィジー合宿のあと、一番最初の合宿で行ったワイオウル陸軍基地を再訪した。最初の合宿の思い出が蘇る。そこでみんなに初めて会ったんだ。だが今回、コーチは私たちを軍隊に預けた。前回と違う。この時はシンスプリント〔脛骨過労性骨膜炎〕に苦しんでいてランニングメニューを全てこなすことができなかったけれども、人生の中のハードな事トップに入るほどの練習だった。いつもならトレーニング合宿ではラグビーをプレーする部分もあってやる気満々なのだが、この合宿はとにかくハードすぎて楽しめなかった。トラウマになったと言う方がいいかもしれない。

それは、深夜二時にエアホーンの音で叩き起こされて、うっすら雪が積もっているグラウンドで千二百回バーピーをやらされたからではない。冷たくて巨大な深いプールで三時間、水中で軍のテントを張る重労働をさせられて、引っかかったら溺れるよ、と脅されたからでもない（実際何人かの選手は水に入る前から泣いていた）。朝の五時からサーキットメニューをさせられて、負けたチームは朝食抜きだったからでもない……。一度、朝六時ごろにゲイル・ブロウトンに段ボールを食べているかのような味がするマズいソーセージをこっそり届けようとしたことがある。彼女のチームが負けて、私たちみんなが朝食を食べるのをお腹を空かせながら見てなきゃいけない状況に耐えられなかった。食べ物をシェアしようとしたことはもちろん叱られた。軍の人たちがトラックが故障したふりをして私たちに何キロも押させたのに、その後、スピードアップして追いかけられたからでもない。全部だ。記憶が曖昧な地獄。事実、私はそこに何日いたのかもはっきりと覚えていない。記憶がボヤけている。

想像を絶する疲労、空腹、そして極寒の中で怒りさえ出てこなかった。いささか的外れでバカバカしいと思えるほど常に怒鳴られ続けていた。私はできるだけ頑張ろうと決めていたし、どの瞬間も必死でやった。

一番印象に残っているのは、一人ずつ大きな軍用のバックパックを与えられた時だ。寝袋をその中に収納する方法を学ばされ、迷彩柄の小さなシートとEツールまたは塹壕ツールと呼ばれるシャベルのようなものを与えられた。シャベルは何のためなのかを聞いた時、軍のスタッフはニヤリと笑って「すぐにわかるさ」と言った。私は単にトイレ用の穴を掘ったりするのかなと思い、パッキングを続けた。何時間後か何日後なのか覚えていないけれど、突然バックパックを持ってトラックに乗れと言われた。私たちが何キロも押して押して押しまくったあのトラックだ。ヘッドコーチがチームのスタッフたちにトラックを押すのを手伝うなと言い、選手たちとスタッフの間が少し決裂していた。

二時間ほどトラックで走り、ニュージーランド北島の中央に位置するどこかの場所にたどり着いた。そしてバックパックを担いで何時間もに思える長い間延々と歩かされた。どの方角を見ても何もない、草むらが広がっているだけの荒れ地。とにかく寒かった。軍のインストラクターが待っているのがようやく見えたところで歩くのをやめた。だが彼の後ろには恐ろしい墓穴のような、縦二メートル横一メートル、深さ五十センチの穴があった。これはいまから私たちが掘らなきゃいけない穴の見本のために先に掘られたものだ。**何のための穴なんだよ?** 彼はまず、風よけのために迷彩柄のシートを体に巻きつける方法を見せてくれ、もし風にさらされ続けたら低体温症になり最悪凍死すると言った。その日、軍基地では雪が降っていた。

私はまだ何のための穴なのかわからなかった。でもインストラクターはデモンストレーションのあとすぐに明らかにした。「ここが今夜君たちが寝る場所だ」と。「日没まで三十分穴を掘る時間がある。始め！」全員すぐに取り掛かったけど、私は、この男大丈夫なの？　頭のネジが緩んでるんじゃないか？と思った。何人かはこの男にやらされている作業について笑っていた。笑わなきゃやってられなかった。軍の人たちによって一人ひとりスポットを決められ、夜寝る時に完全に一人を感じる距離に引き離された。だんだん日が暮れて暗くなってきている。笑い声が軍の責任者をイラッとさせたみたいだ。私たちが集中してないと思ったのだろう。でもこのデザート・ロードの近くの荒れ地で雪が降る真冬に一人で墓穴を掘り、その中で一晩寝るよう命令されるなんておもしろすぎる。マジで、このアクティビティはジョークにしか思えない。お腹が空いていて、朦朧としていたから、そりゃ笑っちゃうよ。

各自の場所へ走って行っている時に、軍の男は「そうだ、必ず軍用ブーツの上で寝ろよ！　じゃないと凍って履けなくなるぞ！」と叫んだ。

ジョーディーことジョーダン・ウェバーは私の左で穴を掘っていて、シーレイ・カカ（旧姓タネ）も近くにおり、カーラ・ホヘパは二十メートルほど前の何も無い丘を上がったところにいた。ジョーディーはEツールをうまく使いこなして手際よくやっていたが、私はもたもたしていて、そのうちにどんどん暗くなってきた。次の瞬間、カーラの悲鳴が聞こえた。何が起こったのか見ようとしたが、彼女は手をバタバタさせながら叫び続けている。私はジョーディーとシーレイと一緒に駆け寄った。彼女はまだ叫んでいたが、近くに行くと理由がわかった。カーラは偶然、蜘蛛の寝床を掘り返してしまったのだ。その蜘蛛を私も見たけれど、大げさじゃなく毛がないだけでタランチュラぐらいのサイズだった。巨大で分厚く、黒光りした足がついている。こんな生物見たことないんだけど。家に帰ってからグーグルで検索してみたところ、「シドニージョウゴグモ」という毒蜘蛛で、オーストラリアにしか生息していないらしい。いまならわかるけど、ニュージーランド北島のデザート・ロード近くの荒野でも見つけられるよ。

終わることがないように感じたその日最後のアクティビティ「墓穴掘り」のあと、私たちはそこで寝なきゃいけなかった。私はずっとシドニージョウゴグモの赤ちゃんがわらわらと穴から出てくるイメージが拭えなくて、一睡もできなかった。何人かのチームメイトたちは一晩中泣いていた。その日はケイラ・マカリスターの誕生日だったんだ……。きっと人生最悪の誕生日だっただろう。朝になって、軍の怖い人が起きろと怒鳴る声を聞いた時はとても嬉しかった。五分以内に準備してトラックまで走らないと置いていかれると言われた。その瞬間、全員が光速で動いた。

最悪だったこの合宿の最終日は、数年前のあの初めての合宿でミミとショーティーと思いっきり走り抜けた「コンフィデンス・コース」をした場所に立っていた。前回と違うのは、この日は吹雪で、この一週間ずっと体力の限界まで追い込まれていたことだ。朦朧としながらスタートしたものの、軍の人が他の軍のスタッフに向かって喉の前で手を動かして「切れ」というジェスチャーをしたのをいまでも覚えている。あまりにも多くの選手たちが低体温症になったり胃腸のコントロールが効かなくなったりして、コンフィデンス・コースの途中で引き上げられ、メディカルルームに直行させられていた。選手たちにとって肉体的に危険な域に達したので、中止せざるをえなくなった。

陸軍に入隊してもいいかなと少しでも思った夢が粉々に散ったあとの二〇一六年六月、ヘッドコーチはまた私たちをフィジーへ連れて行き、そこがオリンピックスコッドの最終トライアルの場所だった。

私はスターティングメンバーに入れる可能性があったが、私の前に数人の強い選手たちがいて、その人たちにも平等にチャンスがあった。二〇一五年のシーズンからすると、女子ラグビーリーグ〔13人制ラグビー〕代表チーム「キウイファーンズ」の、不死身のハニー・ヒレメと、女子ラグビーのレジェンドのカーラ・ホヘパは私よりも優れている選手だ。残念なことにハニーは負傷してしまい、合宿に来ないことになった。彼女の姿が見えなかったので混乱したし、悲しかった。彼女は女子セブンズチームでは絶好調のプロップで、ラグビーリーグのパスからラグビーのスクリューパスに変えるために必死に練習していたのに。二〇一三年は一緒に早朝に起きて練習し、試合では向かってくる相手選手たちを虫けらのように蹴散らしていた。フィジー合宿では、私はカーラが絶対に選ばれると確信していた。ところが……。トライアルマッチの対フィジー一戦目、彼女がボールを取り、わずかな隙間を見つけて飛び込んだ。彼女の凄技が見られると思ってワクワクした。その時はフィールドの反対側にいて遠くから見ていたけれど、何かが砕けた音が確かに聞こえた。彼女の初プレー、初キャリーだったのに腕を骨折してしまった。なんでだよ。これ、やばいやつじゃん。

選抜プロセスの途中、コーチはチームを分けた。彼は七人を部屋の隅に座らせ、残りのメンバーはその時していた練習を続けた。私はその七人の中の一人だった。それで、オリンピックのスターティングメンバーの七人に選ばれたと知った。コーチがチームをわざわざ分けたのは気に入らなかったし、こうしてまた不必要な分裂が生まれてしまうのを感じた。

その後、正式にチームが発表された。私がオリンピックのチームに入れたことが公式になった。この何年もチームで戦ってきたレジェンド選手たちが全然いないのは変な気分だった。カーラ、ハニー、ヘーゼル・トゥビック、ジョーディー・ウェバーなどの選手たちは、私からすれば選ばれるのが確定だったのに。スコッドの発表は、チーム結成プロセスの中で最悪な部分だった。選ばれた選手はもちろん嬉しいが、もう片方では心が折れてしまっている。私も悲しかったが誰も何も言わず、彼女たちは合宿に呼ばれなくなった。

そして私たちは金メダルに向かって走り続けた。その後、気温三十度が予想されるリオの環境に慣れるために、フロリダのタンパで合宿があった。タンパでは四十度超えの日もあり、私を含む何人かはいつものように余分にランの練習をしていた。半端ない暑さだったため、トレーナーがストップをかけた。これまでにそんなことはなかった。

私たちは新しい時代にいるんだ。

まだみんなプロになる前の初期の頃は、二週間のトレーニング合宿に参加して精一杯やり、終わったら次の練習まで家に帰れた。いまはプロ選手となり、毎日体を動かすので、ちゃんと体調管理しないといけない。いまではユニフォームにGPSデバイスを入れ、距離、平均速度、トップスピード、コンタクト、体調を崩した後なんかは心拍数まで測られるので、自分のパフォーマンスの全てを観察できる。週ごとに制限が設けられていて、それを超えそうになるとトレーナーがストップをかける。

私たちの安全を守ってくれるのでいいシステムだ。年間十二ヶ月、フルタイムでトレーニングするのはあまり賢いとは言えない。だが、たまに精神的にも体力的にもキツい状態、あらゆる面で限界を超えて追い込んだところまで行かなくてはならない場合がある。たいていは決められた制限に従うが、たまに起きるそういう時は、その極限状況に放り込まれて誰が耐えられるのかを見たほうがいいと思う、マジで。試合でオーバータイムになった時に「ねえみんな、もうメーターの制限超えたよ」なんて言って試合を止める人はいないのだから。

トレーニングを停止されるのがイライラして、好きじゃなかった。私はそういう極限状態がほしかった。この時が必要なレベルの身体をつくれる最後のチャンスだってわかっていた。そして私はどんな状況にも耐えられる精神力を持っていた。

身体状態がピークにある時は、メンタルも大きく関係する。パリへの長距離フライトを降りた直後にトレーニングをしていた私を見た、当時新人選手だったテニカ・ウィリソンが言った一言を忘れない。みんなはホテルに直行していたが、私は休みたくなかっただけだ。そんな時突然彼女が「なんでルビーってそんなに精神的にタフなの？」と聞いてきた。

衝撃だった。なんだって？　そんなこと思ったこともなかった。彼女にとっては、三十四時間ものフライトのあとに個人練習をする私がタフに見えたのだろう。私はただ、長時間移動の疲労が精神面に影響を与えてほしくなかっただけだ。そしてこれは私のプランの一部にすぎない。私はすでに自分のメンタルを調整する方法を知っていた。

何年か前、自分への挑戦として「今日から一年間、毎日絶対にボールを触る」と決めて実行したことがある。いつも私が、ボールどこいった？　ボールどこ？　毎日絶対触らないといけないんだよ、と言い続けていたから、当時一緒にいたパートナーによく鬱陶しがられた。変な試みに聞こえるが、実際にやってみると一日も休まずに続けるのは意外と難しい。だがそのうち違うアイディアが湧いて、たとえば一週間「空腹」にしてボールを触っちゃいけないことにしたらどうだろうと思ってやってみた。一週間耐え抜き、やっとボールを触れた時は、ああ、やっぱ最高、と再確認できた。

実はフランスに飛ぶ前、私はそれを実行していた。フライト前の少しの間「空腹の時間」を作り、到着して、トレーニングができた時には、よっしゃー！　ボールだ！　と思えたものだ。わざとこうすることによって、もっと楽しめた。だから私にとってはメンタルがタフなのではなく、単に生活の一部だった。こういうやり方なだけだ。テニカにとっては規律やモチベーションに見えたかもしれないが、私は一週間我慢したあとに初めてボールを触る嬉しさのような、ほんの小さな幸せを見つけられるよう自分を調整していただけだった。

でも彼女がそう言ってくれたこと、おかげで、待って、私ってメンタルがタフなの？　と思えたことはクールだった。私にとって洞察を得る機会になった。

最初にラグビーを始めた時の私はダントツに下手だったため、いきなり一緒にプレーすることになったハイレベルな選手たちをどうすれば追い越せるのかを考えた。トレーニング中に気づいたことは、めちゃくちゃ疲れた時はみんな水へとまっしぐらに走る。だから始めてすぐの頃、自分にルールを課した。私は水を口にする最初の人に絶対にならないと。

簡単に聞こえるが、時には私が水の一番近くにいることもあり、そういう時はいまこの水を頭からぶっかけて、ごくごく飲めたらどんなにいいだろうと思う。でも待つんだ。水を見つめながら、誰かが靴紐を結び直し終わって水を取りに来るのを。耐えるのは本当に辛かった。でもこれは私にとっては大きな決め事だった。最初の頃は誰よりも下手で、スピードやフィットネスでも勝てなかったから、メンタルで勝負した。メンタルで誰よりも強くなってやる、と。もちろん、私がこうして自分のなかで彼らと必死で戦っていたことなど誰も知らなかった。

ついにニュージーランド代表の合宿に呼ばれた時、私はまだこの水のルールをやっていた。自分を誇りに思った。水を飲まなくても平気になった。しかし合宿では毎朝水分量をチェックされる。最初はその結果の数値の読み方がよくわからなかったので、とりあえず尿検査の棒に表示された数値を毎朝書いていたら、ある日トレーナーに呼ばれた。「ルビー、この合宿中あなた毎日医者が心配するぐらい脱水状態だよ。病院にいたら点滴されてる。もっと水を飲みなさい！」彼女は私とチームメイトをペアにして、チームメイトが水を飲むたびにあなたも飲みなさいと言った。私のルールは何だったのか。でも意味はあった。自分自身に挑戦して成功したことは、他のことでも勝てるという自信を与えてくれた。

そしていまはここフロリダ、四十度の中でのオリンピックに向けたトレーニングで、私はまたタフなメンタルをデモンストレーションしている。他人から見たらただの変なヤツに見えるが。

それは二〇一五年二月のブラジル、サンパウロから始まった。その時私は試合日の前にひどい風邪を引いてしまった。体調は最悪だったが、試合に絶対出たかったので誰にも言うわけにいかなかった。もし私が棄権したら、ほかの誰かに自分の場所を取られてしまうことがまだ心配でしょうがなかった。熱が出ていて寒気が酷い。毎試合の合間に、ニット帽、パーカー、ジャケット、長ズボン、靴下と、あるものを全部着込んだ。でもここはブラジル、とても暑い。三十度ぐらいの気温だったので、チームの誰もが「あんた何やってんの？」という感じだった。

みんな私が狂っていると思っただろう。確かに狂っているかもしれない。そういえば、カンタベリー地方に何年も住んでいた時は、とんでもない寒さの中タンクトップと短パンでクラブラグビーをプレーしていたんだったと思い出した。いまはもうそんなことはできない。言い換えると、自分を鍛えれば気候に順応できるということだ。リオのオリンピックが私のゴール。暑い国だから、自分自身を暑いのに順応させなければ。それからというもの、大会で訪れた全ての暑い国で私はいつもジャージパンツ、パーカー、ニット帽をずっと着ることにした。暑けりゃ暑いほどいいんだ。

出場している他のチームの選手たちから見るのも嫌だと思われたようだ。みんなして、わあ、暑い暑い、とずっと言っていた。私を見るとどれだけ暑いか再確認させてしまったのだろう。でも私は自分にルビー、あんたは大丈夫、なんてことない、と言い聞かせる。

ちなみに二〇二〇年一月、女子のワールドシリーズをニュージーランドが初めてホストした大会が行われたハミルトンの街もすごく暑かった。そして私は相変わらずニット帽、パーカー、長ズボンなどのスタイルだ。他のチームは氷の入ったベストを着て東京オリンピックのためにトレーニングしていると言ったけれど、でもその翌週のシドニーでは気温は四十五度にもなり、ベストの氷は全部溶けてしまった。私はその側でニット帽をかぶりながら余裕だった。体が百パーセント順応したんだ。

四十度の中でパーカー、ジャケット、長ズボン、靴下とニット帽を身につける感覚を知っている。最初は耐えられないと思うけれど、実はそれは一時的なもので、私はすでに何回も乗り越えている。だからフィールドに出た時にオーブンの中かと思うぐらい暑くても、一時的な感覚なんだとわかっていて、この感覚はすぐになくなる……本当にそうなる。人間の体ってのはすごいもので、自分の能力は変えられるのだ。さらに言うと、他のチームにブラックファーンズ・セブンズの選手の一人はニット帽を被っているところと見せることは、ちょっとした脅威を与えるマインドゲームにもなる。

水のルールとかニット帽とか、こういった自分へのテストは私にとって有効だ。最初の頃に手助けしてくれたスポーツ心理学者のデイビッド・ガルブレイスは、こういうのを「心のジム」と呼んでいた。ジムで鍛えたり走ったりするのは肉体的なトレーニングだが、内面はどうやって鍛える？　筋肉を鍛えるように、心も鍛えることができるのだ。

暑い国の中でも特に暑い国で開催されるオリンピックに向けて、チームはもちろん気温に順応する練習もしていたけれど、私のメンタルのトレーニングはもっと何年も前から始まっていた。**いつだっていまから**、まるでその夢が叶ったかのように生きるんだ。

テニカは**メンタルがタフ**という言葉を使ったが……。違うよ、私が変人なだけだ。

リオが近づく一方で、チームはいままで以上に分裂してしまっていた。仲間内に生じた違いはまるで深い亀裂のようで、お互いをわかりあえないことが頻繁にあった。

状況が悪くなった時は誰の責任になるのだろうか？

私にはチーム内で正式な役割がなかったし、キャプテンでもなければ、リーダーシップグループにも入っていない。キャプテンですら少し困っていて、この変な状況の中でみんなをまとめることができずにいた。キャプテンとみんなのことを思うと悲しくなった。厚かましかったかもしれないが、もしかしたら私がキャプテンと他のみんなの助けになれるんじゃないかと思った。みんなを一つにして、良いコミュニケーションが取れるきっかけを作り、敵対する相手ではなくみんな味方だということを思い出させられないか、自分なりに考えた。フィールドに立った時、味方は自分たちしかいないのだから、一体感を生み出すことが一番大切だと思った。他に誰も助けてくれないんだから。コーチに贔屓《ひいき》にされていようがコーチのことを嫌っていようが、フィールド上で目を合わせてコミュニケーションを取れるなら大丈夫だと思った。

チームメイトたちに、みんなが一人ひとりどれだけ大切なのかを示さないといけない。そこで私はYouTubeからインスピレーションを与えてくれる動画をダウンロードしたり言葉を引用したりして、全員分のビデオを作ることにした。「ガレージバンド」というアプリを使って曲を作り、歌詞を変えて一人ひとりに贈る歌を作って、誰かが特別に優れているわけじゃないことを強調した。ビデオの長さも全て揃えた。現在では個人的にビデオを作ることは一般的だが、この当時はなかなかすごいことで効果があった。

オリンピックの選手村に到着した時、私は全員を集めてビデオを見せた。そして楽しめるアクティビティとして、ボトルを回してルーレットにし、当たった人に「なぜ自分がいまここにいるか、ここにいることの意味は何か」を言ってもらった。予想どおり、誰のターンになっても感情が溢れ出し、いいも悪いもなくみんなそれぞれに感情があり、すぐに全員の気持ちが繋がった。みんなここにいることを誇りに思っている。母親のため、自分のため、先生のため、誰のためだろうと。みんな同じ人間なんだ。

私の「なぜ」を知りたい？　この時に日記に綴っていたから忘れることはない。ママ、パパ、リーシュ、デイン、そしてニッキー。グランドマン、グランマ、おばさんたち、おじさんたち、いとこたち。より良い人生のため、自分自身の価値を知るため、そして家族と友達に私のことを誇りに思ってもらうため。

このチームはみんな同じ気持ちだ。それを達成できたら、いつだってまた縫い合わせることができる。

でも私は心の隅でずっと、何かが足りない、これだけじゃ足りないと思っていた。でも、遅かった。

ルビーのライフレッスン

いつだって「いま」から、
まるでその夢が叶ったかのように生きるんだ。

24　金色の夢

二〇一六年八月初旬、ついにリオに着いた。金色の夢の街、リオ。暑かった。暑くてクレイジーな場所だ。いままでに見たことがない数のセキュリティと銃。この国自体がごちゃごちゃしているのはみんな知っていたけれど、私たちはその現実から切り離されていた。キラキラした選手村との差について考えると悲しくなった。選手村ではあらゆるものがすごい規模で与えられてもてなされ、まるでファンタジーランドだった。

バスを降りてすぐ、私の口はあんぐりと開いて塞がらなかった。セキュリティを抜けて、各国の旗がかかっている巨大な建物へ向かっていく。旗でどの国がどのビルなのかが示されていた。上を見上げてばかりいたのと、周りの設備がすごすぎたので、クラクラした。マクドナルドに行けば一銭も払わずになんでももらえる。オリンピック・パスをかざせば自動販売機の扉が開き、何でも持って行っていい。到着時に全員小さなバッグをもらい、その中には最先端のスマホとその他いろいろな物が入っていた。なんだよ、今年の給料で新しいスマホを買う必要なかったじゃん。選手村には歯医者もあり、無料でマウスピースも作ってもらった。食堂はまるで映画の世界だった。私が出口へ向かって歩いている時に、史上最多のメダルを獲得した水泳選手、マイケル・フェルプスがちょうど入ってきた。彼はグループの真ん中を歩いていたから他人に声をかけられることはなかったが、私は偶然目が合ってしまって驚き目がまん丸になった。彼はきっと、ああ、またファンか……と思っていたに違いない。ジムに入れば左側にはアメコミ映画のハルクのように巨大な重量挙げの選手がいて、右側にはとても小柄な中国人の体操選手がストレッチをし、足が信じられない高さまで上がっていた。こんな世界を見ていたら自分のトレーニングすらできなくなりそうだ。選手村をぐるっと囲むトラックでは、私たちが走るよりも速いスピードで歩いている人たちがいたり、一キロを三分で駆け抜ける人がいたり。ビューン！　マジでおもしろい。

この人たちちょっと激しすぎない⁉　と思った。何これ？　あ、オリンピック？

空を飛んでいる気分だった。

オリンピックに観戦に来るだけでも「人生のやりたいことリスト」に入るというのに、私ったら関係者になってるし、選手村に足を踏み入れてるじゃん。入ってみたらマジで次元が違うし。この勢いを感じながら、いままで理解できなかったことがようやくわかった。オリンピックというものは、どんなスポーツも盛り上げ、どんな夢や希望のきっかけにもなり得るということが。ここに来るまではその影響力の大きさに気づいていなかった。以前はワールドカップが大きなイベントだと思っていたけど、いまならわかる。オリンピックだ。オリンピックに出たいと思ったら、あらゆることをオリンピックに捧げることになる。

ここでは私たちは小さい存在だった。セレブ選手たち、無料でもらえる物……。全てが非現実的だった。

私たちのトレーニングの中で特に大事なのが、実は睡眠だ。何年にもわたって睡眠がもたらすものすごい効果などについて死ぬほど学ばされた。私はいつでもよく眠れる方で、毎日十時間は寝ようと真面目に頑張ってきた。ところが初試合の前夜、私とゴッシーは夜遅くまで起きて喋ってしまった。本来なら一人一部屋だったのだが、オリンピックに出るにあたってチームの距離感が大事だと思っていたし、何よりゴッシーが大好きでいつでも彼女のためにここにいると伝えたかったので、やっぱ同じ部屋じゃなきゃ、と思い長い時間をかけてなんとか私のベッドをゴッシーの部屋へ移した。選手みんなにそれぞれの家族や大切な人、レジェンド選手たちの写真や手紙が入ったパックが配られていて、感極まってたしウキウキしていた。ゴッシーと私はフィジーで同時にデビューしたので、二人して、やばい、ここまで来ちゃったじゃん、信じらんない……。いままでの道のりはそりゃあもう……という気持ちだった。

これまであんなに頑張って睡眠時間をしっかり確保してきたのに、時計を見たら深夜一時だったので爆笑してしまった。今朝六時には起きて対ケニア戦の準備しなきゃいけない。マジかよ？　三年間も睡眠のトレーニングをしたのに本番で使わなかったなんてウケる！

後になって何かの記事で、アスリートはオリンピックで後悔することを作ってはいけない、というのを読んだ。この時は私の若さと経験の浅さから、ちょっと興奮して足をすくわれてしまった。まるで最初にフィジーに行った時みたいだ。この時はまだトップ中のトップのイベントでプレッシャーにやられずにいまここに集中することをマスターできていなかった。私はワールドカップに出られなかったので、これが人生初の大規模なスポーツイベントだった。やばいよ、マジでどうしたらいいかわかんないんだけど。

翌朝、人生で初めてのオリンピックでの試合に途中出場してフィールドへ走って行った。ボールを取るや否やケニアがペナルティをもらったので、ボールを軽くはたいたら、大したことではなかったのにイエローカードを出されて椅子に座らなきゃいけなかった。走ってフィールドに入り、即イエローカード、一時退場。これが私のオリンピックのデビューだった。五時間睡眠なのに加えて感情が高ぶっていたので、こんなんだったら出ない方がマシじゃんと思った。

オリンピックのセブンズの試合は三日間行われる。一日二試合が、出来たばかりの一万五千人収容のデオドロ・スタジアムで行われた。セブンズはこのオリンピックから加えられた新しい競技だったので、スタンドはあまり埋まっていなかった。それでも強烈だ。私たちは予選を勝ち抜き、準々決勝へと進出した。

準々決勝は対アメリカで、一体どうやって勝てたのかよくわからない。神のご加護だったと思う。最初から最後まで白熱した試合だった。アメリカチームが絶対に忘れられないようなミスをして、私たちもイエローカードを二枚くらったので五人で戦っている瞬間もあった。本当にどうやって勝ったのか不思議だったが、7対5で勝利した。ポーシャ・ウッドマンのトライと、タイラ・ネイサン・ウォンのコンバージョンキックに感謝するしかない。そして気づいたらメダルをかけた試合になっていた。これ、本当にいけるかもしれない、と考えた。いろんなことがあったけど、マジで叶うかもしれない。

準決勝の対イギリス戦はイギリスが苦戦していた。彼女たちのもっといいパフォーマンスを過去に見たことがあるが、この時はミスの連発だった。バウンドしていたボールが見えたので即座に飛んで行ったら、相手選手の一人に掴まれて放り投げられ、地面に頭をぶつけた。その選手にイエローカードが出て、イギリスチームはそこから崩れてしまった。

その試合では私はすでに一回いいトライをしていたけれど、頭を打ったせいかおもしろいことが起こった。クラクラしたので頭を抱えて芝生に座っていた。誰かに支えられて立ち上がった時、ぼんやりした視界に見覚えのあるかっこいい顔が入ってきた。あれ、意識飛んじゃった？ 私、死んだ？ だって、目の前にはハリウッド俳優のマシュー・マコノヒーがいたんだから。支えられてフィールドから出ていく時に、あ、絶対飛んじゃってるわ、と思うことにした。でも試合後にゴッシーが私のもとへ走ってきて、「ねえ、誰がラグビー見に来てると思う⁉」と言うから誰？ と聞いたら「マシュー・マコノヒー！」と言った。

私たちはその試合に勝ったけれど、イギリスが敗北したという感じだった。私たちのプレーだって全然ベストじゃなかった。でもこれで次は決勝だなんて奇跡だ。相手はオーストラリア。

金、金、金。この四年間ほど、ずっとそれがマジックワードだった。ゴー・フォー・ゴールド。あのプログラムは名前だけじゃなかった。最初からずっと金メダルを目指していたんだ。オリンピックの金メダリストになる。それが私たちの焦点で、目標で、私たちがいる意味で、存在価値だった。そのためにニュージーランド代表女子セブンズチームが結成されたのだ。金メダル以外になかった。コーチもずっとその話をしていた。他のことは全て足掛かりでしかなく、カウントさえしていなかった。

ホイッスルが鳴り、リオオリンピックのセブンズの決勝戦が始まる。

先制トライは私たちだった。ケイラがトライを取った。よし、いいぞ。私がいままで隣でプレーしてきた中で、ケイラのラインブレイク［ディフェンスラインを突破すること］は最強だ。事前に打ち合わせしたゲームプランにしっかりと従う。強い三人で、タッチラインいっぱいに横幅を使う。

いろんなことが起きた。私が最初の方でタックルをミスし、いくつかの作戦がうまくいかなかった。私たちもコーチも最後はこいつに任せればいいと思っていたポーシャが残念なことにイエローカードを出された。無駄とは思いつつもレフリーに訴えたが、ポーシャはフィールドから出されてしまった。悪意のない単なるミスでそんなに重大じゃなかったのに……。この大会で私たちはすでにカードをもらいまくっている。何らかの原因でチーム内にコミュニケーション障害が起きている感じだった。隣にいる選手が私の内側エリアを守ってくれるのかどうかわからない。ハーフタイムの時点でオーストラリアに10対5で負けていた。

後半が始まってもあまり変わらなかった。オーストラリアがゴッシーと私がいる側のライン上からフリーキックを開始し、すぐに私たちは戦術を守れなくなった。私の外側に一人選手がいるが、ゴッシー側の選手がボールを持っている。ゴッシー、ゴッシー！　ゴッシー……？　いつもなら彼女はうなずくなり首を振るなりして合図をくれ、私は外側の相手をマークするか、いまボールを持っている相手にタックルする。難しいことじゃない、何をすべきか知ることさえできれば。ゴッシーは私の中で一番うまい選手で、コミュニケーションに関してもベストだったのだが、この時は何も聞こえなかった。どうしよう。何をすればいいのかわからず、振り向くとゴッシーが飛び込んでいて、その間にオーストラリアの選手が軽くかわして私たちの間を悠々と抜いていった。相手にとって楽勝な状況にしてしまい、そのままトライされた。こんな簡単に抜かれるなんて全然私たちらしくない。いつもなら相手チームがトライをすると「よし！　次はいくぞ！」となるのだが、この時はそうならなかった。何かが壊れてしまった。

ラックが発生した時はボールを持つ選手は怯まず相手に突っ込み、次の選手は倒れたボールキャリアを乗り越えるようにサポートし、スクラムハーフにボールが出せるようになっていると信じるものだ。セブンズの基礎中の基礎。私はラックから選手二人分離れていて、前の三人の役割はラックを処理することだったが、なぜかみんな走り込んでいた。私は離れてラックを見ていたが全くうまくいっておらず、私が走って飛び込むとこのアタックの意味がなくなってしまう。誰も「任せて！」と言葉を発しない。私たちの絆は？　信頼関係はどこいった？　頭の中で思ってはいけないことが浮かんだ。こんな状態でどうやって決勝まで来たんだろう？　と。バカげている。最悪な試合をしている。私も内面で爆発している。24対5だ。

この状況を反転させるのに何か言ったりできることがあるはずだ。でも何もないし、何もできない。火を見るより明らかだった。そもそも、チームの中で最悪の状況の時にお互いを信頼し、オープンに、正直にコミュニケーションをとるという文化がないのだ。壊れないような絆がない。不利な状況を立て直して抜け出すための練習なんてしていない。オリンピックの決勝戦であと五分しかないのに19点差をつけられて、誰も何も言わない時に役立つトレーニングなんてないのだ。

ケイラがなんとかしてトライを獲る。あと一分だ。ポーシャがようやくイエローカードから戻って来て、オーバータイムになってからトライをした。彼女は世界一の選手で、その時にできることをやった。

全力を出し尽くしていなければ優勝なんてできないのだ、点数についてはこれ以上できることがなかった。24対17でオーストラリアに負け、金ではなく銀メダルとなった。ポーシャが泣き崩れた。自分のせいだと思っているのは明らかだったので、私は彼女の肩を抱き寄せ、なんで自分のせいだと思ってんだよ、うちら全員の責任だよ、と諭した。でも彼女は取り乱したままだ。彼女を地面から引き剥がし、ねえ、更衣室に戻るまでちょっと待ちなよ、と言った。感情が千々に乱れているので、世界中にこの姿を見られても気にしていないのだろう。周りを見ると全員泣いていた。完敗だ。ミッションに失敗してしまった。スタンドで観戦していた家族たちが駆け寄って来てハカを披露してくれたのは愛を感じたけれど、気持ちはさらに落ち込んだ。クソッ。みんなを失望させてしまった。私たち選手もハカでお返しをしたが、その間じゅう全員泣き続けていた。

選手村で作ってもらった高級なマウスピースを失望のあまりフィールド上に投げ捨ててしまったのは後悔した。どこにいったかわからないし、もう絶対戻ってこない。

更衣室に戻り、みんなを慰めようとしていたら、いつもワクワクさせてくれる選手だが、今回は運悪くスコッドに選ばれなかったキャティが「頑張ったじゃーん！」と言いながら現れた。まず、リオに来てるなんて知らなかった。ウェリントンにいたんじゃなかったのか⁉　ってか、どうやってセキュリティ抜けてここまで来たんだよ？　そしてここで何してんだよ⁉　彼女はいつもこういう感じで、おもしろくてびっくりすることばかりする。その瞬間、私も泣いた。最後まで踏ん張って耐えていたのに、このサプライズで感情が溢れ出してしまった。突然とにかく可笑しくなって、全員泣いて笑いながらハグし合った。キャティは私が泣いているのを見て「あ、ごめんね、ってか泣くんじゃねえよ！」と言う。

いや、泣かなきゃいけなかったんだ。あんたが登場したんで歯止めが効かなくなっちゃっただけだよ。心配すんな。

そんなわけで更衣室内は鬱々としていて、みんなだらけてしまっていたので、誰も立ち上がって銀メダルを受け取りに行きたくなかった。でも行って、終わらせないといけない。その瞬間、全員ガラッとムードが変わったのは不思議だった。特にポーシャはさっき泣き崩れたおかげですっかり気が晴れたのか、同じぐらいの勢いで元気になり、早くパーティーで騒ぎたそうだった。私のようにしばらく気持ちを抑え込んでいた選手たちは、まだ完全にハッピーにはなれなかった。選手村に戻るバスも同じで、あの雰囲気は忘れられない。完全に分裂していた。バスの後方にはコーチと大勢の選手たちが座ってすでに騒ぎ始めている。これまで四年間ずっと金を目指せと言い続けていたコーチは、いまは銀メダルを取ったことを褒めている。バスの前方では、結果に落胆して悲しみにくれている選手たちが後方のグループに関わりたくない雰囲気で座っている。私はその時ちょうど中間にいた。私たちは完全に分裂した。全員で一緒に悲しむことすらできなかった。

もしチームに強い文化があって、全員で一つになって全力で戦い、その結果が銀メダルだったとしたら違っただろう。そうすれば「ああ、相手チームが強かったね」と思えたはずだ。本気でやったけど、相手にはかなわなかったという話になる。でも全力を出しきれずに金メダルを逃した。世界一の選手たちが揃っているのに、それを一つにくっつける接着剤がなかった。これが私がフィールド上でひどくガッカリした理由だ。この気持ちはずっと忘れない。

二〇一二年に初めてワイオウルの合宿に参加した時に、お酒を飲まないと決めた。この機会を台無しにしたくない。パパが堕ちるのを見てきたし、その他の偉大なアスリートがドラッグとアルコールで自分を失うのも見たので、この「もう一つの道」を本気でやってみたいと思った。チームメイトたちは、わりとすぐに私にお酒を飲ませようとしなくなった。みんなは私が人生でお酒を飲んだことがないと思ったみたいだ。実は私はラグビーに出合うよりずっと前にお酒とドラッグに溺れそうになっているとは、みんな知る由もなかった。オリンピックに出たらお酒を解禁する、と自分に約束した。チームメイトのタイラ・ネイサン・ウォンともその約束をしたが、彼女の約束は「金メダルを獲ったら」だった。彼女の性格もあり、彼女はずっとそれを守っていた。その夜、選手村近くのホテルで、コーチが全員にお酒を奢っていた時、ポーシャ、ゴッシー、その他四年間のこのゴタゴタを一緒に乗り越えてきたチームメイトたちと共に、私は初めてお酒を口にした。一緒に飲むってなかなかいいもんだ。たとえそれがほろ苦かったとしても。

バーにはダンスフロアがあり、ナイル・ウィリアムズが全員のメダルを首からかけて、何個もオリンピックでメダルを獲得しているマイケル・フェルプスになりきっていた。「カチン、カチーン！　メダルだよ！　こっち見な！　俺はマイケル・フェルプス！」みんな踊りまくって、何もかもがおもしろくて爆笑していた。カチン、カチーン！　翌朝目が覚めてよく見てみると、どのメダルも縁が欠けていた。その時はおもしろくて笑ったが、どれが誰のかわからなくなって、みんな一番欠けていないメダルを必死で探した。

最終的には欠けなんてどうでもいいって気づいたんだけど。みんなそれぞれメダルを持って学校訪問をすると、子どもが落としてしまうこともある。この時欠けた部分は、これからどんどん増える欠けの最初なだけだ。オリンピックのメダルというのは、安全な所に保管して誰にも触らせないか、またはみんなに触らせて欠けることを受け入れるかの二つに一つだと知った。

不思議でいろんな感情があったその日が終わると、十四人いるうちの七人は帰国して、七人は残った。この時は物理的に分裂した。選手村のアスリート・サポート・オフィスにて、何でも見たい競技のチケットを手配してもらえたので、できるだけ利用することにした。私はこの後チームを辞めると決めていた。もうあんな残酷で酷い文化の四年間は耐えられない。もうオリンピックに来ることはない、と思っていた。

ニュージーランド代表女子ホッケーチーム「ブラックスティックス」を私は熱烈に応援していたので、その試合を見れる分は全部見に行き、四位で終わったあとに私たちはマクドナルドとウォッカを何本か買って彼女たちのもとへ行った。バレリー・アダムス［ニュージーランドの砲丸投げ選手］が銀メダルを獲得したのを見た時は、なんと隣にリッチー・マコウ［元オールブラックスの選手］が座っていた。こんなことが起こるなんて夢にも思わなかったし、さすがオリンピックにはクールな人たちが来るんだな、と思った。子どもの時は、私もそうなれるなんてとても想像できなかった。

タイラと私はビーナス・ウィリアムズとセリーナ・ウィリアムズのスナップチャット［欧米で人気のSNSアプリ］を確認しては、恥じらいもなく彼女たちのストーカーみたいなことをしていた。どうしてもセリーナと写真が撮りたかった。スマホ画面を更新しまくり、「五分前にプレイグラウンドの所にいたんじゃん！」と言っては走ってそこまで行ったが、もういなかった。また画面を更新していまどこにいるかを調べる。すると、数分以内の距離にいることがわかった。ダイニングホールに人だかりができているのが見え、なんとその中に彼女たちがいた。セリーナは深く帽子を被って頭を下げて反対側を向いていて、「放っておいて」オーラが出まくっていたのでよく見えなかったけれど、ビーナスは他の人とオリンピックのピンバッヂを交換しているではないか。その時はチームメイトのフリも一緒にいて「ルビー、早く写真撮っておいでよ」と私を急かした。急に気おくれして、「いや、いや、そんな……」ともじもじしていると、「ルビー！　一生に一度のチャンスなんだよ！」と言われた。

たくさんの人がいたが、ラグビーのスキルを思いっきり使って人混みをくぐり抜けて一番前に出て、彼女の注意を引いた。「すみません、ビーナス、もうニュージーランドのピンバッヂは持ってる？」と、できる限り丁寧かつ、でも前に出てこようとする人を腕で押しながら聞いた。「ああ、ごめんね、もうニュージーランドのピンバッヂもらっちゃったの」と、とても優しい口調で答えてくれた。彼女が言い終わる前に私は勢いよく、「一緒に写真を撮ってくれますか？」とお願いすると、「もちろん」と。わあ、どうしよう！　チームメイトたちに写真を撮ってもらったが、マジで最高だった。速攻でインスタグラムに載せた。何人かの選手はセリーナと写真を撮ることができたが、彼女はカメラを見ることもなくうんざりしている様子だった。そりゃあ、あんなに有名人だったらずっと写真をせがまれて嫌にもなるだろう。

もう一人の有名人と遭遇したのは、ダイニングホールでトースターを使おうと待っていた時だった。まだ焼けていないふにゃふにゃのパンを手に持ちながら、前にいる髪が薄い男性が使い終わるのを待っていた。ゆっくりと焼いているのだろうか、なかなか終わらなかった。私は急いでいたのか少しイライラし、ねえちょっと、あんた占領しすぎじゃない？　と言いたくなったが、だめだルビー、嫌な奴になっちゃだめだ、彼はじっくりパンを焼きたいだけなんだ、と自分をなだめた。その男性が振り返ると、なんと彼はラファエル・ナダルだった！

マジで失礼なこと言わなくて良かった！

「本当にごめんね」と彼は言った。「君の邪魔してるよね。どうぞ、先に焼いてください」トーストが焼けるまでの間、そこに立って話をしたが、とても優しい人だった。「何の競技をしてるの？」「結果はどうだったの？」と質問してくれた。彼が気にかけてくれたなんて、信じられないんだけど。

チームメイトたちが私を見ているのに気づいた。トーストが焼けた時、「ご飯を食べ終わったら一緒に写真を撮ってくれませんか？」と聞くと「もちろんだよ」と快く返事してくれた。私たちもご飯を食べながら、彼が去るのを見逃さないよう……一挙一動観察した。しばらくして彼が立ち上がった時、全員食事を放りだして走って近づいた。彼のトレーナーは「ラファエル、だめだよ」と言っていたが、ラファエル自身が写真を撮ろうとしてくれたので、私たち四人と彼の、それはもう素晴らしい写真が撮れた。その写真を反対していたトレーナーが撮ることになったのはウケた。こういう小さな瞬間の全てが宝物なんだ。

ビーナスとラファエルがしてくれた素晴らしい対応を絶対に忘れない。「**もちろん、写真一緒に撮ろうよ！**」彼らは全く気取っていなくて、それが最高にクールだと思った。

私もたまに疲れている時もあるけれど、街で写真を求められたら対応するようにしている。だって、それがその人にとってどれだけ意味のあることかを知っているから。一生覚えてくれているかもしれない。

フリは正しかった。もしこの時私が前に出なければ、こんな機会はもう二度となかっただろう。

アップもダウンも含めて二〇一六年のオリンピックが終わろうとしている時、自分をものすごく誇らしく思えてきているのに気づいた。私にはちゃんと価値があって、ゴール達成のために生きてきた。心の声を聞いて行動し、愛を持って行動し、自分じゃない誰かのふりをしない。タイラと禁酒の約束をしたように、実はゴッシーとも約束をしていた。金メダルを獲ったらオリンピックの輪っかのタトゥーを入れようって。結果は金じゃなかったので輪っかのタトゥーは入れなかったが、それでも大事な瞬間の一つだった。その後、この機会を思い出に残すためにゴッシーがタトゥーのデザインを探していると、それを聞きつけた他のチームメイトたちも数人乗り気になり、ついにバッチリなデザインを見つけた。

私の初タトゥーは、セブンズの選手たち七人と一緒に入れた。二つのラグビーポストが心臓の鼓動で繋がっているデザインだ。なぜなら、どんな時でも私は自分の心に従って行動するから。その絵は私にピッタリだった。私のアイデンティティの中心には何を愛するか、大切にするかの価値観があり、自分に忠実でいる心がいつもラグビーを通して私に力を与えてきたからだ。そしてこれからもずっと与えてくれるだろう。

勝てなかったけれど、正気を保てたし、アイデンティティもキープできた。まだ自分への愛があった。

ルビーのライフレッスン

心に従って行動すれば、
自分の目をしっかり見て自分を愛することができる。

25　再始動（2016―2017）

チームを去る準備ができた。もうこんなの嫌だ。チームの文化とコーチによってバラバラになってる選手たちを縫い合わせようとずっと頑張ったが、疲れてしまった。無理無理。バイバイ。そう思っていた矢先の決勝戦の翌日、アシスタントコーチのアラン・バンティングが私と話したいと言ってきた。彼と私はいつもウマが合って、常に正直に接してくれることがありがたかったが、最近のチームの状況のせいでこの時は以前ほど彼と近くなかったので少し驚いた。「今夜飲みに行かない？」彼が一体何の話をしたいのか予想がつかなかったので、ポーシャにも一緒に来てと頼んだ。選手村の外のホテルで落ち合って、ビールを飲みながら彼は聞いた。「この後どうするの？」

「私はもういいんだ」と答えた。自分の人生を進んで行かなきゃいけない。パートナーとの関係も最初は最高だったのが、私がいつも家にいない状態になってしまった。これは本当だ。当時のパートナーは私の不在が多すぎて関係を保つのが難しいと言っていたし、恋人よりもチームを優先されてしまうのは当然嬉しくない。ラグビーの生活と家族や恋人関係を両立させるのは大変だ。そして私は、最近はプレーしていても楽しくないとバンツに伝えた。何か他のことをしてみたい。メディアとか勉強してみよっかな。

するとバンツは、実は日本からコーチのオファーをもらっていると言った。彼は以前プロのラグビー選手だった時代に日本でプレーした経験があり、マオリ語よりも上手なんじゃないかというぐらい流暢な日本語を話せる。

「聞いたよ」と言った。「良かったじゃん、頑張ってね。日本でも絶対うまくやれるよ」心からそう思った。彼のセブンズに対する考え方は特別だったから。

そこで彼は私の人生を百八十度変えてしまうような発言をした。「ところで、ヘッドコーチが辞めるって知ってる?」私もヘッドコーチが男子チームの仕事に応募したと聞いていたので、辞めるんだろうとは思っていた。「うん、知ってる」でも、これがどう関係あるんだろうと思いながら答えた。「じゃあ、僕がヘッドコーチの仕事に応募してみるって言ったらどう思う?」

ひっくり返るかと思った。バンツが! 私たちのヘッドコーチに! 彼は私が知るなかでただ一人、選手のために発言をしてくれる人で、特に誰かが不当に扱われている時に助けてくれる。彼は「僕じゃ若すぎるかもしれないし、経験不足かもしれないけど……」と言っていたが、私の耳にはもうあまり入ってこなかった。

頭の中で全てのことが繋がりだした。もともと戦術なんかはバンツによって作られていたし、トレーニング内容の指導、動き方の指導、そして常に私たちと向き合ってくれて……。そこで我に返った。「ちょっと待ってよ、経験不足って何言ってんだよ? 私たちのコーチになるのにあんたほど適切な人いないじゃないか。できるに決まってんじゃん。マオリ族で四十一歳だってこと、誰が気にするんだよ。ラグビーのコーチ全員が白人で年配でハゲじゃないといけないことなんてないんだよ」突然興奮して私はベラベラと話し続けた。「応募しなよ、もしあんたを選ばなかったら組織はバカだ」

「わかったよ」と彼が言った。「ルビーがどう思ってるか聞いてみたかったんだ。ずっと考えていたんだけど、もし僕がコーチになったらマオリ文化を中心にやっていく。チームの文化を中心にして、選手たちが主導権を持つ環境を作る。いまいるベテラン選手たちをリーダーシップグループにして、僕はあんまり割り込まないし変えようとしない」

コーチたちはよくこのようなことを言うが、実際は口だけであまり実行されない。自分の仕事を他人に任せるのは怖いことだから。でもバンツが私にこう言った時、なぜだかわからないけど彼のことが信用できた。彼が本気で言っているのがわかった。これこそが私が入りたかったチームだ。本物の文化があるチーム。私の目に光が宿った。もう一度このチームにいて楽しめることを想像した。ああ、どうしよう、ずっとずっとこれが欲しかったんだ。オリンピック決勝戦の最低最悪な状況の時ですら、このチームには材料が全て揃っているのに、と思っていた。世界一の選手たち。でも、レシピの一部が正しくなかったんだ。彼はレシピを持っている。彼について一緒に戦いたいと即座に思った。

チームの文化があんなだった時に銀メダルを獲れたんだ。もしチーム内の関係性が良かったら、どうなると思う？　一番金ピカな金メダルを獲れるに決まってる。

「バンツ、もしあんたが応募して採用されたら、私も残るよ。東京オリンピックまでついて行く」と伝えた。

そして彼は応募し、少し時間が経った頃に私に「採用だ！」と電話をしてきた。

さあ、人生が変わる時だ。

私たちのチームはワカ［マオリ族の伝統的なカヌーのような船］だ。ワカが通る航跡にマナ［マオリ族の価値観、日本語の「徳」に相当］を残していく。

二〇一六年十一月にバンツが正式にブラックファーンズ・セブンズのヘッドコーチに就任して以来、一緒に旅に出ている。彼はコーチとしての自分自身を探しながら、もともと具えているリーダーシップに関する考えと知識をどう活かせるか、そして私たちは信頼されることの意味、責任を持つこと、そしてチームとしての私たちを理解する旅をしている。

就任してすぐに彼は私、ナイル、タイラ、ゴッシー、ケリー、ケイラ、そしてポーシャをリーダーシップグループに任命した。さらに、彼の親友のコーリー・スウィーニーをアシスタントコーチにつけた。二人は小学校からの付き合いで、友人を仕事に招くというのは疑わしい時もあるけれど、すぐにコーリーがとても腰が低くて知識豊富、さらにコーチングアカデミーで働いていたと知った。だから戦術などもよく知っていて、彼も含めた新しいマネージメントチームは現実とは思えないほど素敵だった。

バンツはリーダーシップグループを集めて「僕は君たちの意見なしに物事を進めない。何でも一緒に解決していく方法を考えよう」と言った。その日以来、私たちは何を決めるのにも関わった。例えばある年、契約選手の最後の二、三人を決められなかった。誰かのチームでの居場所がなくなってしまう事態が避けられなかった。その時も私たちリーダーシップグループが呼ばれ、「いまこういう状況なんだ」と説明を受けた。彼らは私たちにチーム全体としての視点、理想とされるバランスを説明してくれたので、私たちも全体像を把握することができ、誰かが去る必要があることを理解できた。彼らのいないところで話したこと全て、少しだけしか情報がない時に愚痴ったことなどをいままでは全部マネージメントチームに面と向かって話すことができ、ちゃんと聞いて答えをくれる。なので、部屋を出る時に心は晴れていなくとも、チームのために正しい判断がされているということはしっかりわかった。通常、コーチたちはこんなことはしない。

もう一つリーダーシップグループが最高に機能した要因は、私たちは全員全く異なる性格をしていたけれど、一人ひとりが確固とした自分を持っていて、はっきりと自身の考えを言えたことだ。これは本当に大切で、もし全員が似たような性格だったら、違う意見を持つ人が強く主張できなくなるし、基本的に似たような見方になってしまう。反対されることや傷つくことの怖さが正しいことを貫く気持ちよりも大きくなってしまい、そうなると状況的に良くない。私たちのこのグループはみんな強くしっかりと意見を持っていて、お互いにぶつかり合うことができた。価値観が違えども、どんな小さな摩擦であろうと話し合うことができ、そうやって正直に話し合った結果、みんなの距離も縮まった。

人間関係というのはおもしろいものだ。人生にとってとても大事なものだが、時にはより良い人間関係について学ぶ代わりに自分を見失ってしまうこともある。愛し方や愛され方、自己価値の見出し方、他人とのコミュニケーションの取り方、など。学校や職場などで自分の成績や業績はよく振り返ると思うが、人間関係についてはあまり振り返らない。さっきの会話、どう言えばよかったのだろう? など、とても大切なことなのに、人はあまりそれについて考えない。

自分自身について考え、自分のルーツを知り、自分が誰なのか、何によって動かされるか、をきちんと知ることによってさらに良い人間関係を築けるようになった。いまはすぐに人と仲良くやることができ、安心できる環境を作り出せる。自分のアイデンティティや価値を理解したからこそ、他人の中にもそれを見出せるようになったのだ。

アラン・バンティング、バンツとはいつでも安心できる空間を簡単に作れた。彼はクリアでオープンになること、正直なコミュニケーション、迅速さを重んじる。どこかで誰かがコソコソと他人や状況について話していれば、彼はすぐに話し合える場所を提供した。たとえそれが他のスケジュールを押してしまったとしても。もしもっとちゃんと時間を取れる機会を待とうとすれば、その問題は更に大きくなってしまうと私も思う。私とバンツは正直でいることと、話しにくいことであっても面と向かって話すことの大切さに関して同じ意見だった。言うまでもなく、私たち二人はスケジュールに沿って予定を時間どおりに遂行させる良いマネージャーにはなれない。みんながみんな同じ価値観ではないから、私たちのこの方法が苦手な人がいるのも理解している。でも、私にとっては大事なことだった。

私の夢はずっと世界一すごいチームに所属することだった。世界一の選手になりたい、とも言っていたけれど、私の「すごい」は他の人の「すごい」とは違うとわかっていた。私にとってのすごさとはトライ得点の記録ではなく、タックルの統計データでもキャップ数でもない。それももちろん素晴らしいことだが、私にとってのすごい選手とは、カメラがなく快適な環境に身を隠せる時にでも立ち上がれる選手。何もかもが調子良く進んでいる時にでも、何か言わないといけないことがあれば、その場の雰囲気を壊してでも声をあげる選手。隣にいる選手に自分を表現できる安心感を与えられるだけではなく、最大級のプレッシャーが襲う瞬間にでも人を信用することができる選手だ。もし誰かが悩んでいたとしたら真っ先にその人の元へ行き、自分一人で悩まなくてもいいと思わせてくれる。勝った時はフィールド上で一緒に祝う。負けた時は、全力を尽くし、話すべきことは全て話したのだから、堂々と胸を張る。本当のすごさというのはチーム内で感じることができ、ハグをした時の目を見れば、その人が昼夜問わずいつでも私のためにいてくれるとわかるということだった。

友人でコーチのクリスタル・カウアに一度言われたことは、人は体の中から出したもので苦しむのではなく、体に溜め込んでいるもので苦しむんだ、と。感情などをずっと溜め込んでいればやがて爆発してしまい、依存、暴力、自殺など最悪の結末に繋がる。それは人を内側から腐らせてしまう。メンタルヘルス、メンタルフィットネスを究める道は、他人も自分も傷つけずにどうやって自分の気持ちを伝えていくかを常に学んでいくことだと私は信じている。私にとってそれはラグビーよりも大事なことなのだ。世界一のチームになることは、人生を変えることでもある。

バンツはよく「しっかりと激しくも良いコーチングをして、コーチなんていらなくなってほしい」と言っていた。コーチなのになんて無欲なこと言うんだ。でも実際フィールド上では私たちしかいない状況になる。コーチたちは私たちが白いラインの上に立つまでは全力でヘルプをしてくれるが、そこから先は私たちの責任だ。私たちにはできる。縄から解き放たれる。自分たちしかいないんだ。例えば東京オリンピックのようなとても大きな試合の時でさえ、バンツはハーフタイムに水を運んでくれるだけで、円陣で話すことはない。私たちに話させてくれる。私たちが自身の役割を理解していると信じ、私たちの信頼関係を信じてくれた。簡単なことではないはずなのに、時には彼は円陣から離れる。それぐらい信用してくれていた。

円陣を自分たちだけでやらされるのは、最初はとにかく気まずかった。試合中それぞれに役割があるけれど、ヒートアップして、感情が高ぶって、さらに疲労困憊しているなかで何を言えばいいかを学ばないといけなかった。でもこれはさらに上のレベルのリーダーシップの目覚めだった。円陣の中で自分のことしか考えない状態、水を飲んでコーチが何か役立つことを言ってくれるのを待っているだけの状態から、試合の全てのことに注意を払い、コーチではなく自分たちで答えを出さないといけない環境。どれぐらいの時間をかけて、どれぐらいの深さで攻撃するか……。ゴッシーに、相手はコンテスト［ボールを競り合うこと］してこないから、次のペナルティはキックでボールを蹴り出してラインアウトになる選択をして、と伝える。みんななんで今日そんなにタックルをミスしてんの？　など。バンツの信頼によるリーダーのシステムによって、ものすごく成長した。彼は本当に、リオであの夜私に話してくれたことを実行していた。

本当のリーダーシップの対義語は個人主義、一人だけがみんなの上に立っている状態だ。誰でも参加できる包容力というか。私はいつでも上意下達《じょういかたつ》が嫌いだった。私がチームに何年も在籍していたとしても、新人選手よりも上だという顔をして歩き回ったり、偉そうにするべきじゃない。話し合って、お互いに同意してから何かをするのが好きだ。チームではいつも完全一致か、とことん話し合うかの二つに一つ。もしみんなの前で言えないことなら、影でも言うべきじゃない。私はいつも選手として、誰でもオープンに意見を共有できる場所を作るのに力を入れていた。リーダーシップグループにいると、その他の選手よりもたくさんの情報を得られるので、それが全員に行き渡るように努めた。結局、私たちは選手みんなの意見や決定を代表しているのだから。チーム選抜の時も、選ばれなかった選手にどうやって伝えるのが一番いいか、などを話し合った。リーダーシップグループは必然的に大会時のチームに選ばれることが多いため、選ばれなかった選手の気持ちを正確に話すことはできなかったので、その時は他の選手の力も借りた。

ラグビーのイメージと言えばマッチョでタフだが、それはいままでずっと男性優位のスポーツとして知られていたからだろう。選手たちを駆り立てているのは感情であるということはあまり表に出ていない。ある時、チーム全員が性格テストを受けさせられた。選手もスタッフも含めた全員。結果、一人残らず感受性が豊かという判定だった。これはオールブラックスとブラックファーンズの偉大なコーチだったウェイン・スミスが言っていたことに当てはまる。「プロセスや偉大な取り組みにチーム全員の感情的な理解を得ないといけない。ひとり残らず一緒に参加しているということを理解してもらう必要がある」

みんなそれぞれ全然違うけれど、戦う時は全員心の底から戦う。全員この黒いジャージに恋をしたんだ。自分の国を代表するという純粋な気持ちは、ちょっとロマンチックだとも言えるだろう。昔ながらの硬派なラグビー選手たちだって、きっと同じ気持ちを持っていただろう。

チーム内の全員が、誰もが感受性が豊かだと理解した。誰もがたくさんのことを感じるのだ。そしてそのことを踏まえ、全員がこの取り組みに同じ気持ちで乗った時、私たちは無敵になる。

私がバンツと話した時、彼はすでにこれを全て理解していたに違いない。チームにとって最大の秘訣は文化と絆で、彼は私たちの成長を助けることに打ち込んでくれた。私にとってはわりと自然なことだったけれど。だって、いつもこれを望んでいたから。良い人間ばかりのファミリーで、みんなで正しい決断をしていくこと。もう一度みんなとチームになれた。この新しい環境の中で、それぞれがみんな違うこと、でもみんな同じ人間で、ゴールは同じ、世界一のチームになることだと学べた。

私たちのチームの九十パーセントはマオリ族かパシフィック・アイランダーだ。バンツ自身もマオリ族。リオのオリンピックに到着した時におもしろいと思ったのが、私たちはとてもカラフルで、ニュージーランドチーム全体としてはパケハ［マオリ語で「白人」の意味］寄りだったのが、私たちセブンズのチームが参加したことによって民族の割合をみんなが喜ぶものにできたことだった。

マオリ族、サモア人、その他の太平洋諸島の文化は、全てのことは家族のため。ギャングに入るのもそのためだ、どこか所属できる場所ができる。こうして、チームがファミリーになった。家族外の家族。みんなのためなら何だってする。バンツはマオリのアイデンティティをチームの中心に置きながらも、誰のことも文化的に受け入れる、心地よいものにした。教える時はマオリ語を使った。それだけでなく、彼は私たちをラグビーよりもっと大きな全体的なものに私たちを繋げてくれ、そうすることによって、私たちは個としての自分ではなく、文化や民族を代表するのだと思えるようになった。

彼のアイディアでもある「チームは船《ワカ》」という考え方はマオリの比喩で、私たちは全員すんなり納得した。船《ワカ》はみんなで作り上げるもの。肉体、精神、文化。いまではいろんなチームで一般的に使われるテーマになったが、当時それを採用をしていたチームは少なかった。プロのチームではバンツが最初の一人かもしれない。その後、彼は他のプロのコーチからも持ちかけられ、そのチームのテーマ指導を頼まれたりもした。スピードと器用さ《プホロ》を使って船首《タウイフ》で水を切り、まだ見たことのない海へと進んで行く。

みんなで力を合わせて船を漕ぐ。一人でも欠けたら力が足りない。そして航跡には徳《マナ》を残して行く。それは、地球上に私たちが残す足跡を意味していて、通った場所全てに残っているのだ。

毎日毎日、チームミーティングでこの話をした。どのチームもチーム内で使う比喩やガイドとなるアイディアを持っているが、私たちのものは文化由来でとても深く、私たちが何者かということを示していたからクールだった。それは私たちチームのストーリーであり、一人ひとりのストーリーでもあった。私はいまからの人生を本当に意味のあるものにしたかったので、この文化は私を虜にした。リオではヘマをしたけど、次に私たちはどこへ行くんだろう？　この船《ワカ》はどこへ向かってるんだろう？

私にはマオリの血が一滴も入っていないが、**ニュージーランド**を感じることができた。私たちがみんなで作っているこのチームのパワフルな文化は、誰もが自分自身になることができ、自分のものと感じられる場であり、その包括性はニュージーランドの文化と同じだ。一《タヒ》、二《ルア》、三《トル》が私たちのコールだった。ハカをする時は本気で自分を表現しつつ、相手を尊敬し、私たちを愛してくれる人に愛を示した。何かが上手くいった時は「いいね！《カーパイ》」と言った。すごいことをやり遂げた時は「素晴らしい！《ティノパイ》」と言った。バンツが「ティノパイ」と言う時は、本当に素晴らしいことをした時だった。

私はニュージーランドを良くしたい。私はニュージーランド人《キウイ》で、マオリ側のニュージーランド《アオテアロア》を誇りに思う。そしてマオリ文化は私の母国の文化なので、私はそれを代表していることになるから、尊敬し、愛していた。

いろんな人によく、私たちのチームは全員仲が良いのが一目でわかり、試合に向けてとにかく楽しんでいるから見ていて楽しいと言われる。あなたが見ているものは本物だけど、そんなに単純じゃなかった。困難に立ち向かいながら、言う時も言われる時も、正直さを恐れずに築き上げたものだ。私たちはみんな全然違うが、あなたが見ているものは、私たちみんなで築いたチームの文化で、それは本物なんだ。

ここ以外のどこにもいたくない。マジで。

私のキャリアも変わった。その年の十二月、リオからたった数週間後のドバイセブンズで優勝した。また勝ち続ける日々に戻れた。それよりも、勝っても負けても、またチームの文化が楽しいことが大事だった。

もちろんすぐに常に勝てるようになったわけじゃない。二〇一七年のシドニー大会では三位となったが、ラスベガスと日本の北九州の大会では勝つことができた。そして、私は自信を取り戻した。再始動として新しいコーチたちがもたらしてくれたものが嬉しかったし、二〇一七年は私が選手として成長するとともに、チームの中での立ち位置に安心感が出てきた年になった。自分のルーティーンをしっかり整理でき、強みもわかった。全部を一回ちゃんと整理しよう。この位置まで来るのに何年もかかったが、やっとここにいていいんだと思えた。

ある日、15人制のコーチたちがやって来た。彼らは何人かのセブンズ選手たちとすでに連絡を取っていて、もしそのシーズンのワールドシリーズ残り二回のツアーを欠席しても良いのなら、15人制のワールドカップチームに入ってほしいということだった。迷った。クソッ、超行きたい。セブンズが始動するよりもずっと前からブラックファーンズに入ることを目標にしていた。でも、いま行くのは正しくないと思った。行きたければ行けるのはわかっていたし、うまくできると自分を信じていたが、私はきちんとブラックファーンズとして存在したかったし、ブラックファーンズであること全体を経験してみたかったのだ。もっと15人制の練習をして、ナショナル・プロビンシャル・コンペティション（NPC）という地方代表の大会のシーズンにも参加したりして、しっかりと段階を踏みたかった。それに、やっと自分のセブンズチームに所属できて、以前よりもすべてがうまくいっている手ごたえがあり、自分のプレーも絶好調だった。

バンツに話しに行った。彼は直接は言わなかったけれど、私に残ってチームを引っ張ってほしいと思っているのが伝わった。なので、15人制のコーチには返事をせずに、このままセブンズに残ってこの機会をリーダーとして成長することに決めた。ゴッシー、ケリー、ポーシャと他数人の選手たちがワールドカップに向かい、リーダーシップグループの半数が抜けることとなった。私、タイラ・ネイサン・ウォン、ナイル・ウィリアムズが率先して頑張っていかなきゃいけない。

結果的にその年は私にとって重大な一年だった。メディアではチームのスターがみんな抜けたと大きく報道されたりもしたが、このチームにはまだ姿を見せていないスター選手が何人もいると世界に見せつけてやろうと思い、俄然やる気が湧いた。

全員進歩した。間違いなく、その年はようやく活躍の機会を得たミカエラ・ブライドが大きく飛躍した一年だった。五月のカナダ大会、六月のフランス大会では「有名選手」たちなしで勝利し、ワールドシリーズのチャンピオンとなった。その勝利は私たちの深い絆と文化を輝かせてくれた。私たちはふたたび紛れもないチャンピオンになり、目立つ選手に隠れていたスーパースターたちも輝ける瞬間を得た。

私が以前に抱いていた心のもやもやを解消するのは簡単ではなかったが、乗り越えられて本当に良かった。正しい決断をしたことによってさらに自信がついた。その年、私は国内ではニュージーランド女子セブンズ・プレーヤー・オブ・ザ・イヤーを受賞し、世界ではワールドラグビー・プレーヤーに、シーズン得点王のミカエラ・ブライドとともにノミネートされた。バンツは他のコーチは絶対しないであろう決断をして、ドバイの大会直前の週末だというのに表彰式のためにモナコへ行かせてくれた。私たちのニュージーランドチームから二人も選出されたことがとにかく誇らしかった。ミニはこの年と、翌年も受賞した。彼女のことを誇りに思う。

二〇一七年のニュージーランド・プレーヤー・オブ・ザ・イヤーを受賞したことは私はとても嬉しくて名誉に思ったが、私のゴールはここではなかった。私のゴールはいつだって、世界一のラグビーチームに所属すること。フィールドの内外に関係なく、プレー、コミュニケーション、文化、全てにおいて世界一のチーム。信頼できる情報筋から、ニュージーランド・女子セブンズ・プレーヤー・オブ・ザ・イヤーを選んだ人たちは実はあまりセブンズの試合を見ていないと聞いた。私が受賞したことはもちろん嬉しかったが、本来ならミニが受賞するべきだと思ったし、少なくともノミネートされているべきだった。受賞スピーチで、ミニをノミネートもしなかったことについて非難したことは上の人達の気に障ったのだろう。その二年後に私はワールドラグビーのプレーヤー・オブ・ザ・イヤーに選ばれたというのに、私は二度とニュージーランドの賞に選出されることはなかった。

素晴らしいリーダーシップというのは、みなさんが想像しているものとは少し違うかもしれない。いろんな知識が豊富とか、いつも答えを持っているとか、みんなより上に立つ人とかじゃない。素晴らしいリーダーというのは、そこにいる全員が自分自身になれる安全な環境を提供できる人。そうすれば、問題があるごとに答えを持っている、一番適切な人をチーム内で見つけることができる。そうしてチームを開花させる。そういう環境の中では、一人ひとりがどういう人間なのかをしっかり見ることができるのだ。私たちのチームはもちろんみんなラグビーが上手な選手だが、例えば、ルビーは本当は何が得意なの？　ポーシャが自分自身でいる時は何が得意？　ゴッシーは？　リーダーシップとは、一人ひとりの本来持っている強さと個性を引き出すことだ。

ゴッシーはチームのキャプテンで、彼女がやる気になった時は真剣さで右に出るものはいない。肉体的なチャレンジで怠けることはなく、身体の仕上がりもチームで一番で、馬車馬のように働く。余分に練習をし、何かをやるのに違う方法を常に模索し、自分のことは何でも自分でやる。彼女のとる行動は、彼女の才能や訪れる機会に〝グレアティチュード〟を示しているのがよくわかる。

でも彼女は衝突が大嫌いだ。私はいい衝突は好きだ。誰かと衝突するのが好きなのではなく、腹を割って話せる機会を歓迎する。私は文化のリーダーで、特にフィールド外でのことを中心にまとめている。だから何か選手間で難しい問題が起きた時や誰かが困難に直面している時など、ゴッシーは私に相談しに来るが、ゴッシーが来る前にその選手がすでに私のところへ泣きながら来ていたり、私がすでに当事者たちと話し始めていたりすることがよくある。同時に、私が確信を持てない場合や、踏み込んだ方がいいのか迷っている時はゴッシーに相談する。彼女はよく「ルビー大丈夫だよ、心配しないで」と言う。本当に、彼女の正直さにはいつも感謝している。

このリーダーシップグループがうまく機能しているのは、私たちは誰もリーダーになろうとしておらず、ただ自分自身でいるだけだからだ。一番良いバージョンの自分。そして、その個々のパワーが一つになる。最高のリーダーや最高のキャプテンというのは、全ての答えを持ち合わせているわけではない。最高のリーダーは、自分は何でも知っている、何でもできるとは思っていない。彼らは他人に手助けを求められる人間性を持ち合わせていて、他人の強みを認識して引出し、協力し合う。

私たちのリーダーシップを要約できる言葉がある。マオリ語の「ランガティラタンガ」という言葉だ。これはマオリ族に伝わる哲学で、個々の力が集まったチームの力こそがリーダーシップの本質であり、自治を実践する、という意味。

私はこの考え方が大好きだ。私はいつもチームの中でこれまで築いてきた関係性から幸せを見つけ、全員で一緒に旅をしている感覚に浸る。ラグビーがルビーを形成したのか、ルビーがラグビーを形成したのか、どちらか断言するのは難しいが、たぶん両方だろう。ラグビーの中で見出してきた文化が、私にとって成長し進歩するのに完璧な環境だった。それも当然のことで、正直であること、言いにくいことも話し合うこと、愛、フィールド上で貢献すること、愛する競技をプレーすることなどを見ればわかる。

誰もが大規模な試合のプレッシャーの話をするけれども、変に聞こえるが、私にとってそれは簡単な部分だ。簡単な部分というのは、フィールドに出ていってクールに振る舞い、トレーニングしてきたようにプレーする。難しい部分は閉ざされたドアの向こう側にある。相手チームがどんなことをしかけてこようと対応できるように、一つひとつのトレーニングをチェックしながら練習すること、難しいが腹を割ってする話し合い、誰にも崩せないチームになるための文化を築くこと。こういったことこそが難しいのだ。

ルビーのライフレッスン

私たちのチームは船《ワカ》。
そして航跡に「徳《マナ》」を残して行く。

26 険しい道のり

二〇一八年は大きな年として迎える準備ができていた。二〇一八年のワールドシリーズが五回も大会があるだけでなく、さらに二つあった。四月初旬にオーストラリアのゴールドコーストで開催されるコモンウェルスゲームズと、七月にサンフランシスコで行われるラグビーワールドカップセブンズ。

十二月のドバイ大会ではオーストラリアに負け、その翌一月のシドニーでもまたオーストラリアに31対0で記録的な大敗を喫していた。完全に不意をつかれ、受け身だったディフェンスをいきなりとても攻撃的なものに変更し、ラインスピードもいままで見たことないほど速かった。負けたことをレフリーや自分たちのせいにするのは簡単だったが、実際は予想しない戦術を披露されたため完敗したのだった。私たちのチームにとっては最悪の結果だったけれど、それでも私は楽しんでいて、この試合にも、このチームにも本当の喜びを見出していた。チームに良い文化があって負けるのは、以前に苦い経験をした時のように、チームに文化がないまま勝つよりも良いことだったので、私はあまり気にならなかった。

この敗北はチームにとっては糧となった。次にあるコモンウェルスゲームズの前にオーストラリアの戦術をよく研究でき、準備万端にすることができた。ディフェンスの変更はオーストラリアの一番の切り札だったが既に出してしまっている。もし、もっと大事な大会であるはずのコモンウェルスゲームズまで秘密にしておいたら、私たちはそこで確実に負けていた。シドニー大会での勝敗はみんな忘れてしまうが、コモンウェルスゲームズの結果は記憶に残る。

「私たち」がコモンウェルスゲームズでオーストラリアに勝ったと書いたが、実際には「私のチーム」だ。私じゃない。私はいなかった。なぜなら、どこで誰からか全くわからないが、いらないものを拾ってしまった。

コモンウェルスゲームズでプレーできるということは画期的だった。男子セブンズは既に六回目の開催だったが、二〇一八年は初めて女子セブンズが競技に含まれた年で、私たちにとってとても重要だった。

シドニーでの敗北後は、バンツのもとでいままでで一番激しいトレーニングをした。私たちの身体の仕上がりは最高で確実にいままでと違い、ゾクゾクした。コモンウェルスゲームズはオリンピックの次に大きな大会だ。選手村に入る三週間前、最終調整のためにまずはオーストラリアのサンシャインコーストへと向かった。

宿泊施設ではリビングルームでマオリ族の集会所、マラエ式にみんなで雑魚寝した。楽しかったから私が率先してマットレスを準備した。このチームと一緒にいるのが大好きだ。ところが、合宿が始まって十日目ぐらいのある朝、目覚めると喉にしこりができていて体調が変な気がした。風邪気味なのかな？　でもコモンウェルスゲームズはすぐ目の前だ。シャキーラ・ベイカーが隣にいたので、しこりを触ってもらった。ねえ、これ何だと思う？　心配するべき？　「ううん、きっと大丈夫でしょ」。言ってほしかったことを聞けたので、なんでもないと思うことにした。

その後しばらくして、本格的に体調が悪くなった。インフルエンザなのか？　だったら隔離が必要になるじゃん、クソッ。いまは病気になってる場合じゃないのに。数日のうちにさらに悪化し、ついにはトレーニングを休まないといけなくなってしまった。トレーナーのニックが少し調べて、「おたふく風邪の症状だね」と言った。発熱、倦怠感、めまい、喉に何かが貼り付いたような感覚の腫れ。可能性は低いと彼女は言ったが、彼女の顔はそうは言っていなかった。

大会のドクターが私のホテルへ来て診察してくれた。彼女は聴診器を耳につけて私の胸の音を聞いた。いまではかなり大きくなった喉のしこりを触り、聴診器を耳からはずして首にかけると、椅子に深く座り私を見て告げた。「おたふく風邪です」

ちょっと、それどういう意味？　選手村に入るまであと一週間、試合開始までは二週間しかない。私は頭の中で狂ったように日にちの計算をしながら、症状は何日ぐらい続くの？　いつまで感染力があるの？　この日が初戦なんだけど、私はいつ……？　と考えていた。医者は「あのね、とにかくあなたのことはいま隔離しなくちゃいけないの。感染力はとても強いのよ。私たちが容態観察するから、あなたはこの部屋から出ないで誰とも話さないこと」と言った。

そして私はこの部屋で一人になった。症状は日に日に悪化し、激しい頭痛がして、ますます心配になるしムカついてくる。トレーニングしなきゃ。試合に出なきゃ。

私はどれだけ体調が悪くても、それを断固として見せないようにした。そのおかげか、医者やコーチたちは「もっとしんどいはずなのに……」と言っていた。

誰も「あなたは試合に出られない」と言わなかった。みんな私を失望させたくなかったのだろう。一向に良くならなかった。隔離部屋でさらに悪化したが、大丈夫なように装っていた。まだ試合に出られると信じて疑わなかった。

ニックが「今日は調子どう?」と聞く。

「全然平気だよ、ニック! さっき腕立て伏せやったよ」

私は無理してでも試合の分析をし、しっかり食べ、やる事リストを実行していた。

ある時、起きたらいつもと全然違った。サハラ砂漠にいるのかと思った。体中が痛くて、喉の腫れは巨大になってしまい、まともに喋ることすらできない。喋ろうとしたら酔っ払いみたいな話し方になってしまう。話すたびに痛むが、それでも私はニック、大丈夫だよ! 早くトレーニングさせてよ! と言い続けていた。

助けを求めたほうがいいのか? 頭痛は耐えられないほどになり、喉が潰れて、動くと痛い。クソ! おたふく風邪に関して何も知らず、単に軽い病気だと思っていたので本当にイライラしていた。この時点でもまだ、いま誰かにタックルさせてくれるなら絶対できると信じていた。

夜になって、体調が急激に悪化した。この夜は無限に続くように感じた。体中に激痛が走り、高熱で現実から引きはなされて朦朧としていた。この痛みは説明しづらく、体中が痛むが痛みは内側から来ている。腕が痛むから腕を支える、なんてものじゃなくて、体中に酸が回っているみたいだ。どの体勢を取っても落ち着けない。気を失いそうになったと思ったら、制御できないほど吐き続けて、動こうとしたら急に目が見えなくなった。目を開けようとすると針が刺さったように痛むのだ。

なんだよこれ、盲目になった⁉
浴室まで床を手探りして這って行くも、途中で何度も意識が飛んだ。気がつくと、床の上に伸びていた、シャワーの下にへたりこんで口元には吐瀉物がついていた、便器にもたれかかっていた、という具合に、意識を失っては取り戻していた。正直、どっちが上なのかもわからない。少しだけ力が湧いた瞬間に洗面台まで体を持ち上げ、無理やり目を開け、そして鏡を見た。刺すような痛みがあり涙が流れる。泣いてるのではなく、痛みと嘔吐のせいで涙が出る。ほとんど見えないし、体を支えられないが、弱々しいくぐもったガラガラ声で、他でもない自分に向けて、ルビー、あんたは絶対にこれを乗り越えられる、と言った。こんなのに負けない。体を支えられなくなり崩れ落ちると、冷たいタイルの床が心地よかった。そしてまた意識が飛んだ。

私はこのホテルの部屋に隔離されていて、私が鍵を持っているから誰も入って来られない。ニックは今夜すでに夜のチェックに来てくれ、もちろん私は大丈夫と言い切ったが、私はいま目が見えない。何か必要だったらメッセージするよと彼女に伝えたが、見えないから携帯を探せないし、見つけたとしても明るいスクリーンを見て実際にメッセージを打つなんて不可能だ。体の全ての機能がシャットダウンし始めている。

ニック？ ニック？ 助けを呼ぼうとするけれど、叫ぼうとしてもかすれた小声しか出すことができないし、何よりもう時間が遅すぎる。朝まで誰も来ない。絶対大丈夫だ、バカなこと言うな、こんな病気乗り越えられるに決まっている。どうやったかわからないが、なんとかベッドまで戻れた。痛みをマシにする唯一の方法は、そこに座って目を閉じることだった。できるだけじっとして、動かずに。もし動いたり目を開けようとしたりしたら、その瞬間に痛みが襲ってくる。

何時間も、お願い、誰か来て……誰かドアまで来て……と念じることしかできなかった。

そしてついに。ようやく。ノックが聞こえた。「ルビー？　ニックだよ。ドアを開けて」

私は動けないし、声も出せない。叫ぼうと必死に頑張ったが、ささやき声しか出なかった。

彼女が階下へ駆けていきフロントから鍵を受け取り、ついにドアを開けた。「ニック、見えないの……ごめんなさい……」と残っている声を振り絞って言った。彼女は部屋の状態と私を見て、パニックになった。「ニックのせいじゃないんだよ、電話できなかったんだ……」彼女が救急車を呼んでいる間、私はまたじっとしていた。動くとまた全身が痛むから。

救急隊員たちが到着し、チームのＳ＆Ｃコーチのブラッドも部屋に来て、私は「ブ……ラッド、目が見えない、見えないよ」と言った。彼は「大丈夫、心配するな」と言うけれど、私は目を開けることもできず、なぜ目に刺すような痛みがあるのかが理解できなかった。彼の声を聞くことはできて、救急車に乗るのを手伝ってくれた。ブラッド、本当にごめんなさい、私が自分をここまで悪化させたのが悪いんだ。彼はすでにおたふく風邪にかかったことがあるので、チームで一番感染リスクが低いということで帯同役に当てられた。救急隊員たちは私に担架に乗れるかと聞いてきたが、こんなに体中が痛むのに断固拒否し、彼らに担架なんていらないと伝えた。私はまだ試合に出られると思っていたから。ブラッドに手伝ってもらいながら下まで降り、救急車に乗った。ずっと頭がガンガンしていて、目はぎゅっと閉じたままだった。

病院へと急ぎ、医者が「彼女は緊急の腰椎穿刺《ようついせんし》が必要だ」と言っているのが聞こえた。ブラッドが

「ちょっと背中にチクッとされるみたいだよ。でも僕がここにいるし、安心しな」と言った。私は手術台に乗せられて、ブラッドが手を握ってくれていた（後になって彼は、巨大な針が出てきた瞬間、どちらかというとルビーが僕の手を握ってくれていた、と言っていた）。聞き慣れた声がそばにいてくれたことで安心した。そして、背中に何かがぶっ刺さったのを感じた。痛かったが、すでに体中に激痛が走っていたのでどうでも良かった。そして脊椎から体中の液体が抜けていくのを感じた。

病院のベッドで目が覚めると医者が入ってきて、髄膜炎だの脳炎だの難しい言葉を交えた説明を始めた。「君の体はウイルスに感染して、体の中の液体を脳と脊椎に押し込み過ぎて、脳が腫れてしまい、結果として脊椎と目に圧力がかかってしまった。だから見えなかったんだよ」

試合に問題なく出られるという姿を見せようと努力した結果、自分を危険な状況に追い込んでしまった。医者に本当の症状を言わなければ命に関わることもあるなんて思いもしなかった。私は本当の体調を誰にも言わなかっただけではなくて、自分は無敵なんだと思い込んでいた。髄膜炎を起こして体がショック状態に陥る段階になるまで。

痛かったらちゃんと言わなきゃいけない。新しい学びだ。が、私はまだ完全に学習していなかった。意識がはっきりするとすぐにまた、試合までの日数をカウントし始めた。今日は何日？　キャプテンズラン［試合前日に試合会場でキャプテンが指揮を取って行う最終練習］まであと何日？　試合日はいつだっけ？　病室のテレビを点けるとコモンウェルスゲームズが開催されている。毎日見て、なんとかそこへ行こうとした。

その一方で、私のせいでチームは大変なことになっていたらしい。チームメンバー全員が隔離され、全員が感染していないことを確認するまで選手村に入れなかったそうだ（幸運なことに他は誰も感染していなかった）。私が眠ったり目を覚ましたりを繰り返していると、突然当時のパートナーがベッドの側に座っていて、姿を見たとたん泣き出してしまった。良かった。ずっと病室で、夜も一人で本当に怖かったんだ。

オリンピックのレジェンドでコモンウェルスゲームズのニュージーランドチーム選手団長だったロブ・ワデルがお見舞いに来てくれ、他の種目も含めた選手たちからのサイン入りグッズなどを届けてくれた。その間、誰一人私が試合に出られないとは言わなかった。頭の中ではまだ六日もあると思っていたし、まだ出るつもりだった。バンツがメールでお見舞いに来ると言ってきたので、下のカフェで会おうと返信した。

マジで？　ベッドで休んだままでいいのに。

うん、大丈夫。元気だよ。

本当はいけないが、刺さっている点滴を全部抜いてなんとかして下のカフェまで降りた。でも吐き気が止まらない。ぐっとこらえてできるだけ自然に、つい最近死にかけたように見えないようにした。バンツは後になって話したところでは、実はこの時彼は私の夢の終わり、試合に出られないことを伝えに来たのだった。たぶん私は心の中では気づいていたけれど、彼にそう言わせなかった。

風船と花束を抱えて座っているバンツを見つけた。何日も何も食べていなかったが、スムージーをオーダーしておいしそうに装いながら飲んだ。

「調子はどう？」と彼が聞いた。私が寝たきりだと伝えられていたので、驚いた様子だった。

「全然元気だよ！」と私は言った。「みんなから何を聞いてるのか知らないけど、マジで怖かったし、ちゃんとニックに症状を言うべきだったんだけど、いまはもう大丈夫！　トレーニングはどう？　みんなどんな感じ？」

この時の彼の顔。めちゃくちゃ混乱していた。私は十キロほど痩せてしまっていたが、こうしてカフェで座っている姿からはよくわからないようだった。自分でも何日も鏡を見ていないので、自分が思うほど元気に見えないのはわかっているが、彼と私は心で繋がっているんだ。だから私が出られると言えば彼はちゃんと聞いてくれ、できる限りの事をして叶えてくれるはずだ。この時は私ははっきりと出られるとは言わず、何の答えも言わなかったが、彼は「おう、マジか。じゃあみんなにルビーは元気だって伝えておくよ」と言った。頼んだぞ！

私にまだ入院していろという度胸もなく、彼は困惑しながら帰っていった。彼の姿が見えなくなるまで半分だけ飲んだスムージーの前に座って手を振り見送った。彼が視界からいなくなると急いでカフェのトイレまで歩いて行き、さっき飲んだスムージーを全部吐いた。なんとか病室に戻ると、私が勝手にベッドから離れたというので看護師たちが怒っていた。点滴を全部つなぎ直しながら、良くなりたかったらここにいなきゃダメ、と言われた。それでも私は耳を貸さずに、あんたたち私のこと何も知らないじゃん、と言った。

パンツと話したことで少し元気が出た。看護師たちがいなくなると、パートナーに、ねえ、脱獄しようよ、と言った。車持ってる？　と聞くと、あると言う。レッツゴー！

もう一度点滴を抜いてやった。入院服から着替えて、病室を抜け出す。頭の中ではまだコモンウェルスゲームズの試合に出場することになっていた。抜け出せてこのままチームに合流できたらまだチャンスはある。**全てはメンタルなんだ、メンタルなんだ、メンタルなんだ。**

吐き気と戦いながら病院の外まで出た。自分ではヒーローのように歩いているつもりだったが、実際はヨロヨロ歩きで、這いつくばっているようだった。パートナーが大会のドクターに電話を入れてくれていたので、私は超元気って伝えて！　と言った。そして車に乗ろうとした時、車に寄りかかって、そのまま意識を失い、車には当たらずに地面に崩れ落ち、目が覚めたら、さっきのスムージーの残りがすぐ横にあった。

クソッ！　クソッ！　まただ。自分をコントロールできない。周りじゅうに飛沫《しぶき》を撒き散らしながら、口がホースになったみたいに吐き続けた。やっと嘔吐が止まると、状況が飲み込めてきた。四つん這いで駐車場の植木にもたれかかっていた。植木とその周りの樹皮、いま頭をつけている駐車場のコンクリート、すぐそばにある嘔吐物をじっと見た。そして、ようやくわかった。

ルビー、あんたはコモンウェルスゲームズ出られないよ。車にすら乗れないんだから。

終わった。

最初に頭に浮かんだのは、チームだった。チームのみんなに、出られないって伝えなきゃ。

数日前にニックに本当の体調を正直に伝えてさえいれば、この状況を避けることができたはずだ。ちくしょう！　結果、私はいまここにいて、コンクリートにおでこをつけた状態で、ようやく認めることができた。とても悲しいし、ガッカリだ。必死に練習してきたのに。でももう病院に戻らないといけない。

いまから何をするべきかわかっている。少し休んだら、外出許可をもらって、コモンウェルスゲームズの選手村へと出発するバスが出る前のチームミーティングへ行く。私のせいでみんなが選手村へ行けなくなったなんて全く知らなかった。チームメイトたちが待つ部屋へとヨロヨロと入っていきながら、自分がどれだけ小さくなったかに気づいた。いまこの状態で国際的に活躍する女子選手たちにタックルできると思ってたなんて笑える。チームメイトたちは二週間ほど会わなかった私の変わりように、「え！やばい！」と驚いた。そして彼女たちも見て取った。**ルビーは確実に出られない**。

みんなごめん、行けないんだ。みんな泣いていた。私の大切な人たち、パートナー、医者たちまで同情してくれたが、この気持ちは彼らには完全には理解できない。これは、この世の中でチームメイトしか事の重みを理解できない瞬間の一つだった。だからこんなに近い存在に、家族外の家族になれるんだ。彼女たちは私がどれだけこの大会に、この瞬間に力を注いで来たかを知っている。彼女たちは私が別れを告げるのがどれだけ辛いかをわかっている。彼女たちにちゃんと伝えられたことは、私の気持ちをちゃんと理解してくれるのを知っていたから、とても慰められ癒やしさえ感じた。ねえ、聞いてる？みんな大好きだよ。さあ、仕事しに行ってきて。

とても重要な瞬間だった。バスまで一緒に行くと、みんなは私のためにハカをしてくれた。おたふく風邪で腫れた顔の私は泣かないようにこらえて、バスが出発するのを見送った。もはやこれまでだ。これで終わりだ。

その後、私は残って試合を見たりせずに帰国した。とにかく回復したかった。やっとどれだけ酷い病気だったかを認めることができたので、家に帰って回復に専念することにした。コモンウェルスゲームズの決勝戦は結局家で、大会に行けなかった他の選手たちと一緒に観戦した。夢のような歴史的瞬間で、最後の数秒で私たちが勝った。彼女たちも試合に行けなかった人たちなので、真のつながりを感じて、その快適さは半端なかった。私はまだ普段の体重まで戻っていなかったのでみんな私の家に集まってくれ、一緒に観戦できたのはクールな時間だった。優勝し、メダルを持ってチームが帰国した時に、私たちは空港でハカをして迎えた。私たちは歴史上初の女子セブンズのコモンウェルスゲームズ金メダルを手にしたのだ。とても素晴らしい経験だった。

やっぱりこの真実に思い至る――フィールド上に実際に立つまでは本当に出場できるかどうかわからない。何だって起こり得るのだ。私は認めるまでに相当時間がかかった。コモンウェルスゲームズの翌週に日本での大会が控えていたが、ゴールドコーストからの機内で、いま帰れば日本の大会までに間に合うかも……と考えていた。

しかし、フイア・ルディ・ハーディング（ハズ）が日本の試合に呼ばれた。私は検討さえされていなくて、医者たちはいまだに髄膜炎は命に関わるから大事に至らなくてラッキーだったとうるさく言っている。まずは体重を戻して、時間をかけて回復しなさい……。

そして言うのだった。もしワールドカップに間に合えばラッキーだと。

サンフランシスコで行われるワールドカップは七月だ。いまは四月。なに言ってんだよ。そんなの受け入れられるはずがなかった。なるべく早く、もう一度スパイクを履いてトレーニングに戻るんだ。助けてくれるであろう、ありとあらゆる人に連絡をした。医者、心理学者、そしてナチュラルヒーラー。ナチュラルヒーラーとはスピリチュアル系のカウンセラーで、彼女は私は悪いエネルギーに攻撃されたと言っていたが、あの経験全体についてそれが一番説明がつくような気がした。そして、何回か浄化に来なさいと言った。いろんな人たちに連絡を取ったあと、気分がとても良くなった。どん底まで落ちている時は、二十パーセントの進歩でも最高に思えるのだ。

チームのドクターがチェックしに来た時は私がトレーニングに戻って二週目で、百メートル走をしている時だった。普段は十七秒から十八秒ぐらいがいいタイムで、十八秒から二十秒でも病み上がりの私には上出来のタイムだった。しかし私はドクターが見ているのに気づいた時、ねえ、見てなよ、と意気込み、毎レップで十四秒から十五秒の記録を出した。

トレーナーやコーチたちは私のタイムを図りながら、なんだこれ⁉ と驚いていた。実はそれは私のベストタイムだったからだ。ジムにも戻って、大きい目標を掲げながら鍛えた。ヒップスラストは二百キロ以上。早く飛行機に乗せろ！　と懇願していた。カナダへ行かせてくれ！　カナダ大会は五月十二日と十三日。私が最初に病気になってから、まだ二ヶ月も経っていなかった。

医学的、科学的に私が完全回復したのかは不明だったが、精神面ではもうとっくに病気を乗り越えていた。私の決意は固かった。もう一度トライアルを受け、その結果、チームに戻ることができた。カナダ大会にも行かせてもらえることになった。ドクターとトレーナーは「お願いだから張り切りすぎないで……」と言っていたけれど。でもそんなの無理だ。スタメンにも復帰でき、相手選手をふっ飛ばしていた。おいあんた、ちょっとどきな！

カナダ大会は優勝し、対オーストラリアの勝利記録を作り、次のフランス大会でも強さを見せつけた。

そしてその頃にはワールドカップに心は向かっており、私はまっしぐらに突き進んでいた。

ルビーのライフレッスン

沈んでいる時は、助けてくれるであろう、ありとあらゆる人に連絡をする。

27　息をする空間

ラグビーを始めてまだ日が浅かった二〇一三年頃、担当のスポーツ心理学者のデイビッド・ガルブレイスは、キックオフの笛が鳴ろうとしている瞬間には大きく深呼吸して落ち着きなさいと言った。なんだよそれ？　そんな事が可能だと思っている彼をクレイジーだと思った。フィジーでデビューしてから間もなくの頃で、初試合を前に更衣室で感じた緊張は忘れられないし、周りを見回してパニックを起こしそうになり、誰かに助けてほしかった。緊張とプレッシャーが最高潮に高まる瞬間にどうすればいいかなんてわからなかった。最初の頃はよくそんなことがあった。自分に能力があることはわかっていたが、その瞬間はただただ混乱していた。

ウォームアップが終わってから更衣室に戻り、試合が始まる直前の時が、体中が緊張で叫びだしそうになる最悪の瞬間だった。ウォームアップ中はまだいい。体を動かすからそっちに集中できる。でも開始六分前を知らせる音楽が鳴り出すと、あとはフィールドに走り出す前にジャージに着替えるだけだ。六分。心臓がバクバクし始める。**どうしよう。どうしよう。マジで始まっちゃう。**

プレッシャーにやられてしまうアスリートを何人も見てきたが、私はそうなりたくなかった。スポーツで成功するには、プレッシャーと付き合う方法を身につけなきゃいけないとわかっていた。

いろんな方法を試した。最初のワールドシリーズのツアーでは事前にイメージすることがとても役に立った。試合までの数日、自分の部屋でスパイクを履きラグビーボールを抱えてベッドに横になり、試合を最初から最後まで想像してみる。更衣室での準備時間も含めてだ。タックルをしたりダッシュしたりする想像をすると実際に体がビクッとなる。心拍数も上がり、その状況に慣れるようにする。他の先輩選手たちは、試合の前夜や試合前の更衣室で自分自身の最高のプレーのハイライトビデオを見たりする。私もそれを試してみたが、自分を何回も何回も見るのがちょっと奇妙だったのでやめた。

でも、この深呼吸するという方法にとても興味が湧いた。心理学者が当時私に言った「深呼吸一回」でなぜ効果があるのかはすぐにはわからなかったけれど、その会話でヒントをくれていた。「落ち着く」という言葉だ。頭がぐちゃぐちゃになっている時に、落ち着ける方法を見つけないといけない。中には試合に向けて自分を駆り立てることに苦労する選手もいる。そういう人はイメージを使って気合を入れたりアグレッシブになったりする必要がある。私はその正反対だ。もともといつもエネルギッシュで、心はやる気で溢れているので、当時の課題は落ち着きながらもそのエネルギーに波長を合わせることだった。デイビッドはその状態のことを「忍者僧侶」と呼んだ。冷静な最強の刺客。

そこで、私はどんな状況でも自分の中に落ち着きを見つけられるよう、瞑想を学ぶ旅に出た。必須なのは呼吸の抑制方法だ。呼吸法を教えてくれて、コーチになってくれる心理学者がいたのはラッキーだった。だんだんこの呼吸法が好きになってきた。呼吸というのは体の機能の中で一番簡単にコントロールすることができ、体と心と精神状態に及ぼすパワーは計り知れない。呼吸法が百パーセント私にぴったりの方法になった。これはみんな教わるべきだと思う。僧侶は五歳ぐらいの幼少期から呼吸法を学ぶと聞く。呼吸は体の機能の中で唯一自立していてコントロールできるものなのだ。心臓は勝手に血を送り出し、細胞は勝手に再生を繰り返す。でも呼吸は普段は特に考えずにしているが、コントロールすることに集中すれば、状況に応じて体が応えてくれる。

練習を重ねた後、試合開始まで六分の張り詰めた状況ですら私は落ち着けるようになった。

まず一回目の呼吸は、大きくゆっくりと息を吸い、体に「私はいまこの瞬間に落ち着く選択をしているんだ」と伝える。試合に向けて集中を開始し、必要なことを声に出す。私のマントラ［祈りや瞑想で唱えられる言葉］は「私は落ち着いている……」毎回これで心がスッと落ち着く。次にジャージを手に取り表面を顔に当てて息を吸い込む。落ち着くことのパワー、その瞬間など感じているものを全て吸い込む。そして、ゆっくりと時間をかけて息を吐き、ストレス、不安、ネガティブなものを全て解放する。私は落ち着いている。すると心の調和が取れ、真の落ち着いた状態になり、「私は落ち着いている」を最後まで言えずに「私は落ち着いてい……」ぐらいで止まってしまうほどになる。私は落ち着いている。これで完了だ。

このプロセスは真実に基づいている。それは何もないところからもたらされる効果ではない。自分を信じ、自分を信用することが必要だ。この瞬間に私はパニックになることもできるが、真実を知らないといけない。落ち着いた状態に行けるまでの道をすでに作ったのだから、この状態がどのように感じるかを知る必要がある。ラグビーをしている時以外にも瞑想をしていろんな練習をすれば、更衣室からフィールドに走り出す準備をしている時に「落ち着いている」状態がどのように感じるかをすでに知っていることになり、それが真実となる。私は落ち着いている。

試合で何に集中するかは変わるけれど、落ち着きに関しては変わらない。あともう一つ変わらないのは、プレーする前の最後に感じる気持ちだ。聞く人、特にいつも攻撃的な私とやりあっている対戦相手はショックを受けるかもしれないが――「**私は愛に満ちている**」。これは私にとって、ラグビーよりももっと重要なことで心から信じているものだ。毎日こうやって生きようとしているから、これが本当なのを知っている。そしてこれが私の価値感でもある。私の人間としてのエッセンスで、何が起ころうとも愛を持って心を決める。ジャージへの愛、受け継がれていくもの《レガシー》への愛、家族への愛、自分への、いままで乗り越えて来たことといまからなろうとしている姿への愛、この試合を実現させてくれた人たちへの愛、体をつねって現実か確かめなきゃいけないほど素晴らしいこの人生への愛、いままでに関わってきた素敵な人たちへの愛、最高の瞬間へと乗り切らせてくれるこの体への愛、空から見守ってくれている存在への愛、世界中の人たちへの愛、そして私がいまから見せる、彼女の人生最高のショーを楽しみにしている少女への愛。

それは、フィールド上では私はチームを愛しているという意味になる。だから、あなたがもし私のチームメイトでなければ、私は全力でタックルしなければいけない。愛するチームのために勝たなきゃいけないから。チームのみんなの前に立って、あんたたちのために勝つって約束する！　と言うわけではない。そんなことは言わない。私はただチームと目標を愛しているからするだけだ。私は本気で言っていて、いまからその意味をみんなに見せる。それはフィールド上で起こったことは、フィールド上に置いておくことも意味する。試合の終わりに白いラインをまたいだら、愛と許しに満ちた人間になろうと努力する。そうすると、何が起こっても、私が何をしても、全ては愛で成り立っていて、私はそれを間違うことはない。

最後に愛を持って深呼吸する。吸える限界まで息を吸い、たまにそのまま少し止めて、それから大きく息を吐きながらいまこの瞬間に無償の愛を妨げるものを全て解放していく。そして微笑む。

もしその日があまり良い日ではなかったら、ジャージを着てからもう一回深呼吸する、あるいはフィールドへと歩いている時、フィールド上でも深呼吸する。でも、たいていはすでにいい状態になっていて、気分もいい。

予想外の事はいつも起こるけれど、でも私は集中し、自分の反応をコントロールすることができる。

このプロセスは、プレッシャーを単に寄せつけないとか無視するのとは違う。私はそこにプレッシャーがあるのを否定せず、認識して、コントロールする。プレッシャーを感じた時は生理的な反応として常にストレスが生まれるが、私はその感覚を理解し、感情をコントロールする選択をする。私は緊張してる？　それとも興奮してる？　これがとても大事で、私たちが使う言葉というのは感情や態度に直接つながっている。脳は私たちを保護するように作られているので、太古の昔からネガティブな脅威を探し出せるようつくられている。例えば、誰かに狩られるとか、人種差別されるだとか、周囲にある危険を察知できるようになっている。だから意識してポジティブな方に集中するようにしなければ、ネガティブな方向に考えるようにもともとなっている。私は身をもって経験した。フィールドに走り出る前にこれをしなければ、観客やプレッシャー、ミスをすることに集中してしまう。何に集中するかを選ぶのは私自身なんだ。頭の中で使う言葉を変えられれば、考え方も変えられる。考え方を変えれば、感じ方も変わる。感じ方が変われば、次は行動が変わる。

だから、私は緊張していない。ストレスを感じていない。でも興奮しているし、刺激を受けている。エネルギーが湧いている。誇りに思っている。これが私のスイッチとなる。ストレスを解放し、心の準備ができる。楽しみも見つけられる。**この役割はほかの誰にも任せるわけにいかない。なぜなら私が適役だから。ラグビー以外の自分としてもパーフェクトだ。私は戦争で銃で戦わなくていい。大好きなスポーツで戦うだけだ。このプレッシャーを感じられるなんて、なんて幸運なんだろう。なんて名誉なんだろう。**

ああ、最高だ。ここにいられることにワクワクする。

いまになって、何年も前に心理学者が言っていたことがよく理解できる。いまにも笛が鳴るという時に、最後に一回深呼吸をすると、私はここにいる、頭がスッキリして落ち着き、準備ができる。準備完了だ。試合が始まる前にすっかり完了している。いまならよくわかる、だからラグビー以外の生活でもこのテクニックを使う。でももしラグビーがなかったら、この方法を教わることはなかった。

深呼吸をする。準備完了。そして、フィールドに向かって走る。

28 半分満たされたワールドカップ（2018）

二〇一三年のセブンズワールドカップはクライストチャーチの自宅のソファから観戦した。前十字靭帯を断裂して怪我してまだ動けなかった時だ。私にできたことは、次こそ！と自分に誓うことだけだった。出場するためなら何だってやる。そしてついに、私はチームと一緒にここへ来た。おたふく風邪でコモンウェルスゲームズに出れなかったにもかかわらず。

二〇一八年のワールドカップは、サンフランシスコのＡＴ＆Ｔパークという、野球場をラグビー場へと作り変えた場所で行われた。近年アメリカでは男女共にセブンズの成長が著しく、世界ランキングのトップスリーへと台頭してきた。アメリカが強敵になることはわかっていたし、現地でアメリカチームと戦うというのも大きな挑戦になる。アメリカ人は自国を誇りに思い情熱的、世界一愛国心が強いので、対アメリカ戦は観客全員がアメリカの味方だと思えるほどだ。

セブンズというスポーツは、毎試合ごとに決勝のような気持ちで取り組まないといけない。予選の最初でさえ何の保証もない。中国、フィジー、オーストラリア、どこが相手であろうと関係なく、対ニュージーランドの試合はどの国も全力で向かってくるのでこちらも全てを出し切るのみだ。

それは最高の褒め言葉でもある。私たちの黒いジャージを目にすると、本気で戦ってくれる。私たちにとっては毎試合厳しい試合になることを意味していて、少しでも気を抜けば負ける。この緊張感のおかげで相手もより良い試合ができ、私たちも良いプレーができる。これがセブンズのスピリットなのだ。お返しとして、私たちも全力で戦う。結果が30対0の試合であっても、いままでで一番激しかった試合の時もある。感覚論なので、見ている人には理解しがたいかもしれないが。

二〇一八年のワールドカップでは準決勝でアメリカチームと対戦したが、相手が良いプレーをするたびに観客が吠えまくるので大変な試合だった。試合が進むにつれて接戦となった。相手が本気で向かって来ているのがわかったが、私たちも一歩も譲らなかった。このためにたくさんの練習をして準備をし、同じサイズのフィールド、同じサイズのボールを使って、何度も何度もプレーしてきたから状況が読める。

相手が私たちのフリーキックを防御したので、チャンスが来た時にケリーが私の方を見て何度も練習したある動きをするよう合図をした。その動きは、私と彼女のタイミングが完璧に合わないといけない。ケリーが私のためにちょっとだけスペースを開け、私が適切なスピードで、こちらの動きを悟られないよう抜ける。バターを切るナイフのようにそのスペースを抜けたあと、ケリーが正確なタイミングで短いパスを投げてよこすと、あとは最後に一人残っているディフェンスを一人倒すだけだ。私は自分のスピードと相手選手のスピードを見て判断することができ、彼女が追いつけないと見れば点を取りにいく。この流れ《フロー》は不思議な感じなのだが、自分にできるとわかっているからできるのだ。普段私が相手を抜くとポーシャの名前を呼んで彼女がどこにいるかを探すけど、この時はその必要がないことがわかっていた。ハーフタイム直前にトライ。観客席の完全アウェーの雰囲気にもかかわらず、26対21で勝利した。

もう一つの準決勝はオーストラリア対フランスだった。オーストラリアとは因縁の関係だ。シドニー大会で負け、コモンウェルスゲームズでは私たちが勝ち、カナダ大会では圧勝した。きっとオーストラリアがフランスに勝つと思い、また決勝で戦って勝てるのを楽しみにしていた。ところが試合終了間近に、フランスの選手の一人がオーストラリアのキャプテンをかわして、そこからゴールラインまで一気に走って試合終了と同時にトライをし、フランスが勝利した。私たちは全員驚きを隠せなかった。そして、決勝戦はフランスと戦うことになった。

フランスチームの長所は絶対諦めない姿勢だ。間違いなく厳しい試合の一つで、全員最後の笛が鳴るまで全力でプレーした。ただ、フランスはその日、チャンスがなかった。またもやこの感情をどう言葉にしていいのかわからないけれど、私たちが勝つと決まっていたと感じた。最初からそうだった。トライを三回取り、ハーフタイムの時点で15対0。そこまではほんのウォームアップだった。そして試合終了時には、29対0になっていた。

試合が終わろうとする瞬間、私はサイドラインにポーシャの隣にいて、お互いの顔を見て、いまうちらすごいことを成し遂げるんじゃん！　と思った。二〇一六年のリオの試合の失敗を思い出し、感動しながらチームメイトたちを見る。私たちはなんてことをやってのけたんだろう！　一体、何者？　全員倒してやった!!

この瞬間、私たちは誰にも切り崩すことのできないチームとなり、フィールド上では誰にも止められなかった。

いつもは勝っても負けても、**もっとできたはずだ**、と思うのだが、ワールドカップ決勝戦を29対0で勝ったことは完璧に近かった。私のキャリアの中のハイライトになっている。わあ、いまこれが私たちのピークなのかも。

スターティングメンバーのほとんどの選手たちは二〇一二年のフィジーでのデビュー戦から一緒に戦っている仲間だ。**私たちはすごく変わった。**この時のワールドカップの試合を見直すと、チームの自信が見えるし、いろんな角度から攻めているのがわかる。二〇一二年はルールは理解していたが、いまは深い経験が伴っている。マジで、ずっと一日中この試合を見ていられる。

試合をするにはもちろん戦術は必要だけれど、私にとってはそれは頭を使う部分、分析になる。ルールの理解、レフリーについて知ること、そして相手チームについてよく研究し、相手のプレーの全てを知る。このチームは何をするのか？　蹴る？　蹴らない？　相手をしっかりと知るのだ。

ワールドカップの前、対戦するチーム全部の試合を見て、サインまで覚えた。私は試合の前に毎回これをするし、実はこれをするのが一番好きだ。ちょっと狂っているかもしれないが。キックオフの時相手が横一列に並んでいる時に「一！」と言えば、私も走り出す。これは右前方へキックするサインだ！その時のキッカーの顔を見るのはマジで最高。**「あいつ私たちのサイン知ってんじゃん！」**

事前準備をすることによって自信がつくので、私は最大級の準備をする。そうすることにより、例えば相手が素晴らしいキックをしてボールを取れても取れなくても、私は相手よりも自信を持つことができる。この自信は、頭を使う準備から来ている。返事をしている時間はないし、私たちもスペースを確保しなきゃならないけれど、キッカーが動揺している顔を見ることで喜びを感じるし、優位に立てる。試合はまだ始まっていなくても、すでに1対0みたいなものだ。

最近では試合のこの側面のサポートがたくさん得られる。試合後にまずアイスバスに入りシャワーを浴びて、食事をしたらすぐにｉＰａｄを手に取る。ｉＰａｄは研究分析用に一人一台ずつ与えられている。そして、いまプレーしたばかりの試合を分析する。

近年は本当に便利になった。例えばインスタグラムからレフリーに直接メッセージをして、とあるコールについて質問できたりする。彼らの頭の中に入って、彼らが何を見ているのかを想像してみる。もちろん相手への尊重を忘れない。試合直後は私も感情が高ぶっているので少し時間が経ってから聞くし、盾つくようなことはしない。あくまでも彼らの意見を理解したいだけだ。観客はいつもレフリーに対して間違っていると叫ぶし、私も以前はムカつくこともあった。でもルール以外に、彼らが何を見て、何を基準にしているかを知らなきゃいけない。正しいとか正しくないとか、ルールブックにどう書かれているかよりももっと複雑なのだ。レフリーがどのように理解しているかを知るのが大事だ。

そしてこれはまた〝グレアティチュード〟へと戻って来る。昔、こんな便利なツールを持つことを夢見ていたのを覚えている。だから私は与えられたものを最大限に使うという行動を取り、試合を見て分析をして、全てを知る努力をする。自分の強みを生み出すんだ。

ルビーのライフレッスン

プレッシャーを自分でコントロールする。
ストレスを解放し、ワクワクを見つける。

29 ストレート・ダウン（2019）

そして、魔の二〇一九年が襲ってきた。二〇一八年の間は全て手に入れたと思っていた。ラグビーは最高だったし、この世の仕組みがわかった気になっていた。年が明けてから、最初の方はまだ順調だった。その年の最初の大会は勝利を収めた。ところが、そこからドミノがバタバタ倒れるように崩れていった。まず始めに、コーチのアラン・バンティングが大病を患ってしまい、チームからしばらく離れることになった。私はバンツととても仲が良かったので、私のラグビーの世界が崩壊してしまったようだった。心の中は悲しみに暮れていたが、彼はきっと私に選手たちの世話をしてほしいと思っているに違いない。次に、選手の一人がバンツが不在なことを私よりも深刻に受け止めて病んでしまい、彼女もチームを少し離れることになった。二人を永遠に失ってしまうような気がして、とても怖かった。三つ目は、七年間一緒にいたパートナーに振られた。そんな予兆なんて全くなくて、心が粉々に砕けた。彼女から私のことを愛してはいるが、もう恋に落ちていないと言われた時、人生の喜びが消えて、世界が——一緒に計画していろいろやってきたすべてが——なんの前触れもなくいきなり終わってしまった。何事にも常に二つの側面があるのはわかっているが、この時は打撃が大きすぎてどうしたらよいかわからなくなった。

失恋。二〇一六年のオリンピックのすぐあとから、私はニュージーランドラグビー協会の「ヘッドファースト・プログラム」という、ラグビー選手のメンタルヘルスのためのプログラムに関わっていた。その仕事を始めてからしばらくして、私はこのメンタルフィットネスっていうものに関して全然大丈夫だと思う、とジョークまで言っていた。でも本当に深刻なメンタルヘルスの問題が自分の身に起こったら？　自分ではどうするのか？　っていうか、私が話してる事ってまともな事なの？　それを実体験する時が着た。

酷い別れ方ではなかった。浮気もなく、罵《ののし》ったりもしていないが、単にショックが大きすぎた。彼女はこの生活をしていてハッピーじゃなくなったと言った。私は不在の時が多く、彼女は自分で何かをしようとしていた。彼女が正直に向き合ってくれたのはありがたかった。カップルのためのカウンセリングに行こうと提案したが、彼女の中ではもう終わっていたみたいだ。彼女は私たちが別の街に持っていた家に引っ越し、私はタウランガで借りていた家にとどまった。タウランガで一緒に家を建て始めていたのに。

もし誰かを本気で愛しているのなら離れないはずだ。そうでしょ？　この事がずっと頭の中でグルグル回っていた。そして、子どもの時に墓場に放り込んだはずの内なる声が蘇ってきた。私は愛されない。価値がない。間違っている。全部私のせい。誰も私のそばになんていてくれない。

いままで自分が演説してきたことを実践しないといけない。愛する人たちを一気に失い、すっかり弱ってしまっていた。頭の中の一部では自己破壊に向かうことも考えたが、いまでは他の方法もあることを知っていた。その時は人生の中でもとても大事な時期で、それを無駄にしたらどうなってしまうかも見てきた。とにかく、乗り越えなくちゃいけない。

まずは一番の友人たちに連絡をして車で家に向かい、何があったかを話して泣きじゃくった。これまでに築いてきた安心できる場所を片っ端から頼ることにした。しばらくしてから、私が親しくて安心できるチームメイトたち何人かを集め、涙が止まらないと伝えた。**ちょっと話すのが難しいから辛抱強く聞いてね……。**半数は私の話を聞きながら泣き出してしまった。こうやって友達の輪があり、正直にいま自分に起こっていることを話せる環境があることはほんとうに素晴らしいことで、心から感謝した。私が何か大変な状況の時は、いつでもこうして話をして、頼って、手助けをお願いしてもいいと信じられるチームメイトたちを集めることができる。リーダーだからこそ、私はいま大変なんだよ、と見せることは大事だ。そうすることにより他の選手たちも弱い姿を見せてもいいと思うことができる。

物事が順調な時にいろんなことを整えておくことによって、困難に直面した時に準備ができているという事実も体験した。元気なときにやるべきことをやる。いつか上手くいかなくなる時が来てもいいように。

日記にもたくさん書いた。私は愛される人間だ。ある日、この言葉を何度も何度も書いていたら、字が涙で滲んでいた。私はそれを心から信じてはいなかった。ちゃんと信じなきゃいけないんだ。

本当に不思議なのだが、この時私の超能力である何時間でも寝続けられるパワーがなくなってしまった。たった三、四時間の睡眠で、次の日に一日中トレーニングをしていた。他には、しょうもないことに注意を払いすぎたこともあった。知らない人から来たメッセージで私のことを褒めてくれた、など。だから私はとにかく自分に集中することにした。

毎朝トレーニングに向かう前に、ルイ・シュワルツバーグ［アメリカ人の映画監督・プロデューサー］の「Everyone Matters」というYouTubeチャンネルにある感謝に関するビデオを見た。「**今日という日はギフトである。いまあなたが持っている唯一のギフト。それに対する適切な応えは、感謝の気持ちを示すこと。さあ、心を開いて……**」このどん底の日々でもそれを聞くと元気が出た。

はたから見れば私は大丈夫に見えたと思う。普段どおりに仕事をこなし、トレーニングにも行き、笑うべきところは笑って、それを続けた。ラグビーのスキルも問題なかったし、なんならラグビーは簡単にこなせることだった。でも心は麻痺したままだ。試合に勝ったとしても負けたとしても、どうでもよかった。いままで「メンタルヘルス休暇」なんて申請したことがなかったが、この時は三月から少し家族との時間を取りたかったので休みをお願いした。ところが、代理のコーチたちは私が必要だから残るように言った。

いままで私が言い続けてきたこと、「フィールド外のことが影響する」という深い真実を身をもって体験した。あなたの全存在。もちろん私は初期の頃からずっとお世話になっている心理学者のデイビッド・ガルブレイスにも相談した。彼は親身になってくれた。私が言うことはなにひとつ非難せず、いまこの状況を乗り越えるのにできることのリストをくれた。こうやって自分の気持ちをシェアするのに安心な場所を与えてくれる人がいるのは本当に良いことだ。信頼している人に話すたび、少しずつ心が軽くなった。友達は慰めてくれ、デイビッドもほんとうによく助けてくれた。どちらのヘルプも必要だった。

悲しみが完全に消え去るまでにはまだ数ヶ月かかるだろうが、大きな一歩を踏み出せた。私も元パートナーも別れる時にしっかりと自分を保つことができて、これは私たちの人間性を反映していた。どんな別れ方であろうとも簡単じゃない。別れをくぐり抜けた、あるいはいままさにくぐり抜けている最中の人たちはみな、私のヒーローだ。

この年は「ルビー大学」に入学した気分だった。周りにいる人達を本当に心の底から、安心して健全に愛するためには、まず自分を愛さないといけないと知った。そうすれば、この愛が傍から見て価値あるものか、許されるものか無意識のうちに探ることなく、また、条件つきの愛しか与えないということなく、無償の愛を周りに与えることができる。

自分自身を定義するために「愛」とはとても大切な言葉だ。愛という感覚だけでは足りない。私はこれをパパから学んだ。誰かがあなたのことを愛しているからと言って、その人が人の愛し方を知っているあなたが望むように愛することができるわけではない。あなたが他人をどう愛し、他人にどう愛されたいかを認識することはとても大切だと思う。私はどうすればもっと良い愛し方ができたのか？　と自問してみる。簡単じゃないことだけれど。

しっかり全力を傾け、きちんとコミュニケーションを取り、次のことに気をつけなくてはならない。これはどちらか一方ではなく二人に関わるということ、持ちつ持たれつが必要であること、互いに正直で尊重しあうことが必要であること。もし愛がうまくいっていないなら、腰を据えてちゃんと話し合おう。愛はきちんと取り組む価値がある。

たまには、大変な問題に向き合いたくない時もある。そんな時は見て見ぬふりをし、正直で本音の会話を避けてしまう。まあ後で考えればいいや、と。しかし、そういう問題は時間が経つにつれ化膿して大きくなる。いずれ、試練に立ち向かわないといけない時は来る。その時にはいままで目を背けてきたいろんなことが一気にどっと押し寄せる。この問題はフィールド上でもフィールド外でも違いはなく、どちらでも起こり得る。

例えば、負荷がものすごい、プレッシャーがかかる試合でオーバータイムになり、次に得点を取ったチームが勝つという瞬間に、私自身が「良い人間」であることを保ちながら取り組み、ラグビー以外でも最高の準備ができたと思えていれば、そんな最高潮に緊張する瞬間をそれほど恐れなくなる。私は良い人間で、きちんと準備をして、いまここにいるべき人間で、絶対にやり遂げられるとわかっている。でももし私がラグビー選手であるために必要なことに対して少しでも不安があれば、その気持ちが表に現れて、ボールを落とす。

日常生活でも同じだ。私を一番信頼してくれていたコーチとパートナーが一度にいなくなった時はとても辛かったけれど、何をすれば良いかわかっていて、ありったけの道具をとことん使って不安感と戦った。

人はいつも感謝について話すが、幸せでたまらない生活を送れているのならそれは簡単なことだ。**私は今日も元気で今日もいい日！　イエーイ！**　そう思いながらも、みんな何かに向かって真剣に頑張ったり、自分の価値について考えていたり、アイデンティティをはっきりさせようとしなきゃいけない。もしそうしなければ、悪いことが起こったり困難に直面したりした時にさらに辛い状況になるから。私は生活が順調で幸せな時にそれらを練習しておく。それは積み重なって、私の基盤となる。

悲しみに暮れている最中、私はまたワールドラグビー・セブンズ・プレーヤー・オブ・ザ・イヤーのファイナリストに選ばれたと知った。今回は私だけではなく、ブラックファーンズ・セブンズから三人もノミネートされたのだ。キャプテンのサラ・ヒリニ（ゴッシー）、そして副キャプテンのタイラ・ネイサン・ウォン。ノミネートの三枠がすべてニュージーランドからなんて。私たちは一緒にフィジーでデビューし、リオのあと再度一緒に頑張ってきた仲間で、たくさんのことをくぐり抜けて来た。心から大好きな二人だ。

私たちは男子のラグビーワールドカップ決勝戦のチケットを持って日本へ飛んだ。その年の決勝戦はイングランド対南アフリカの試合で、東京タワーの隣の五つ星ホテルが用意されていた。二〇一二年に一緒にフィジーでプレーしたブラックファーンズの友人、ケンドラ・コックセッジも15人制のラグビー・プレーヤー・オブ・ザ・イヤーにノミネートされていたので、彼女と他のラグビーのスター達とも一緒に遊ぶことができた。

翌日の夜はワールドラグビーの表彰式ディナーだった。タイラはワンピースを着て、ゴッシーはマオリ族のコロワイと呼ばれる伝統衣装の羽毛マントを身に着け、私は白のパンツスーツスタイルで、三人とも超クールにきまっていた。私たちのテーブルには元ブラックファーンズ選手のメロディ・ロビンソン、私がずっと尊敬していた選手がいた。彼女は解説者、スポーツ記者としてたくさんの女性初のことをしてきた人だ。私たちの世代では女だからという理由でメディアから酷い扱いを受けることはないが、メロディは彼女が過去に受けたいじめやハラスメントをオープンに話す。彼女たちの世代がそれに耐えてくれたからこそ、私たち世代がスムーズに活動できている。

彼女と楽しく話していると、突然表彰式が始まり、セブンズは最初の方の賞の一つだった。私はキャプテンか副キャプテンのために拍手をする用意をしていた。二人とも賞をもらうに値するし、ふたりはわがチームの顔で、これまでこういった賞を何度も受賞してきたからだ。すると司会者は……「ルビー・トゥイ！」え？　マジで？　としか思えず呆然とした。周りのみんなが「ルビー！　あんただよ！」と言う。本当に？　ゴッシーかタイラじゃなくて、マジで私なの？　フィールド上で二人は私の一番の仲間で、多分彼女たちがもらうべきなのに。いや、でも、確かに私の名前を言った。

ワールドラグビー・セブンズ・プレーヤー・オブ・ザ・イヤー。十年前にメレ・ベイカーが約束してくれたこの賞を受け取った時、これは競争なんかじゃないと客席に向かって言った。私たちは世界一のチームで、誰がこの舞台の上に立っていてもおかしくない。特にキャプテンの二人。チームスポーツには個人の賞なんてない。心の底からそう思う。

この夜のハイライトは表彰式が終わった後、もう少ししてから起こった。他のみんなはお祝いするために遊びに行きたがったが、私はまだ完全復活していなかった。この時は十一月。この一年、本当に辛くて長かった。私は帰って寝たいとみんなに伝えた。少しするとドアをノックする音が聞こえ、ゴッシー、タイラ、ケンドラが私の部屋に来た。

「ルビーも行こうよ」

「いや、私はいい」

ゴッシーがベッドの端っこに座り、いままで聞いた中で一番のキャプテントークをした。

「ルビー、あんた多分今年人生で一番辛いぐらいの時間を過ごしたじゃん？　いまの自分を見てみなよ。世界一だよ。世界一の選手の賞を受賞したんだよ？　それなのにお祝いしないって言うの？」

私が何かモゴモゴとつぶやいていると、続けて彼女は「早く起きて着替えな」と言う。

他の二人も同じ気持ちだ。「ルビー、さっさと来なよ」

吹っ切れた瞬間だった。ずっと凹んでいたけれど、いま私が立っている所を改めて見た。本当の意味での世界一で、頭の中で思っていたどん底ではない。「あんたいまのスピーチ最高だったじゃん、行く気になったよ」と言って私は起き上がった。ケンドラとタイラも喜んでいる。結局遊びに行くことにしたら、とてもいい夜になった。オールブラックスの選手たちとも落ち合ってカラオケをした。次の日は他の女子選手たち数人も合流して鉄板焼を食べ、笑いながら前夜の話をした。ゴッシーたちが引きずり出してくれて本当によかった。


二〇一九年はそれはもう大変な年だったが、大事な年でもあった。バンツがいなくなった時チームは揺れたが、他のコーチたちがしっかりと代役を果たしてくれた。四月のカナダと六月のアメリカの大会は優勝できなかったが、その年のワールドシリーズのチャンピオンになるポイントは足りていた。バンツが復帰した時、また完璧なバランスを生むコンビのコーリーと共にコーチに指名され、東京オリンピックまでそのチーム環境が続くことになった。

十二月になり年も終わる頃、私たちは初めて女子のワールドシリーズが開催された南アフリカで試合をして、優勝した。同時に私に一通のメールが届いた。それは、タウランガで建てていた家が完成したことを知らせるものだった。

私の家だ。

帰国するやいなやまっしぐらに車を走らせて見に行った。真新しい家。中に入ると、まだ家具は何もなくて、新しい家の匂いが立ち込めていて、私が中身を埋めるのを待っている。カーペットの床のど真ん中に寝転がり、全てを吸い込んだ。目から涙が溢れてきて、とんでもなく幸せだった。私ができることと、見てみなよ。これが私。私がこれをしたんだ。私はちゃんと価値があり、愛されるべき人間だ。私にとっていま一番大事で、一番愛している人間は私なんだ。

ルビーのライフレッスン

物事が順調な時にいろんなことを整えておけば、上手くいかなくなった時の準備ができる。

30 正直になろう

あなたに愛する人がいたとして、その人もあなたのことを愛してくれたら、それはとても素晴らしいことだ。他のことなんてどうでもよくなる。

高校生の間はずっとボーイフレンドがいた。クライストチャーチに引っ越したあと、乱気流のような最初の数年間にある女の子に出会い、あ、私これ好きかも、と思った。最初は恥ずかしく思い、そのことについて話すのに苦労した。自分をもっと好きになったら受け入れるのもより楽になったし、私の周りの大好きな人たちもみんな受け入れてくれたのでラッキーだった。

ある時、いつも私のそばにいてくれたタラおばさんが親戚の葬儀のためにクライストチャーチに来た。私も全ての儀式に出席したり歌を歌ったりなど手伝うのに忙しかった。まだ付き合って日が浅かったので、ガールフレンドは連れていかなかった。ボーイフレンドがいたとしても同じことをしただろう。そして、おばさんにどうやって伝えれば良いかわからなかった。最終日になりおばさんが帰る前にハグとキスをしてさよならを言っていた時、おばさんは私をきつく抱きしめながら、耳元で「次はちゃんと彼女を私に紹介しなさいよ」と言った。一体全体どのようにしておばさんにバレたのかはいまだに謎である。

別に女性が好きなことは問題ではなかった。自分でも、別に気にしなくていいことだと思った。誰かと愛をシェアする時、唯一の問題は、その愛においてあなたがどう扱われるかだ。その「誰か」が誰であっても、あなたが望まないのであれば、誰にも口を挟む権利はない。自分を受け入れることによって解放された。

私は誰からも型にはめられたくない。他人は「え、ガールフレンドがいるの？　じゃあレズビアンじゃん」と言い、「ボーイフレンドもいたの？　じゃあバイセクシャルじゃん」と言う。なぜみんなそんなに他人を型にはめたがるのかが理解できない。ママに伝えた時は「カミングアウト」ではなかった。単に、ガールフレンドがいるということを伝えただけだ。ママはそれでも孫を持つことができるとわかったら、それ以上何も言わなかった。そしてママは過去のボーイフレンドたちに我慢してくれたのと同じくらいの関心度で、ガールフレンドたちを愛してくれる。

私は自分の愛する人を愛するだけだ。屋上から私は女の子が好き！　と叫べと言われたら何の問題もなくできる。でも、他人の理解をより簡単にするために勝手に型にはめられるのには興味がない。集中すべきは、自分は何者か？　あなたの魅力を引き出すのは何か？　あなたはどのようにして世界に愛を広めるのか？　ということなのに。

あなたに彼氏がいて、とてもいい関係を築けているのなら、素晴らしい！　あなたが彼女と素敵な関係を保てているのなら、最高！　私にとっては性別は関係なくて、**その人がどんな人か**による。もし型にはめないといけないのだとしたら「パンセクシャル」という言葉が一番しっくりくるだろう。その言葉は性別や性的指向など関係なしに、「愛」に注目するという意味だから。他人を傷つけない限り。

世界にある様々な文化で、男性と女性というふたつの性を重要視するが、いくつかの先住民族の文化、例えばサモアの文化には第三の性ファーファフィネ［女性のように振る舞う男性］がある。いまは多くの国で性別や性的指向に関するアイデンティティが注目されていて、あなたの人生の中で一番の悩みの種に思えるかもしれない。でも私は、自分自身をしっかりと見つめて、自分はどこから来たのか、どんな価値観を持っているのか、自分は何者か、自分にとって大事なのはどういうものかをしっかりと認識することを勧めている。そうしてしっかりと強くなれたら、そんなことは大きな問題じゃないと思えるはずだ。世界中でたくさんの悲しい事が起こっているけれど、同性間で愛を伝え合うことがその一つだとは私は思わない。

　私はサモア人ハーフで、成長過程では教会が大きな役割を占めた。私は高次元の存在、人によっては神様だったり宇宙だったりアラーと呼ぶ、その存在を本気で信じている。太陽が毎日昇ったり、カルマ［業《ごう》、報い］を何度も何度も繰り返させたりするパワー。私はそのパワーを「最上級のパワー」と呼んでいる。私の信仰を語るにはもう一冊本を書かなきゃいけなくなるが、私は感謝を述べたり、聖なる言葉や祈りを唱えたり、亡くなった人に祈りを捧げることをしっかりとやる。私の周りには他宗教を信仰する人がたくさんいるが、もちろんその人たちのことが大好きで、尊敬している。教会へ通う人にも辛いことが起こることもあるだろうが、きっとその教会はいままでたくさんの傷ついた人を救ってきた。私も教会が好きだ。何を信仰しようと、どんな方法だろうと、健全な愛を振り撒くことは美しい。一度、私が家族と思えるほど近い、とても信仰心の強い友達に正面から聞いてみたことがある。私にガールフレンドがいることについてどう思う？　と。すると彼女は「それは神様のみが判断できることで、他の誰にもできない」と全く躊躇せずに言った。私も全くそのとおりだと思う。神様の言葉を代弁する人の言葉は、必ずしも神様の言葉と同じではない。代弁者にも生活があり、その人が教えてもらったことの中から一番良い行いをしているだけだから。最上級のパワーのみが判断できる。私はいつも他者への愛と平和を持って生きてきた、そしてこの短い人生において信じられないくらい恵まれてきた。

誰かがどんな愛の広め方をしようと、他人が憎しみのエネルギーを全力で注ぐということには私は同意できない。それはもし私にボーイフレンドがいたとしても同じことだ。エネルギーの無駄だとしか思えない。神様のみが判断できることだから。あなたが良い人間で、良い愛を広めているのなら、それだけでいいはずだ。

二〇一九年より私はダニという美しい女性と生活を共にしている。毎日心から彼女を愛して、オープンで正直なコミュニケーションを取り、お互いに健全に日々成長している。いまこうして素晴らしいパートナーとの関係があることを誇りに思うし、その中には肉体の面でも言葉や感情の面でも暴力は存在しない。二人の間に何か問題が起こった時は、問題が大きくても小さくても、いつもお互いに時間を取って偏見などなしに安心して話し合い、一緒に解決することができる。多くの人にとってそれは当たり前かもしれないが、私にはとても大切なことなのだ。こうやって健全な関係を築けていることは、私の人生の最も誇らしいことの一つだ。ダニの美しく素晴らしい魂に感謝しているし、私は心から彼女を愛している。

31 ようやく（東京オリンピック、2021）

その頃、私たちのチームはまた乗りに乗っていた。二〇一九年のドバイとケープタウン、二〇二〇年のニュージーランドのハミルトン、そしてシドニー大会で全て優勝。二〇二〇年七月の東京オリンピックにピークが来るよう順調に進んでいた。ところが、コロナのパンデミックが起き、足元が崩れてしまった。私たちだけではなく世界中でそうなったのだが。コロナは確実に歴史に残る出来事となり、最初のロックダウンが始まった時に自分がどこにいたかはみんな忘れないだろう。

二〇二〇年東京オリンピックは延期となった。延期によってチームメイトの何人もが精神的にダメージを受けた。でも私は平気だった。愛する人がいなくなったのを乗り越えたところで、私のいままでの人生に比べればどうってことなかったし、どう考えても避けられない事態だった。二〇二〇年に強くいられるために二〇一九年が試練として起こったのだとすら思えた。正直、二〇二一年でもオリンピックが開催されるとは思えなかった。

ロックダウンの最中は、ずっと激しいトレーニングをした。ロックダウン後も国際大会は開催の目処が立たなかったので、何人かの選手はニュージーランド国内のクラブラグビーでプレーする許可が出た。なので私も愛着のある15人制へと戻った。私が最初にラグビーを始めた地域コミュニティのラグビーへと。この時は私のアイドルであるリンダ・イトゥヌがコーチをしているオークランドのポンソンビー・フィリーズで、彼らの二十七年ぶりとなる女子のクラブラグビー大会優勝の手助けをした。FPC（ファラ・パーマー・カップ）と呼ばれる大会ではカウンティーズ・マヌカウというチームでプレーし、北島の大会でもう一つのチームと並んでトップとなった。他の選手は気づいていないかもしれないが、彼女たちは私の心を豊かにしてくれ、この二つのチームに参加できたことは本当に私を満たしてくれた。

二〇二〇年十二月になると翌年のオリンピック開催が濃厚になったので、みなセブンズチームへと戻った。

リオ以来、心の中でずっと火が燃え続けているのを感じていた。二〇二一年になりトレーニングが再開された時その火はさらに大きくなり、リオのリベンジの炎となった。二〇一六年のオリンピック以来ずっと、もっとできたのでは？　他に何かできたことは？　と考え続けていた。東京オリンピックの後もそれを考え続けるなんて絶対嫌だ。もう十分やった、と自己満足してしまったり、自分に甘えたりすることはしたくなかった。

そこで、バンツにメールした。もっと練習したい。

バンツは「いいよ」と返信してきた。「明日の朝に会おう」

二〇一三年に夜明け前にマウント・マンガヌイのビーチでハニーも一緒に早朝トレーニングをした時のように、今回もバンツは付き合ってくれた。一選手のもっと上手くなりたいという無茶な要望にコーチが付き合ってくれるというのは本当にありがたい。私は早起きが嫌いなので、早朝トレーニングはいい具合の不快さだった。まさに私が必要としていたものだ。いまはプロ選手なので五時半スタートではない。午前七時から、チームのミーティングが始まるまでの一時間を使った。

私はこの数ヶ月間肩を負傷していて、東京オリンピックまでの六ヶ月間はコンタクト練習をさせてもらえなかった。だからこの時バンツとした単純なパスとキャッチを繰り返す練習は、肩が痛むのを恐れずに投げることを手助けしてくれたのでとても助かった。左から右へのパスを、腕が痛まない投げ方に変えることまで習得できた。私は普段から練習に一番乗りで来ていて、私が着く時にまだバンツしかいないこともよくあった。そして最後に帰るのも私だった。前回のオリンピックの時にはなかった援助と、私の行動、そして〝グレアティチュード〟を最大限に使うしかない。

完璧だった。オリンピックへと出発するまで、トレーニングがある日はずっとこうして朝練をした。

トレーニングが順調な一方で、二〇二一年の最初の方はオリンピックのためにチームを作り上げるのが難航した。オリンピックまであと数ヶ月というところで、キャプテンのお母さんを含めて選手たちの近い家族が四人も亡くなった。バンツは慌てふためいてみんなにもっとトレーニングしろと言うこともできたが、彼は自分の価値観を大切にし、チームを離れる必要がある選手を家族の元へと行かせた。何人も選手が抜けてしまい、キャプテンとあと二人の仲の良いチームメイトもいなくなり、リーダーシップグループの半数が数ヶ月いなくなってしまった。バンツはそれによってストレスを感じることはなかったし、私たちも平常心を保てた。だって正しいことをしたのだから。おかげで、なぜ二〇一九年という酷い年が私の身に起こったのかもより良く理解できた。コロナ禍で思い知らされた一つとして、私たちはみんな一度自分の生活を見直し、何が大切かを考えさせられた。家族がその一つであることは間違いない。私たちアスリートはみんな「家族のためにやっている」と言うが、現実は家族が私たちに合わせてくれたり犠牲になってくれたりしている。アスリートになると決意することは、自分のスケジュールや目標のためにわがままにならないといけない。

チームとしては、長距離であったり、コロナ禍の規制があったりする中でも、できる限りタンギ(葬儀)に出席するようにしていた。そんな時、リーダーシップグループのメンバーであるナイル・ウィリアムズ(ニズ)が大怪我を負い、東京オリンピックに出場不可能となってしまった。リオの時のことがフラッシュバックする。出るはずの選手がみんな出られない……。スポーツは時に残酷だ。東京では、ニズの燃え上がるような情熱がなくて寂しかった。

いろんなことが起こる中、私たちは悲しくて凹んでしまうことを許され、そしてバンツはみんなが本音で気持ちをシェアできる安全な空間を作ってくれた。東京までの数ヶ月は、みんな家族優先でラグビーは二の次だった。しかしそれが大舞台を前に一つにならなきゃいけない時に実を結んだ。

コロナ禍の長い間、国際試合に行こうとしても組織より許可が出なかったが、ついに六月にオーストラリアのタウンズビルで開催されたオセアニア大会に参加できた。コロナ禍での開催だったため、私たちの他はオーストラリアとフィジーだけだ。その大会はセブンズの国際試合の肉体戦の激しさを思い出させてくれ、久しぶりだったのでなかなか衝撃だった。その時の対フィジー戦で私は誰かの膝を額に食らい、流れ出る血が顔中に滴った。七針を縫う怪我となり、一生残る傷になった。でもこの傷が大好きだ。額にハッキリと刻まれているけど、別に気にならない。この傷は私の心の中にある全ての傷と、いままでにした努力や挑戦、感謝と癒やしを象徴していて、私はこの傷を誇りに思う。

世界はまだまだコロナ禍で正常機能しておらず、ロックダウンと共に私たちもタウンズビルから出られなくなった。そしてついに東京へ向けて出発できるという時になると、チームの半分はブリスベンで次のロックダウンのため足止めされた。やっとの思いで選手村へ到着したが、ウイルスのせいで何人かの選手が来れなかったのもあり、リオの時と雰囲気が全然違った。警戒態勢、マスク着用、パーテーション、他国の選手との交流禁止。

でも、やっとここへ来たんだ。


二〇二一年東京オリンピック。試合は無観客。記者たちが必ず聞く質問の中に「無観客でプレーするのはどんな感じ?」というのがあった。ってか、うちらそこから始めたんだけど。だから慣れてるよ。初めて黒のジャージを着たフィジーでの試合は、数百人のフィジー人観客がいただけで、全員フィジーを応援していた。中国での私のワールドシリーズのデビュー戦は、スタジアムはバカでかいのに観客はほとんど誰もいなかった。当時は観客、テレビ中継、SNSでの注目など何もなかったので、試合中にボールを落としたって誰にも知られずにすんだ。二〇一五年にロンドンのトゥイッケナム・スタジアムでプレーするまでは、ずっとそうだった。その試合は男子の試合の直後だったので、それまでと全く違う経験だった。耳をつんざくような歓声。フィールド上でチームメイトが私のそばで怒鳴っていたが、全然聞こえなかったのが印象的だった。

私のキャリアと共に、セブンズも著しく成長した。シドニーでボロ負けした二〇一八年は、私たちの試合はいつも満席だった。ウォーミングアップしている最中、観客席から刈り上げのバカ野郎が「オリンピックで金メダルを獲ったのはだーれだ？」「誰がイエローカードもらったんだっけ？　ポーシャ？」とポーシャに面と向かって言いやがった。正直、反撃しないで集中するのが難しかった。私の短所は、誰かが私の大好きな人に攻撃をした時に怒ってしまうことだ。ヤツらは私たちの名前を知っていて、私たちの失敗もよく知っていて、ご丁寧にそれを教えてくれた。

二〇一九年と二〇二〇年はニュージーランドのハミルトンでセブンズのイベントが二つあった。二〇一九年はファスト・フォーという、ニュージーランド、イングランド、フランス、中国の女子セブンズ四チームでエキシビジョン・マッチが行われた。続いて二〇二〇年はワールドシリーズの男子と女子の大会が史上初めてニュージーランドで開催された。どちらの大会も私にとっては異次元の体験だった。ホーム開催なうえに満席のスタジアムで、ハカが何かを理解している人たちの前でハカを披露する。何万人ものキウイたちがスタジアムを揺るがすような大歓声を上げる。私にとっては、黒のジャージ、ハカ、文化、そして私たちの旅が全て繋がった瞬間だった。

ファスト・フォーで勝利した後、観客席の方へ歩いて行き様々なコスチュームを着たファンの人たちと触れ合うことができた。セブンズの大会は仮装をする文化がある。その中に私たちに仮装したグループを見つけた。写真の切り抜きでお面を作って黒いジャージを着て……そして、その中の一人は私になっていた。マジかよ⁉　自分に扮している人を見るのは、いままでになかった類の達成感を感じられたので、私は思わず彼女にその日もらったメダルをプレゼントした。翌年は決勝戦でカナダを倒し、ニュージーランド開催の女子ワールドシリーズ初のトロフィーを手にした時、また同じファンのグループを見つけた。女子ラグビーがここニュージーランドで発展したという動かぬ証拠に思えて、大きな感動で震えた。

つまり、私たちは空っぽのスタジアムと満席のスタジアム、両方でのプレー経験がある。だから東京のゴーストタウンのような誰もいないスタンドを見ても平気だった。ああ、またこれか、というだけだ。

リオの時で印象に残っているのは、誰かが更衣室で「**うちらは絶対にメダルを獲るんだ！　なにがなんでも！**」と声に出して言っていたこと。私たちはみんな若くて純粋で、うぶな幸せがあった。でも今回、私にはそんなものは一切ない。銀じゃないんだ。リオの時は金が私たちの手をすり抜けていった。もう絶対にそんなことにはさせない。コーチもマネージメントスタッフも変わり、チームを運営する方法も前とは違う。みんな全身全霊をかけて取り組んできた。全員一丸となってここで全力を尽くすのだ。

最初の予選はまた対ケニアだった。順調に29対7で勝利した。想定どおりだ。

休憩し、ウォームアップをし、全てがうまくいっている。次の対戦相手はイギリスで、彼女たちは燃えていた。私はゴールポストのすぐ手前でボールを落としてしまい、ノックオンとなった。もう何千回もやっている。スクラムになり、私たちは相手がここでの攻撃が得意なのを知っていた。あっ、取られた。まあいい、一トライなら挽回できる。受け流して切り替えなくては。私がボールを取り、長い左から右のパスをポーシャへ。足の速い彼女が得意とする場所へパスを投げるが、彼女もボールを落としてしまった。クソッ。私が悪い流れを作ったのか。私とポーシャは視線を交わしながら、ゴッシーに何を言われるかを恐れていた。私たちはゴッシーの右腕となる選手たちで、基本のプレーを失敗した。イギリスがまたトライをし、14対0となる。いや、まだ大丈夫。こんな状況はいままで何回もあったんだ……。すると、また得点を取られた。四分で三本のトライだ。ようやくミカエラがトライをして、さらにもう一本取り、21対12でハーフタイムとなった。ポーシャと私が避けていたにも関わらず、ゴッシーと目が合ってしまった。気まずい、と思っていると、ゴッシーはプカナ［マオリ族の目を見開いて威嚇する表情］をした。これまで何年も一緒にやって信頼関係を築いてきたので、私たちは一瞬で会話ができる。「ちょっと、あんたたち良くないよ！」「わかってる、いまのマジでゴミだった。最悪だったよね。すぐに直すから」

キャプテンは全員に向かって前半はうまくいってなかったと伝えたが、みんなちゃんとわかっている。さあ、後半が始まる。ここでバチッと決めなきゃ。何年もの経験で学んだことは、この素晴らしいスポーツは本当に試合が終了するまで終わらない。いつでも果敢に挑むのだ。やってやる。

私たちはしっかりと気持ちを切り替え、タイラが隙間を見つけてトライを取り、後半開始から一分で二点差まで追い上げた。いよいよという時にイギリスのイエローカードが出され、ミカエラが三度目のトライを取った。ハットトリックだ。笛が鳴った時には、私たちは26対21で勝っていた。スカイスポーツ［イギリスのスポーツチャンネル］のインタビューでも私は言ったのだが、私たちのプレーは日本中のアルコール消毒液を集めても洗い流せないくらい酷かった。

私にとって、どん底の経験が起こったのには理由があったと思う。相手チームがハーフタイムの時点で勝っていたとしても気にすることはない。何があろうと、私たちは勝つんだ。この気持ちに支配され、正直少し怖いほどだった。この根拠のない自信がありながらも、簡単にはいかないとわかっていたのでこの言葉を飲み込んだ。**また同じことが起こってしまう。**クソッ、イギリスチームはトップ3にも入っていないのに危ういところだった。基準なんて当てにならない。あまり期待されていないチームがグイグイ追い上げて来ることもある。イギリスチームがそれを見せてくれたことに私は感謝した。

次の日は予選最後の試合、対ロシアで33対0で勝利した。トーナメントの組み方によって、同じ日に準々決勝でまたロシアと当たり、次は36対0で勝った。あと二試合だ。準決勝、そして、願わくば決勝。でも心の中に漠然と、決勝の日、そこまで行ければだけど、簡単にはいかないことはわかっていた。

ルビーのライフレッスン

自己満足はあなたの夢を徹底的に壊してしまう。

32 金言実行

数日間にわたって開催されるセブンズの大会で、「あと残り一日!」と言える時ほど良い瞬間はない。準決勝はフィジーとの対決になった。正直、フィジーがここまで残っているのに驚いた。カナダ、オーストラリア、アメリカと、リオの時にメダル候補だったチームがひとつもいない。フィジーはいまのところ負けなしだ。準々決勝ではフィジーが世界第二位であるカナダに圧勝したのを目の当たりにしたので、彼女たちと対戦する準決勝はかなり厳しいものになると思っていた。何だって起こり得る。彼女たちはセブンズラグビーの眠れる巨人なのだ。

もしフィジーチームが、私たちが持っている設備や援助の半分でも与えられれば世界制覇できるといつも思っていた。実は今回、フィジーチームはコロナ規制のためオーストラリアでの足止め期間を経てきていた。母国のコロナと戦う状況や家族に会えない寂しさなど、本当に大変だったと思うが、それによる利点もあった。彼女たちは初めて先進国の設備でトレーニングをし、栄養のある良い食事を長期間、四ヶ月も摂取し続けることによって、危険なほどにコンディションが整っていた。恐るべき脅威となった。

そして彼女たちにはプレッシャーもあった。セブンズが国技であるのに加え、数日前にはフィジーの男子チームが金メダルを獲得していた。きっと国中がもう一度同じことを期待して大注目していたに違いない。私たちが勝てるとわかっていたけれど、少しでもミスをしたら確実にやられる。

試合の序盤から彼女たちのプレーはクレイジー、クレイジー、マジでクレイジーだった。全員が旋風のように突進してきて上に乗っかってくる。最初に得点したのは私たちだったが、すぐに相手もトライを取り、さらにコンバージョンキックを成功させたので7対5でリードされる形になった。私たちの作戦はタックルを受けて倒れたあと、すばやくサポートに付きラックを形成しボールを保持することだったが、作戦を完璧に実行できておらず、やや苦戦していた。思ったようにいかない。これは長い一日になるぞ、と思ったが、開始から七分経過した時点で優位に立てている自信があった。私たちの方が体力があると思ったし、ラックをしっかり作るという事前の作戦に従いさえすれば相手の勢いを後退させることができ、勝てる。予想どおり、ハーフタイムまであと三十秒というところで、三度目のラック、チャンス到来だ。さあ、こっちのものだ。

フィールドの真ん中辺りでタイラが私に向かってオフロードし、私がゴールラインへ向かって一目散に走る。フィジーの選手が三人追いかけて来るが、二人が途中で諦めた。ところが背番号十一番のアロエシ・ナコディだけはずっと食らいついて来る。まあ、心配ないだろう。フィジーとは何度も何度も試合をしているが、最後まで追いかけて来ることはまずない。いつも途中でガス欠になる。だから今回も、大丈夫、ラインまで走ってボールを置けばいい……と思ったら突然、クソッ、まだついてきてるじゃないか、実際もうそこにいる。と、その瞬間、え、何？　タックルを受け、彼女がボールをパンチして私の手から弾き飛ばし、私は体だけでラインを越えた。

フィジーにとっては最高にクールなトライ阻止の瞬間だった。良い流れ《フロー》をキープするためにハーフタイムの前にトライをするのはとても重要なので、私は落ち込みまくっていたが、さっきのプレーの素晴らしさと熱意を感じずにはいられなかった。こういう瞬間のためにセブンズをプレーしているんだ。**もう絶対にこんなふうにフィジーを見くびっちゃいけない**と自分に言い聞かせた。

私が起き上がると、アロエシはまだ荒い息をしていた。彼女は全力を出し切ったんだ。隣に行き彼女の肩に手をおいて、あんた最高だったじゃん、いまのを続けなよ！　と言った。だって本当にそうだったから。でもいまは自分のチームの円陣に戻って現実を直視しないといけない。いまはハーフタイムで、普段はハーフタイムの前に得点していれば、その後も主導権を握り優位にプレーできる。でもどうしよう、今回は私のせいでそのコントロールをフィジーに渡してしまった。致命的なミスだ。12対7でリードできていたはずなのに、5対7のままだ。勝てていたはずの試合を接戦にしてしまった。

フィールド上を歩いてチームの方へ戻る。頭の中に声が浮かんでくる。下手くそ、チームを失望させた、何が世界一の選手だよ、あんたに賞をもらう価値なんてない。この声が私を支配しようとしていたが、そうさせるわけにはいかない。受け入れてしまったらここで終わる。ギリギリだった。早く振り落とさなきゃ。**ファック‼**　と鋭く吠えたらスッキリした。これが私だ。私はこうやってエネルギーを外に出さないといけないんだ。これだけでいい。チームへと戻ると、みんなは私の感じている気持ちが手に取るようにわかるようだった。私が少し悪いモードへと入ってしまったのもバレたようだ。チームメイトのアレナ・サイリが来て水のボトルを渡しながら私の腕に手を置いた。私はいま何も感じていないようには装わない、だっていろんな感情が渦巻いているのだから。みんなにもわかっているし、みんな私を理解している。私は一人の人間で、クソ野郎でもなければイカレてるわけでもない。ただ切り替えるための数秒と、腕に置かれたこの手と、水のボトルが必要だっただけだ。

フィールド外での関係が大切だというのはこういうことだ。いまここでの、この瞬間。大失態をおかしてしまったので、アロファ（愛）とぬくもりが必要だった。良い文化が築けていないチームだと、このような時に誰も近くに来てくれないし、ドリンクもくれない、見てもくれない。「ナイス！」などの皮肉を言われることもある。こんなプレッシャーがかかりまくる試合で失敗した本人は自分の中ですでに葛藤して苦しんでいるというのに。だからこの瞬間、円陣の中で、このチームでいられることにほんとに感謝する。こういう時こそ、これまで何年も続けてきた腹を割っての会話と、築き上げてきた一人ひとりへの信頼の力が発揮される。

最悪のシチュエーションが起こった時、私にとってはまさにこの瞬間だったが、みんなで対処することができる。フィジーチームはいま彼女たちの快適な状況にないことがわかる。円陣の中ではコーチが真ん中に立って一人で話している。彼女たちは素晴らしいプレーをしていたが、いまにも崩れ落ちそうな心境にあるのがボディランゲージからわかった。一方、私たちはプレーは最悪だったし負けているが、全員しっかりと地に足をつけて立っている。そして、この先何をすればいいかわかっている。

私たちのコーチも円陣に入って話したそうにしているのが見えた。彼らにはいま私たちが何をするべきかハッキリとわかっているが、それでも入ってこない。私たちも理解しているのを知っているからだ。コーチによって作られた自分たちでリーダーシップを取るこの文化はとてもうまく機能していて、コーチ達が入ってこないことによって私たちへの信頼を示してくれている。私たちも自分たちだけでどう話し合えばいいか熟知している。

そして、いまからやるべきことへ集中した。

後半開始。ほどなくしてフィジーがトライして12対5とさらに引き離された。絶対に点を取らなきゃいけない。その後ポーシャがトライを決め、コンバージョンキックも成功して、12対12の同点に追いついた。走ってポジションに戻っていく時ゴッシーと目が合ったので、本気でやるよ、と視線で伝えた。彼女も同じことを目で伝えてきた。この目配せは「ちゃんとついてきてる?」「もちろん! 当たり前じゃん」を意味する。試合中にはこんな瞬間が何度でもあり、返事をする時は強い信念と確信の意味をこめてしないといけない。**さあ、マジでいくよ。**私たちの真の力を見せつけてやる。見ときな、フィジー。あんたたちも上位四位に入ってトップのチームたちと並びたいだろうけど、オリンピック準決勝の後半、最後の最後に何が起こるかよーく見ときな。

私たちは疲労困憊していたが、あと一回トライを取れば勝てる。みんなピリピリしていた。

しっかりと時間をかけてトドメの一発となる最後の攻撃の用意をする。これが最後のプレーになるためには、最後の三十秒以内に点を取らないといけない。試合時間は残り四十一秒。ケリーがステイシーにパスを投げ、彼女がラインへ向かって走っているところで残り三十六秒。いつもこの時間はポストの下で試合終了の笛を待ち、時間になったら、はい、勝った! となるのだが……この時は違った。オリンピックのスーパーフィジーチームではそうはいかなかった。フィジーの選手が追いかける。普段は誰もここまで追いかけない。三十五秒、三十四秒、三十三……。相手の三番の選手がステイシーを追いかけるものの、トライが決まった。ここから三十秒以内にコンバージョンキックを決めないといけなくて、その後さらにもう一度フィジーに攻撃のチャンスがある。テレビの前で見ている母国の人たちはこれで私たちが勝ったと思ったかもしれないが、私、ゴッシー、ケリーはわかっていた。まだ終わっていないことを。

コンバージョンキックは入らなかった。タイラのキックはポストに当たった。この時点で17対12だったが、まだひっくり返される可能性はある。オーバータイムに入ったところで、それは起こった。フィジーがトライを取り、17対17の同点になってしまった。ここでフィジーのキックが成功すれば相手に二点が入り、私たちは負ける。同点で、キックに勝敗がかかっている。

負けることは受け入れられなかった。絶対に同点のまま延長戦に持ち込まないといけない。トライをした後キックをするまでには三十秒と決まっている。しかし彼女たちはゴールラインのあたりで盛大に喜んでいて、十秒、十五秒……私はカウントしていた。キッカーは秒数がどんどんなくなっていて、早く蹴らないといけないのをわかっていないのだろうか？　私はキッカーの選手から目を離さなかった。

彼女にかかっているというのに。想像を絶するプレッシャーだろう。サイドラインから蹴らなくてはならないのだ。どんな状況下でも最も難しい角度で、完全に足を取られる。

私は彼女を観察しながら、レフリーに向かって、トライしてからキックするまで三十秒だよね!?　いま何秒？　とフィジーの選手たちに聞こえるほどの大声で言った。

私が秒数をカウントしているのを知らせるため、わざとだ。多分彼女の経験上一番難しい角度からと言っても過言ではないほどの端っこからのキックを決めないといけないうえに、あと六秒しかない。レフリーは「ちゃんとわかってるから」と言うと、「ルビー、ちょっと黙っててくれる？」という顔で私を見た。でも私はレフリーが「あと六秒！　どの試合でも同じだよ」と言ってほしかったし、実際にレフリーはそう言った。ようやくフィジーの選手がそれを聞き、スコアボードの秒数が六、五、四と減っていくのを見てバツの悪そうな顔をした。急いでキックの場所まで行ったが、落ち着いていない。準備する時間なんてないのだ。私はキックが成功しないのがわかっていた。彼女が頭を下げて体勢に入ったが、フォームが整っておらず、スパイクがボールに触れた時、ボールは大きく左へと飛んでいった。17点の同点で、延長戦となった。

よしきた！　**いまこそやってやる！**　と思った。いくら抵抗して来ようとも、勝つのは私たちだ。過去には試合終了の笛と同時に勝利したこと、敗北したことが何度もあったし、延長戦の経験もある。私たちはこういう切羽詰まった状況になったことが数え切れないほどあるが、フィジーチームは多分初めてだ。彼女たちは延長戦で世界一のチームと戦わなければいけなくて、それは最大級に緊張が高まる状況だろう。手で触れられそうなほどの重いプレッシャーの中、プレッシャーにやられてしまえば即負ける。体力、スキル、作戦などの問題ではない。これはプレッシャーの扱い方を知っているかどうかだ。この日の湿度ほど粘っこく、口を開ければ味がしそうなほどに濃いプレッシャーの。

延長戦はゴールデンポイント制で、先に点を取ったほうが勝利となる。フィジーが一度でもボールを手にしたら確実に点を取るので、渡すわけにはいかない。いま、超生きてるって感じがする。セブンズの試合の中では、試合のピークで生きていることを感じられる瞬間がある。私たちはこのためにトレーニングしてきたんだ。かかってこい。

延長戦のキックオフはコイントスで決める。私たちはボールを受けたかったが、コイントスで負けてしまった。ますます大事な瞬間となった。私たちがキックオフをする側で、彼女たちの手にボールが渡れば地獄絵図となる。何としてでもボールを取らなければ。

テリーサ・フィッツパトリックと私はタイラにこれまでと同じキック、ミニがいる側に向けて蹴るように伝えていた。ところが、ステイシーが私の方へと叫んでいるのが聞こえた。ステイシーを見るとその目は真剣で、同じことをもう一度言った。彼女の声にこもった威厳……ステイシーが絶対ボールを取れるとわかった。待って！ とタイラとテリーサへ言う。いまのキャンセル、ステイシーの方へ蹴って、と伝えた。タイラもキックを正確な場所へと蹴らないといけない……。でも彼女もプレッシャーの扱い方は熟知しているので問題なかった。ステイシーが空に舞い上がる。フィジーの二番と三番の選手も同時に飛び跳ね、手を伸ばし、さらに伸ばしてボールを掴もうとするが、ステイシーの方が高く飛んでいた。彼女がボールを奪い、最高の雰囲気の中延長戦が始まった。

多分、この瞬間に勝敗が決まったのだと思う。そしてやっと、私たちは戦術どおりのプレーができた。ボールを持ったらとにかく突進、また次の選手も突進し、フィジーの選手は私たちの攻撃に耐えきれず次々と後退していく。もうすぐゴールラインというところまで来て、ラックからゲイル・ブロウトンがボールを掴みだし、向かってくる相手選手を突き飛ばしてボールを置いた。22対17。決勝進出が決まった。

フィジーチームは悲しみに打ちのめされている。そりゃそうだ。でも、いままで戦った中で最高のフィジーチームだった。これまでの十二ヶ月間、血の滲むような努力をした彼女たちは世界中を驚かせた。あと少しのところまで来た。この後彼女たちはイギリスチームと試合をし、銅メダルを獲得する。

決勝戦、先ほどイギリスを打ち負かしたフランスと戦って、もう一度同じことをするまで数時間休むことができた。でもこのフィジー戦より厳しい試合になるとは思えなかった。フィジーは他のどのチームにも倒せなかったのだ。このフィジーとの試合が事実上の決勝戦だった。

私には試合の合間のしっかり決まったルーティーンがある。食べて、シャワーを浴びて、リカバリーして、昼寝をして、分析をする。みんなそれぞれ自分のルーティーンがあり、チーム内では誰も他の人の邪魔をしない。中にはスタジアムを軽く散歩したり、リカバリーの器具を使ったりする選手もいるが、私は昼寝をするのが大好きだ。何度もするうちに騒音の中でも寝られるようになった。アラームをセットして、起きたら分析に取り掛かる。さっき終えたばかりの試合と、次に対戦するチームの試合が、各自に支給されているｉＰａｄで見られるようになっている。リラックスしながら始めて、少しずつ次の試合へとメンタルを持っていく。いくつかのポイントをメモし終えた頃には、スッと意識を次の試合へと切り替えられる。

ところがこの時はいつものようにできなかった。体が痛むのだ。何かの拍子に左腕を痛めてしまった。年初からずっと肩の調子が悪かったが、フィジー戦の最後の方ではボールを取れないほどの痛みがあった。氷で冷やして鎮痛剤を目一杯飲み、昼寝で回復しようとしたが、起きた時に……ああ、クソッ。

医療用ベッドに腰掛けてじっと座っている間、トレーナーのケイトが左腕が動かないようできる限りきつくテーピングを巻いてくれている。

パンツが様子を見に来て私の左の肩を軽く叩いた。「ルビー、大丈夫かい?」彼の声は優しくて励まされるが、心配しているのがわかる。

首だけを動かせなかったので上半身ごと振り返る。

「本当に？」ノーと答えてもいいんだよと言いたげな声だったが、私が絶対にそう言わないのを彼は知っている。

「大丈夫だよ！」

「大丈夫だって！」

本当は、上体の左半分を上手く動かせないほどだった。首に詰まったような感覚があり、肩の怪我から繋がっているような感じだ。腕は完全に黒紫へとうっ血で変色していて、手首を軽く脱臼している（手首のレントゲンを撮ったのはニュージーランドに帰国してからだった）。フランスチームは私の左肩に何度か衝突すれば簡単に私をダウンさせられる。

ケイトがテーピングを終え、私の左腕を少し曲がった状態で固定し、自由には動かないが使えるようにしてくれた。これでパスやタックルができる。これほど次の試合が無理かもと思ったことはいままでになかった。首と肩。テープのおかげでなんとか体が繋がっている。

とりあえず、試合開始さえすれば良い。私が当たられたらバンツが交替させるだろう。最初だけ耐えながらプレーすれば、二〇一二年のデビューからずっとそうだったように、ゴッシーが左を見れば私がいることになる。そして、テリーサも右側から私が叫んでいる声を聞くことができる。そうすることによって彼女たちを安心させられる。私は試合開始のプレッシャーを捌《さば》くことができる。私たちみんなの「オリンピック・ドリーム」のため、直前の変更にみんなが戸惑わないように、あと一戦だけ頑張ればいい。最後までみんなを支えるんだ。何があっても。ケイトが私に貼った大量のテープを見て、ちょっとウケた。これ剥がす時絶対痛いじゃん。

でも、オリンピックの決勝戦でまた負けてしまうよりは、いま車に轢《ひ》かれる方がマシだ。私の中で炎がメラメラと燃え上がっている。さあ行くぞ。

コンタクト・スポーツに痛みはつきものだ。どんなスポーツであれ、体を動かすと筋肉を燃やして刺激する。でも、ラグビーがかける体の負担はレベルが一つ上だ。経験を積むにつれ、いろんな負傷について学んだ。試合に出られないほどの痛み、または強いメンタルで耐えることができる痛み。タコができて出血している手、まめや水ぶくれで出血している足、そんな程度ではラグビーの怪我とは言わない。最初にラグビーを始めた頃は足のまめが痛くて走れないと思ったが、まめ程度で足が壊れるわけではない。ってか、何のために頑張ってんの？　体が動かないと悲鳴を上げてもやるんだ。トップチームのトップの選手でも、万全の体調で試合に向かう人は少ない。だいたいいつも、ここが攣《つ》っている、あそこが折れているといった調子だ。私はいつも若い選手たちに体を大事にしなよ、と言う。しかし、全力でプレーするには、体を労《いたわ》るのとやる気の間に矛盾が生じることも十分理解している。

もしあなたが他人と違うことを成し遂げたければ、他人と違うことをしなければいけない。だから自分の中でその「違うこと」に対するバランスを見つけるのが大事なのだ。

日記にこう書いてあったのを見つけた。

チャンピオンでも痛みを感じる。でも彼らの限界は化け物級だ。
それを受け入れる者にだけ最高の結末が訪れる。

目標達成のために
1. 言い訳をしない。
2. 弱音を吐かない。
3. 誰かに認めてもらおうと思わない。

オリンピックの決勝戦の日、すでに前二日間プレーし続けているので、全員体がボロボロで、アザが出来てどこかしら出血している。最終日になると、誰が一番強いとか速いではなく、誰の心が一番強いかにかかってくる。マインドゲームなのだ。だから私はプレッシャーを扱うのと同じようにこの痛みも扱う。燃えるように痛んだりズキズキしたりする部分に意識を集中させ、そこを通過し、自分の内部の深い部分へと入り込んでいく。それをしっかりと認識する。雑音みたいなもんだ。そして自分に、もう通過した、この痛みはここへ置いていく、と言い聞かせて集中する。

ここに来てスターティングメンバーとして出場しないなんてあり得ない。

私のポジションの交代選手のリシ（リサレアアナ・ポウリ・レーン）とアレナを見る。彼女たちが数分間プレーする準備が出来ていますように。私はタンクが空になるまでプレーするつもりだ。そして、チームメイト達と一緒にライン上に立つ。私の右にはゴッシー、左にはテリーサがいる。ポーカーフェイスを保って、フランスチームに私がいまにも壊れそうなことを悟られないようにする。よし、行こう。

開始すぐに私の肩は、地球上で最も強くて決死の覚悟の選手たちに三回連続で当たられた。まるでバレているようだ。前半の半分ほど過ぎた頃、フランスチームの素晴らしいバックスの選手であるカミーユ・グラシノが、私の左腕めがけてすごいスピードで激しく当たってきた。とんでもない衝突だったので、彼女は走り去る前に英語で「ソーリー」と言ったほどだ。起き上がれずにいると、すかさずバンツが正しい判断をして私を下げて交替選手を入れた。でも私は試合開始はやり遂げた。やるべきことはやった。

ハーフタイムの笛が鳴った時は、19対5だった。順調だ。でも、最後の一分に二トライ以上の差でリードしているのでなければ、確実に勝ったとは言えないと再度心の中でつぶやく。本当に試合が終わるまで仕事は終わらない。そして残り四分半になった時、フランスがまた得点をあげた。19対12だ。これ以上差を詰められるとマズい。バンツは私をもう一度フィールドに出させた。

私の体はボロボロだったが、大きい試合の終わらせ方はよく知っている。残り二分ちょっとになった時、私のチームはもう一度やってくれた。作り出した少しの隙間をボールを掴んだタイラが駆け抜けて、ゴールポストのど真ん中にトライ。コンバージョンも決めた。そうして私たちが安心できる状況になった。残り一分で、14点差。

フルタイムの時間が来て笛が鳴るが、あと一プレー残っていた。私は嬉しさのあまり踊りだしそうだったが、まだ試合中だ。まだだ、まだ終わってない、と自分に言い聞かせながらラグビーのマインドセットに留まる努力をする。まだしっかり集中して、規律を守らなくては。スクラムだ。いつだってまずはスクラムだ。**まだ集中するんだ。**全員が自分の役目をしっかりと果たした。スクラムにボールが入り、目の前の相手選手にオーバーな動作をさせながらも自分は落ち着きを保つ。タイラがボールを出してケリーにパス。そしてケリーがボールをフィールド外へと蹴り出す。まだだ、ルビー、待て……。そして、笛が鳴った。

ついに。

26対12で勝利した。やり遂げた。

金メダルを勝ち取った。

世の中の人は誰もが幸せになりたいと思うが、幸せの形はそれぞれ違う。まず、自分にとっての幸せとは何なのかを知る必要がある。私は自分が何を不幸せと感じるかを学ぶところからこの旅が始まった。私を幸せにするのは、みんなが尊敬し合える世界一のチームで、最高の自分を追求すること。そしてチームが歩む道のりの全てを一緒に体験すること。金メダルはそういったこと全てを象徴する。旅の過程で「いまこの瞬間」にいつもいること。だから試合終了を告げる笛が鳴り金メダルを獲得した瞬間は、初めての感情を感じた。自分の中にある一つひとつの感情、良かったことも悪かったことも一気に出てきて魔法の嵐となり、津波のような涙が流れた。**ルビー、いまこそ空を見上げてこの瞬間を噛みしめるんだ。**自分が息をしているのさえ感じられなかった。時間が止まって体が宙に浮いているようで、「いまこの瞬間」しかなかった。

勝利だけではなく、この瞬間には全てがあった。これまでの道のり、己の追求、自分の価値観に正しく生き、良いのも悪いのも自分の決意一つひとつにこだわってきて満足していることとその喜び。この道のりで経験してきた勝利と敗北、いまはもうチームにいない選手たち、最初からずっと一緒にいる選手たち。スタジアムではニュージーランドの歌手、スタン・ウォーカーの「アオテアロア」という曲が爆音で流れている。コーチが試合を締めくくるために起用した選手七人のうち六人は、ワイオウルの最初の合宿から一緒だ。タイラ・ネイサン・ウォン、サラ・ヒリニ（ゴッシー）、ポーシャ・ウッドマン、ゲイル・ブロウトン、ミカエラ・ブライド、そして私。ケリー・ブレイジアは二〇一三年から一緒にいる。私とポーシャ、ゴッシーの三人はフィジーで共にデビューした。そしていまもみんな一緒にいるんだ。

私は最後までフィールド上にいたので、更衣室へ戻ったのも最後だったが、リオの時と正反対だった。タイラが飲むぞー！　のコールを私が始めた。タイラは金メダルを取るまでお酒を一滴も飲まないと誓っていたからだ。みんな大笑いしている。早くメダルが欲しいので、できるだけ早く着替えた。アディダスのギアを脱ぎ、オリンピックスポンサーであるピークというメーカーのユニフォームを身につける。すると、パンツのポケットに何かあるのを感じた。その硬いものをポケットに入れていたんだった。ちゃんとある。忘れていたが、いまからそれをやる。

きれいな服に着替えたものの中は汗だくのままで整列し、みんな笑ったり歌ったりしていた。係の人が、私たちは金メダルだから最後に表彰台に上がると言った。いまは何を聞いてもとにかく嬉しい。

コロナ禍で自分たちでメダルを首にかける規定だったため、隣にいたリシが私の首にメダルをかけやすいように体を屈めた。頭は下がっているが、心は天へ向けて大きく開いている。手をポケットの中に入れて、その硬いものに触れた。リオオリンピックの銀メダル。そう、この瞬間をずっと夢見ていたんだ。

東京オリンピックへ向けて、私はずっと銀メダルを持ち歩いていた。どこに行くにも持ち歩き、毎日眺め、触って、自分が追い求める旅の形あるリマインダーにしていた。銀メダルは、書類上は世界一の選手とされていても、まだそこに届いていないことを教えてくれるとても大切な存在だった。

あちこち欠けていて酷い見た目だが、それが旅の醍醐味だ。人々は美しく全く汚れていない金メダルを探し求めるが、私があらゆることを学んだのはこのボロボロで欠けまくっている銀メダルからだ。だから持ってきたし、こんなビジョンがあったのだ。**表彰台に立った時にやっと手に入れた金メダルと、ここまで導いてくれた銀メダルを両方握っていたい。**これは、かなり独創的なビジョンだが、でも明らかに銀メダルがあったからこその金メダルだから。

私は背番号が一番なので隣にはフランスチームの選手がいた。銀メダルをポケットから出した時「何それ?」と聞かれた。これはね、私がここにいる理由なんだ。金メダルを首から下げ、右手に銀メダルを握りながら二つを眺め、ようやく叶った、と思った。ずっと見たかった景色だ。左右に一つずつ手にした二つのメダルを並べて見比べる。まるで人生みたいだ。世界トップの選手たちが揃っていながらも全員で力を出しきれずに逃して心が粉々になった二位から、いままでやってきた一つひとつの成果がようやく実って手に入れたキラキラ輝くこの宝物。銀メダルがなければこの金メダルはなかった。私たちがこれまで学んだことを見てみてよ。オリンピック初試合の前夜のジャージ・セレモニーでは全員が心の底から本音で話した。オープンで、正直で、本物の絆を感じられた。その時、全てのことがうまくいってきた確信があり、やっと私たちの時が来たと思えた。

横を向いて国旗に向かって立ち、その後は国歌斉唱。この時の歌はチーム史上で一番酷かったので、いまでも笑い話になっている。私はいつも国歌斉唱の時にするように、空を仰ぎながら精一杯心を込めて歌った。空はいつもそこにあって、私に物事を大きな視点で見させてくれる。

無観客だったので観客の声もない。そこら中にカメラがあり、みんな思い思いにチームメイト同士で、あるいはバンツとポーズを取ったりハグしたりしている。ゲイルがどこからかマオリ族の旗を持ってきた。私はただ、いまこの瞬間を体中で感じて、体中に吸い込みたかった。芝生に寝転んで地球に乗っかっている自分の体、指の間の芝生、巨大なスタジアムのがらんとしたとてつもない大きさ、そして胸に乗っている金の重みを感じたかった。いま、この瞬間を。

ルビーのライフレッスン

勝利の瞬間には、
これまでしてきた追求の旅のすべてがある。

Part 3
コミュニケーション

ことわざがある。「最高のアイディア、最高の発明は墓場にある」実現されず、日の目を見ることもなく。

年老いた人たちがよく言うのは、「あれをしなければよかった」ではなく、「あれをやっておけばよかった」だそうだ。後悔はこの世の中で一番嫌な感情の一つである。あれをやっていない、挑戦しなかった、あの時それを言えなかった。

私はいつも言いたいことは全て言葉にするようにしている。夜寝る前に、あれを言っておけばよかった、伝えればよかった、と思い返さないですむように。

思い切ってやってみる。チャンスを逃さない。人生はあなたが作っていくものなのだから。

三十歳になったいまもまだ自分の人生の生き方を学んでいる途中だ。少しでも何かが違えばここまで来ることはできなかった。刑務所で過ごしていたかもしれない。ドラッグハウスのドンになっていたかもしれない。子どもの時に人生を絶つ選択をしていたかもしれない。

人生への感謝として、私がいままで学んできたことをストーリーにして伝えたい。

まだまだ始めたばかりで、成長している途中だ。

思い切ってやってみる。コミュニケーションを通じてあなたのことを知ってもらう。そうやって世界の中に自分の居場所を築く。あなたのことを知っている人たち全員。あなたは最高に素晴らしい人にもなりうるし、さもなければヘルプが必要にもなる。他人とどのようにコミュニケーションを取るかによってその人との関係性が決まり、それが繋がりへの入口となる。人生は人との繋がりによってできている。

コミュニケーションは壁を壊す。世界をひとつにできる。

私にとってそれは大きな意味を持つもので、なぜなら小さい時に、してはいけないコミュニケーションを覚えてしまったからだ。誰かに怒鳴ったり叫んだり罵倒したりすると、その人と良いコミュニケーションを取ることができなくなる。大人気《おとなげ》なく、幼稚で、意味のないコミュニケーションだ。それはもう会話ですらなくなり、争いになる。誰かと喧嘩をして感情が勝っている時は、話すのに適した時間ではない。試合中にレフリーに向かって怒鳴るようなもので、そうなると主張を聞いてもらえず、良い結果にはならない。少し時間を置いて、自分の思いをしっかりと鑑みて整理し、声のボリュームを下げる。

私はコミュニケーションをしっかり取ることの価値を学んできた。他のものと同じで、練習しなきゃいけなかった。失敗をしては進歩し、回数を重ねるごとにクリアなコミュニケーションができるようになる。

思い切ってやってみよう。

33 自分の意味を見つけること

人生、過去のトラウマ、いままでに起こったことに正面から向き合うのはとても難しい。「ストレート・アップ（ガチで、マジで）」になって鏡に映る自分を見て、いままでに起こった衝撃的な出来事を受け入れるには勇気がいる。でも私はしっかりと自分の人生を見直した時に、心の重荷となっている経験に対する羞恥心がフッと消えた。それだけではなく、心の傷を使って自分の人生の意味を見つけられることを知った。

女性用避難シェルターにいたことを学校でからかわれたことがあった。恥ずかしいと思って、嘘をつくようになった。でも現在は時間の許す限りシェルターに協力して、よく寄付もしている。いまでは、現在暴力のもとにある子どもや暴力から逃れてシェルターで生活している子どもたちに対して、恥じることは一切なくて、あなたの人生は終わりではないと伝えられるようになった。健全に生きられる他の道がきっとある。親から子へと伝わる苦しみ悲しみをあなたで止めることができる。トラウマを悲しい結末にしないですむこともできるのだ。

高校卒業が間近に迫った頃、とても仲の良い男の子がいた。私は彼に恋をしていて、彼も私に好意を持ってくれているようだった。彼は車が大好きでいつも年下の女の子とデートしていたが、私は彼と二人きりで過ごすのが好きだった。高校の同級生だったのでよく遊んでいた。ある時彼が母親と激しい喧嘩をしてしまい、私が迎えに行き、一緒にうちのママの家で数ヶ月暮らした。

私たちはとても仲が良かった。でも、うちにいる期間の終わりの頃、彼はあまり良くない方向へと変わりだした。ネット上に変なものをポストし始め、さらに年齢の低い子たちとしかつるまなくなり、カッコつけるために危険なことをするようになった。何度か喧嘩した後、私は大学に行くためにグレイマウスを去り、同時に彼とも話さなくなった。大学生の時に一度、クライストチャーチの量販店ザ・ウェアハウスで彼を見かけたことがある。酷い見た目、みすぼらしいホームレスみたいな風貌で、とても若い子と一緒にいた。目が合った時に挨拶をして、なんでまだそんな変なことをしているのか聞くこともできたが、私はその時まだ過去に彼のせいで恥をかかされたことを恨んでいた。自分のプライドが高すぎたせいで彼に声をかけなかった。無視してしまった。しばらくして共通の友人からメッセージが届き、彼が自殺したことを知った。罪悪感を感じ、とても悲しかった。全く予期せぬことで、精神的なダメージが大きかった。当時はいまほどメンタルケアの方法を知らなかったので誰にも打ち明けることができず、自分ひとりで抱え込んでしまったし、なぜそんなに悲しいのかが理解できなかった。そういった感情を長いこと抑えつけていた。

友人の死は私にとって劇的な転換点となった。彼の死によって自分が受けた影響の大きさが本当にショックだった。自殺する人は、それがどれほど、誰に影響を与えるかをわかっていない。鬱状態の人は自分が死んでも誰も気にしないと思うだろう（実際私も同じ精神状態に陥ったことがあるから理解できる）。でも大抵の場合、正反対だ。例えば毎日サンドイッチを買っていたパン屋の店員だったり、昔仲が良かった学校の同級生だったり、いろんな人が自分が何か言ったり何かしたりしていれば助けてあげられたんじゃないかと思い、罪悪感に苦しむことになる。身近な人が亡くなると、自分の一部も死んだような気持ちになる。

この痛み、傷ついた経験から、私は友達に連絡したり、安心できる空間を作ってあげたりすることの重要性を学んだ。私はいつでも誰かのために時間を作るようにしている。それが誰であっても。あの日、声をかけられなかったことを忘れられない。あの店の通路で、過去の嫌な思いに縛られて背を向けてしまったこと。それ以来、昔の友人にすれ違って声が届く距離にいれば絶対に挨拶をする。時には人とちょっと長く話しすぎてしまうのもその経験からだ。試合後に観客と長く話しすぎていつもマネージャーに叱られるが、私にとって繋がりはそれほど大事なのだ。繋がりは私たちをリセットし、心を満たし、救ってくれることも多い。大切な友達にそれを教えてもらった。

この痛みから、新たな目的を見つけることもできた。私の知名度が上がるにつれ、メンタルヘルスに関する活動をしたいと思うようになった。だからニュージーランドラグビー協会のメンタルヘルスとウェルビーイング部局長であるネイサン・プライスから、新しく出来たオンラインでラグビー選手たちのメンタルフィットネスをサポートするプログラム「ヘッド・ファースト」に関わらないかと誘われた時、二つ返事で引き受けた。昔の友人に敬意を表し、心の痛みをポジティブなものに昇華させる最適な機会だった。

この時はインスタグラムが流行《はや》りだした頃で私の動画も徐々に注目されるようになり、私がこういった活動をしているのが知られ始めた。

もう一つ私が取り組んだのは、「メンタルヘルス・マンデイ」と呼んでいるものだ。合宿に召集されている時以外の月曜日は毎週、ＳＮＳにメンタルヘルスに関することをポストする。単純なことだけど、私の価値観で生きる方法の一つだ。


人の人生はそれぞれ違い、違った難しさがある。私の場合は、選手契約がうやむやだった数年間、チームがまとまらずに上手くいかなかったリオオリンピックへの日々、怪我ももちろんあったし、個人的にもがき苦しんだこと、成功も失敗もあった。私自身ひじょうに精神的に苦しいことがあったし、私の愛する人たちが苦しんでいるのも見てきた。でもその経験から、メンタルヘルスに関しては恥じるのではなく声に出して伝えることも学んだ。自分を恥じることは、エネルギーの波動の中で最も低いもので、魂にとって危険なものとなる。私は必要な時に声に出して話すことを学び、精神的に落ちている時には難しいので、調子が良い時にできるだけ成長する機会を得るようにしている。

こういったことを実際に話すのは難しいかもしれないが、私はこれが人生だ、現実なのだというひな型を作るようにしている。自分と過去の経験にガチに向き合うのは本当に難しいし、過去のトラウマや現在起こっていることで苦しむことも人生にはある。私たちの人生で起こることを変えることはできない。そして、想定外のことも起こり得る。だから、自分がそれをどう対処するかをコントロールするしかないのだ。

自分のメンタルヘルスを育てるのはクールな旅になるはずだ。心の傷を意味のあるものに変えられる。

まずは、自分のアイデンティティと価値観を知ることから始めてみよう。それがきっと人生のどんな時にでも役に立つはずだから。

ルビーのライフレッスン

私たちの人生で起こることを変えることはできない。
自分がそれをどう対処するかをコントロールするしかないのだ。

34 自分が望む変化になる

人々から尊敬されたり憧れられたりする存在になることを目標にしたことなんてなかった。ＳＮＳを真剣にやったこともなかった。ずっと何人フォロワーがいるとか気にしなかった。でも、私が信じることや大事だと思うことを伝えることが、私の人生で大きな意味を持つものになった。

十歳の時に誰かに「ブラックファーンズになれるよ」と言われて怒った時、そんなことが可能だと思わなかった。いまこうして黒のジャージを着ている時、自分がどう見られているかわかっている。私はどこかの子どものスーパーヒーローになっている。ジャージを脱げばただの私でしかないが。それがこの黒いジャージが与えてくれるもので、ＳＮＳと黒いジャージの二つが合わさると、女子ラグビーの発展に貢献できる素晴らしいツールになる。

チームに様々な資金援助やサポートが投入されるリオの数年前、ＳＮＳは私たち選手が運営していた。タイラ、ケイラ、私の三人で「ニュージーランド・セブンズ」のアカウントを作成し、コンテンツも自分たちで作っていた。男子のセブンズチームにもコンテンツを作るように言い、私たちがポストした。フォロワーと直接の繋がりを築くことの大切さと、メディアを通じて私たちのチームについて正しく配信していくことの重要性を知っていたからだ。誰か手助けしてと頼んだこともあるが助けは来なかったので、自分で選手兼メディアマネージャーの役目を買って出た。プロのラグビーチームには選手たちのサポートをするメディアマネージャーという役職があるが（ありがたいことにいまは私のチームにもいる）、選手であるのにたった一人で広報業務までやらないといけないとなると、なかなか厳しい。昔ポーシャが長いコンテンツに出演した時、私は横に立ってメディアの人たちにそろそろ彼女を休憩させてもらえないかと頼んでいた。一度、他の選手たち三人と一緒に生放送に出演したことがある。進行役の人は私たちのチームも知らず、カメラが回っていないところで「シルバーファーンズ」と呼んだ。なのでその人に間もなく迎える大会の詳細など全て教えなきゃならなかった。彼は私が選手であることすら知らなかったが、いまとなってはあの日あそこにいてほんとに良かったと思う。

ずっと女性スポーツの発展に貢献したいと思っていたので、カンタベリー大学ではメディアを専攻した。経験のために、まずはクライストチャーチのローカル新聞にクラブチームの女子ラグビーについて記事を書くことから始めた。夢はもちろんブラックファーンズの試合の実況をすること。そして女子ラグビーの魅力を世界に伝えたかった。元ラグビー選手のスポーツジャーナリスト、メロディ・ロビンソンとブロードキャスターのスコッティ・スティーブンソンの助けを得て、その世界に足を踏み入れることができた。機会があればすべて生かして顔を出しつづけていると、ある日、元ラグビーリーグの選手でブロードキャスターのケン・ラバンの隣でブラックファーンズの実況をしていた。信じられなかった……。マジで嬉しかった。

二〇一八年二月の最初の週末、ハミルトンFMGスタジアムで開催された男子のワールドセブンズシリーズの全試合の実況をした。男子のワールドセブンズシリーズの実況は、女性では史上初だった。またケンと一緒の場で舞い上がったし、本当に自分の目標を達成できた。何よりも、時代が変わってきているのを感じた。

ある時ブラックファーンズの実況を終えたあと、ケンに「よくやった!」と言ってもらえ、請求書について聞かれた。私は首を振った。「え、何だって?」と彼は言った。「タダでやってるのか!?」私はそれまで報酬を求めたことがなかった。これはずっと私の夢で、むしろ彼らは私に生放送でマイクを握らせてくれるというお願いを聞いてくれているのだった。いまでもまだやらせてくれたことが信じられないぐらいだ。

「ウィ・アー・テンジング(WeAreTenzing)」というタレントやインフルエンサー事務所のダン・シングという人の話をしよう。ダンと彼の同僚ブルック・ハワード・スミスの二人は私のフィールド外の人生を一八〇度変えてくれた。昔は私は知り合いや会社の手伝いをしていただけだったが、自分が有名になるにつれてだんだん追いつけなくなってきた。ダンとブルックはそんな私に自分をブランドとして価値を磨き、SNSに使われるのではなく正しく使う方法を教えてくれた。ダンはいまは私のマネージャーでいつも見張り役になってくれている。たくさん来るオファーを一つひとつふるいにかけ、私がもっとなりたい自分でいられて、本当に適したものだけとコラボするよう手助けしてくれている。事実、彼がいなければこの本もできていない。世界とより良くコミュニケーションを取る手助けを彼がしてくれたおかげで、私はいまこうして人とうまく繋がることができている。彼は私に世界の中で私自身が望む変化になれる道を見せてくれた。彼には感謝してもしきれない。

ダンの助力のおかげで、私はようやく自分の知名度とＳＮＳを役立てて、自分にとって大切なこと、メンタルヘルスや女性のエンパワーメントを促す方法がわかってきた。

何を達成したいかを明確に知ることによって、それに適した意義あるＳＮＳのコンテンツを作れるようになった。ダンに教えてもらう前は、今日は何もポストすることがないな、とよく思っていたものだ。いまでは本当にシンプルなこと、例えば、一週間の激しいトレーニングが終わったので自分のために少しリラックスをする、キャンドルをつけてしばらく静かに座ってみる、とか。シンプルでおもしろいもの、でも自分の精神面をケアすることの大切さを強調するような投稿をし、見ている人にポジティブな体験を届ける。

さらに、私のスポーツへの愛を通して女子ラグビーの発展に貢献できることも知った。スポーツ実況などメディアの仕事を通じて、自信を持ってそこに座っている茶色の顔を見せられる。かっこよく自信を持って登場し、いい実況をすることができる。視聴者とこうして繋がれることが本当に嬉しい。

フィールド上でがむしゃらにプレーし、どんな状況にも肉体が立ち向かっている時の自分と、ヘアメイクをしてもらって綺麗な服を着ている時の自分のギャップが大好きだ。女子ラグビー選手たちと夜遊びに行く時にみんなお洒落にキメて歩いていると、通りすがりの人たちは「誰だこれ？」という顔をする。そうだよ、私たちは汗だくで血まみれになる仕事をしているけれど、こういうカッコもできるんだ。

時には、二時間ほどかけてヘアメイクをして衣装に着替え、テレビのスタジオで意固地な元オールブラックス選手たちとテレビに出ることもある。オールブラックスはもっとこうすれば良かったのに、などのトークは大変なこともあるが、私は自信満々に同じ場所に座っている茶色の肌の女性像を見てほしいから出演する。そして、毎回バッチリだ。いまのところ現役選手でやっているのは私しかいないので、そこは私の居場所だと呼ぶことができる。もっと多くの茶色の肌の女性を見たい。私の仲間のシスターたちが同じようにやっているのを見たら心から幸せになる。

女性のエンパワーメントは私のアイデンティティのもう一つの大きな要素だ。私は女性であることが気に入っている。さあ、みなさんもいま起こっている素敵なことを一緒にお祝いしてみようよ。

コネクションへと繋がる機会は突然やって来るものだ。東京オリンピックの予選でロシア戦が終わった直後に受けたインタビューはぶっつけ本番で、楽しくて、完全に思いつきだった。実はＢＢＣが何なのかすら知らなかった。インタビューでも言っているように「Better Be Clear（クリアになった方がいい）」の略かなと思っていたら、なんと世界有数のテレビ局だったのだ。そしてそのインタビューはバズった。楽しいインタビューで、とにかくあの瞬間に心で感じていたことに焦点を当てて話しただけで、その後思い返すこともなかった。

実はその後しばらくバズっているのを知らなかった。インタビュー内でサモア語を話したので、正しく言えているかどうかをいとこに見せて確認しようと思い検索した。ちゃんと発音合ってる？　うまく言えた？　って。たまにオンライン上でインタビュー動画を見つけられないこともあるのだが、この時は違った。バズりまくってんじゃん！　このインタビューのおかげで世界中の人たちからとんでもない数のメッセージをもらい、さらには外国の放送局からもインタビューされた。

要するに、人生と呼ばれるこの旅において、飾らずにいつも百パーセント自分自身でいれば、何だって起こり得るんだ。

アスリートとして生きていく上で、栄養は最も大事なことの一つだ。ラグビーキャリアの最初の方、一日の大会で六試合ほどすることがあった。体重を増やすために毎試合後にプロテインシェイクを摂取していたが、体に悪影響を与えていた。二日間の大会だと朝ご飯の時、三試合の毎試合後、そしてさらに夜にもう一回。多すぎたのだ。ピークの力を発揮しないといけないのに、ずっとお腹が張ってガスが溜まっていて、吐き気もするし気持ち悪かった。

絶対に他の方法があるはずだと思った。いろんな食事を試し、最終的に乳製品が問題だと発覚したので、調べてみることにした。プロの指導で乳製品はタンパク質を含み、体重を増やすためには必須なので極端に削らない方がいいと言われた。私は完全に乳糖不耐症なわけではないが、単に量が多すぎた。絶対に他のプロテインがあるはずだと思い探したら、乳製品を含まないプロテインを見つけた。現在ではどこででも見つけることができるが、私がラグビーを始めた当時は一般的に売られておらず、探すのにとても苦労した。

一流アスリートになると、売られているサプリを何でもかんでも試すことができないので、新しいサプリを探すのがとても難しい。ニュージーランド代表のオリンピック選手として常に気をつけないといけないのが、私が口に入れるサプリは必ず正式な試験所でテスト済みの、禁止成分を含まないものということだ。

プロテインのリサーチを開始した。当時のニュージーランドでは、成分認証されている植物製のプロテインはなんと**たった一つの商品**しかなかった。でもその差は歴然としていた。摂取開始後すぐに体が軽くて強くなるのがわかり、試合中に吐き気を催すこともなくなった。ところがその商品の販売元に、継続して試験所より認証を得ることの重大さがなかなか理解してもらえなかった。

なので、自分で行動を起こすことにした。自分の信じるもので自分のブランドを作ったらどうだろうと考えた。良いメンタルヘルスを保つにも栄養は欠かせない。何年もかけていくつもの会社にサポートしてもらえるようメールを送り続けたが、私が必要とする成分認証付きのプロテインを一緒に作ってくれるところは見つからなかった。この結果がもう一度教えてくれたのは、変化を起こすには自分でやらないといけないということだった。で、どうしたか？　自分で植物性のプロテインパウダーを作り始めたのだ。

栄養師と一緒に私に合うものを一から作り、散々試した。私は承認が下りるまで口に入れることができなかったので、ダニと数人の友達が味見係だった。そしてついに、私が作ったプロテインが誕生した。成分の証明書が発行されるまで少し時間がかかったが、確認のメールが届いて、準備ができた。

自分だけの豆から作ったプロテインパウダーを摂取し始めると、最高だった。消化しやすいのがわかる。お腹は確実に軽くなり、パワーが出る。足も軽くて速く走れる。ってか、もっと早くやればよかった！

そのプロテインパウダーを使いながら金メダルも獲れた。

味などまだまだ改善すべき点がありいまもなお調整中だが、私にとっての効果は否定できないものだった。おもしろかったのは、オリンピック前はどの工場からも返信をもらうのに苦労した。ところが、金メダルだけではなく、ＢＢＣのバズったインタビューで格段に上がった知名度も持ってオリンピックからニュージーランドに帰国してからは、協力の姿勢を示してくれる人がぐんと増えた。

返信してもらえないところから始まって、いまこうして自分のプロダクトを持つまでになったこの過程で、私は人々に自分の食べるものに気を使うようになってほしいと思った。栄養は肉体面と精神面、どちらの健全な形成にも影響する。欲しいものが手に入らないのであれば、私がしたように何か違うことをしてみればいい。実験をして自分に合うもの、合わないものを把握し、自分の好きなレシピを作ってその効果を見てみる、とか。信頼できる人たちと一緒に作り上げたこのプロダクトがとても気に入っている。そして、また私の旅をみんなとシェアしたいと思っている。

ルビーのライフレッスン
いつも飾らずに百パーセント自分自身でいれば、何だって起こり得る。

エピローグ　追求

二〇一八年に親戚の集まりでサモアへ行った時、パパ側の家族が最初にニュージーランドへ移住したことの偉大さを身に沁みて感じた。パパは書類不備で行けなかったが、タラおばさんがサヴァイ島のパラウリ地区の村にある、パパたちが子どもの時に住んでいた家に家族みんなを連れて行ってくれた。

私が育った世界とは全く違った。土地や人々の中に美しさはもちろんあるが、彼らが昔住んでいたファレ［サモアの家］を見て少しショックだった。古く陰鬱でボロボロだ。いとこのヘミ・ジェームスと私は信じられなくてくすくす笑っていた。ここでパパは人生の最初の十年ほどを過ごしたんだ。

旅行に行ったのは一月、セブンズのシーズンの真っ最中だったのでトレーニングしなきゃいけなかった。サモアの親戚に走りに行ってくると言うと、彼らは私を上から下までジロジロと見て短パンを穿いて行くのかと聞いた。外気は三十度以上で湿度も高い。短パンに決まってんじゃん！

でもその村にはまだ伝統が強く残っているので簡単にはいかなかった。村の一家の女性が短パンで外出しているのを見つかると家族は罰金が科されるので、グランパの奥さんは私にイエまたはラヴァラヴァと呼ばれる伝統衣装を着るように言った。へそ辺りから足首まである長い巻きスカートのようなものだ。冗談かと思ったが、彼女は本気だった。

私の年上のいとこのテリもオーストラリアで女子ラグビーをプレーしていたので、二人してラヴァラヴァを身に着けうだるような暑さの中走りに行った。足を踏み出すたびにラヴァラヴァが巻き付く。いくつかパーツが欠けている橋や金属が飛び出してボロボロのコンクリートの田舎道を走っていると、目的もなく走る私たちを村人たちは凝視していた。ラヴァラヴァの中で足の間を伝って流れる汗が限界に達した時、なぜグランパがニュージーランドに移住したかがわかった気がした。彼はチャンスを求めて行ったんだ。彼だけのためじゃなくて、その後の世代のためにも。

もしグランパがニュージーランドに移住していなければ、私がトゥイの名を背負って国代表ジャージを着てオリンピックに出場することはなかっただろう。孫が育つ環境や訪れるチャンスのビジョンを早々に持っていたグランパには日々感謝している。

私の行動は全て、グランパが可能にしてくれたことへの感謝、〝グレアティチュード〟のしるしだ。ジャージの背中にトゥイの名前が入っていることを私は誇りに思っている。私はニュージーランドに移住したサモア人家族のなかでも、移住によるカルチャーショックやトラウマを経験せずにすんだ初めての世代だ。グランパ、パパ、おばさん、おじさんたちみんなが散々苦労してこのチャンスに満ちた土地へ来たのに、私が最高のものを求めて奮闘しないとか、自分の人生を最大級に生きないわけがない。

グランパの決意によって私の人生が形づくられたことを思い返してみると、いままで自分の身に起こったことによって私が形づくられているのがわかった。大人の女性になったいま、たくさんのことを乗り越えた小さかった私を誇りに思う。

キャンバスタウンにも実は何度か訪れた。あの絶え間なく流れる川の横の寂しい家に。ママが本当にもがき苦しみ、私も人生のどん底を経験したあの家。

一回目は辛かった。二十代前半の時に一人で行ったが、その家は暗くてみすぼらしく、子どもの時にここでどれだけ孤独だったかを思い出してしまった。でも、子どもの時に一番辛い思いをした場所に戻ってみるのが大事な気がしたので行った。先が見えない細くてくねくねした田舎道を車で走ると、子どもの時ほどは怖くなかったが、ママにこの道を歩いて学校に行かされたことはいまでも苦い思い出だ。

自殺願望が芽生えたことをハッキリと覚えている場所を訪れるのは嫌だった。とても苦しんだ場所だが、そこにもう一度行くことで癒える傷があるような気がした。大きいビタミンの錠剤を飲み込むのに似ている。気持ち悪いけど、飲み下してしまえば健康になる。そして、もう怖いものはないと思えた。

二回目に行った時はかなりマシだった。忍耐強くて理解のあるパートナーのダニも連れて行った。私が家を見て回る間、ダニは車で待っていてくれた。芝生はボーボーで家はやっぱり哀愁が漂っているが、私が感じたものが違った。私は大きくなり、背も高くなった。家の変わらなさと比べると、私の成長が明らかだった。昔の写真を見るのと同じように、昔いた場所をまた訪れてみると自分の成長がよくわかる。ありがとう、と声に出して言った。この場所で本当にいろんなことを学んだ。この家で育った強くて決意の固い小さな女の子は、ここからうまく脱出し、ものすごいゴールにたどり着く手助けをしてくれたのだ。大人になってからも、大きな出来事があった時はその少女に助けられた。

ルビー、ありがとう。愛してるよ、ルビー。

その少女には選択肢がなかった。逃げ場もなく、暴言を投げつけられ、罵声を浴びせられ、ママが暴力をふるわれるのも目の当たりにした。でもきっと、ずっと心のどこかに、ああはなりたくないという思いがあった。こんな人生は嫌だ。私は絶対良い大人になって正しいことをするんだ。

人生には絶対に違う道がある。私は二つの世界に足を入れながら育ったので、知っていた。絶対に愛を伝える他の方法があると。その少女がいろんなことに耐え、何か違うものへの可能性を理解していて、本当によかったと思う。私はそこから抜け出し、もう一つの道を見つけた。愛することができて安全で祝うべき人生。そっちを選んだ。

これからもずっとそっちを選び続ける。私はまだ旅の途中だ。人生をかけての追求だ——自分はどんな人間になりたいか、自分の価値観に忠実であることの追求。あらゆる機会、自分のブランド、家族を追い求めたい。まだまだ展開中のラグビーのキャリアで、次は15人制に挑戦してみたいし、ダニと家庭も持ちたい。まだその旅の途中で、これからもずっと続く。

私は憎しみや憤りを誰に対しても持たない。パパが私を含む何よりもアルコールを優先してしまうことに対しても、ママが鬱状態で私を守ってくれなかったことに対しても、弟の父親の酷い態度に対しても。これらは確かに全部悲惨な経験だが、私は良くなる方を選んだ。全部マジで最悪だったけど、もういいんだ、と言えることは最高にクールだと思う。それは私が背負うべきものではないし、違う人生を歩む選択をするまでだ。

そういう負の感情を抱えていた時ももちろんあった。高校での最初の数年間、私は「**Hate**［ヘイト、大嫌いの意味］」という言葉をよく使っていた。デインの父親の話をする時に、**あいつ大嫌い**、と言ったり、クラスのバカに対して。ヘイト、ヘイト、ヘイト。その気持ちを声に出して言い、誰かを罵倒したりした時は自分が他の人よりもクールに思え、ほんの少しだけ満足感を感じた。でも、醜さが残った。本当に心が満たされたわけじゃない。行き止まりへと誘導するロープみたいなものだった。

もう一つの道って何？　違う方法って何？　自分が学んで、成長して、自分を癒やす必要があるとわかっていた。誰かを責めたり怒ったりしても癒やされない。私は癒やされることを選んだ。

私は完全に傷が癒えた聖人では決してない。自分のエゴを端へ追いやるのに苦労もするし、攻撃的な感情を抑え込もうとあがきもする。誰かが私のことを褒めてくれたり、フォロワーが増えたりなどの実利的なことで喜ぶこともある。そういったことに支配されると、心のスペースが埋まってしまう。

でもそれは私が追求しているものではなく、私の旅でもない。私が求めているのは、リアルで意味のあるものだ。子どもの頃から違う道へ行く機会の光が頭の中で見えたら、そっちを追いかけた。時には本当に小さくかすかな光だったけれど、やがてその光が爆発するのを見てきた。その光は私の人生を照らしてくれたし、これからもそれを追いかけて生きるのをやめることはない。

セブンズが大好きだ。セブンズで食べていくことがずっと夢で、共に成長してそれが叶った。トレーニングして給与が出て、試合をして給与が出る生活。文句なしだ。ゴー・フォー・ゴールドのパンフレットをもらって、契約が約束されていることに度肝を抜かれたあの日から比べるとこのスポーツ自体も長い道のりを経てものすごく発展した。私はニュージーランドで一番始めからここに至るまでの全行程を経験した数少ない一人だ。私はいつもチームのためにそこにいて、何にでも参加し、体が強くて速くて決意が固く、ちゃんと話も聞くし、指導も受け入れる。でも私は最もハングリー精神の強い選手でもある。総合的な成長に対してとにかくハングリーだ。

キャリアの中では何度も思い出に残るオーバータイムでの勝利があった。特に思い出深い二つは、二〇二〇年のオークランド地区女子クラブラグビー決勝のポンソンビー・フィリーズでの試合と、オリンピックの準決勝だ。ラグビーは人生の比喩でもある。諦めない。最後まで勝敗はわからないから、試合の最後の最後まで戦い続ける。私の周りにちゃんと良い人たちがいて、そして自分の価値観にしっかりと沿っていれば、いつでももっと与えられ、もっと見つけられ、もっと遠くまで行けるんだ。

この本を書き始めてから、初めて開催されたスーパーラグビー・アウピキという女子のプレミアリーグにチーフズ・マナワというチームで出場した（そして優勝した！）。15人制ラグビーのブラックファーンズには、ケンドラ・コックセッジの隣でデビューしたが、彼女はその同じ試合で史上最多キャップ数を記録した（二〇一〇年に一緒にクラブチームでプレーしていたあのケンドラだ）。ラグビーを始めた当初はできるなんて思いもしなかったことを、キャリアを重ねるうちにたくさん経験することができた。

幼い時に少し触れた恐ろしい生活で、それがどこに繋がる道なのかが見えた。人生がロープだとして、それをそのまま辿り続けていたら、どうなるのかがわかっていた。何度も見てきた。メレディスやヘイリーを通じて、行き止まりが見えた。でも、違う道があった。私がいまいる道だ。**こっちのロープ**を辿ると、引っ張っても引っ張っても、この道が何を与えてくれるかの全貌は見えていない。私はまだ学んでいて、成長している途中だ。このロープは終わらない。引っ張れば引っ張るほど先に行けるんだ。

まだまだ試合の途中。

あのはるか美しい空にたどりつくまで止まることはない。

ルビーのポエム　セブンズのシスターたちへ

私は一度に一つの試合に集中する。

私はいつもやりすぎてしまう。

そして私の人生では三つの場所を知っている。

世界の頂点、どん底、その間のすべてのハーフタイム。


私はあなたたちがいままで見た中で最も荒々しく、タフで、根気強く、勇敢で、美しいラグビー選手。

私はレディであり、品格がある。私はあなたたちよりも重いウエイトを持ち上げるから、いいお尻もある。

私は自分を作る瞬間を作り、いつもパスを決める。


私の血、私の肌は厚い。私のタックル、私のキルは迅速。

そして私の世界クラスの黒のジャージは、あなたたちのものをいつも霞ませる。


私は明日も勝つためにトレーニングする。

他の人は今日に安住する。

ああ、それから、もし私が彼女を「シスター」と呼んだら、彼女の前からさっさとどいて。

呼びかけ

この本の出版はもう少しで実現しないところだった。私は緊張したし、気まずく思えて躊躇《ちゅうちょ》した。でも、その時あることが起こった。近所の書店に他の女性アスリート、特に女子ラグビー選手の本を探しに行った時のこと。オールブラックスの選手の本はたくさんあったけれど、女性の、特にブラックファーンズの選手の自伝がどんなものかを見たかった。

スポーツのコーナーに立って、探しに探した。何冊も本を引っ張り出したけれど、ニュージーランド人の女性アスリートの自伝は一冊もなかった。探し続けると、ビリー・ジーン・キングというアメリカ人で白人の素晴らしいテニス選手の自伝を見つけたが、それしか見つからなかった。

茶色の肌の若い女性スポーツ選手が書店に入った時に、自分に似た人の本が全くない状況を想像してみた。書店内で少し涙がこみ上げてきた。**私がやらなきゃ。**

それ以上に、**私たち**がやらなきゃいけない。これは、素晴らしい物語を持つ全ての女子ラグビー選手たちへの呼びかけだ。簡単ではないけれど、やるに値する。私は将来書店へ行って、あなたたちの本が棚に並んでいるのを見るのを楽しみにしている。

たくさんの女性たちが素晴らしい物語を持っている。クリスタル・カウアとハニー・ヒレメ・スマイラーもそのうちの二人だ。でも、この場を借りて、東京オリンピックでニュージーランド国技として初の金メダルを獲得した時に、試合終了の笛が鳴った瞬間、共にフィールドにいた女性たちに呼びかけたい。私たちはこの十年ほど、国の代表チームで一緒にラグビーをしてきた。この七人でよく試合を開始するが、試合終了時も一緒にいるのは珍しい。でもあの時、いままでのキャリアで一番大事だった試合を終わらせた。みんなで一緒に。

タイラ・ネイサン・ウォン（タイ）

フィールド上では体は誰よりも小さいけれど、とにかくいつもタックルをする。私は彼女がキックなんてしたことがなかった時から世界一のキッカーになるまで見てきた。どこに行くのにも強い決意と彼女の家族の徳《マナ》を持ち続ける。タイの家族はいつも観客席では一番声の大きいタイのファンで、タイはそんな家族に誇りに思ってもらえるよう努めている。いつも親切で話し上手な彼女は私たちの試合の最高の広報大使だ。一緒にやっていく中で、本当の妹のように思っている。うっとうしい時もあるけれど、もしタイを虐めるヤツがいれば私と戦うことになる。

ゲイル・ブロウトン（ジー・フィズ）

もし彼女の物語を世界が知ったら、きっといま以上にもっと彼女のことが好きになるだろう。ジーが入ってくるとその場の雰囲気が明るくなり、クリス・ブラウンといい勝負ができるぐらいダンスが上手い。でもジーに関して私が一番好きなところは、その優しい心。彼女は周りの人をみんな愛したいと思っていて、いつも誰ひとり寂しい思いをしないように気遣っている。出会う人全てを温かく受け入れ、その人が楽しめるようにしてくれる。私がずっと側にいたい、スペシャルな人だ。

ミカエラ・ブライド（ミニ）

このチームでは彼女の旅も険しい道のりだった。何年間にもわたって一緒にたくさんのことを乗り越えてきたが、時には腹を殴り合うようなガチンコの話し合いもした。彼女の仕事に向き合う素晴らしい姿勢は最後まで決して諦めないことで、ついには世界一のセブンズの賞を受賞するまでになった。しかも二回も。ミニは最高のアスリートで、それ以上に重要なのは、正直で素敵な、ダジャレが大好きな友人だということだ。

ケリー・ブレイジアー（ケル・ベル）

いつもラグビー界を圧倒させてきた彼女は、ブラックファーンズ・セブンズでは、私が一番長く知っている人だ。ケルの友達として私が一番気に入っているのは、フィールド上とフィールド外の、人としての彼女の成長を知っていること。彼女は愛に溢れていて、忠実で、周りの人を優しく気遣う。無邪気な一面はいつも楽しくて、他人を思う大きなハートを持っている。素敵なお母さんになったのを見ると、私も自分の家族を持ちたいと刺激を受ける。

ポーシャ・ウッドマン（P、ポーシュ）

究極の女子ラグビー選手で、長年を通じて知ってきた中でも大好きな性格をしている人。とびきり謙虚で、誰とでもすぐに仲良くなれる。どこに行っても美しいオーラを振り撒き、誇りを持って自分の文化を代表していて、私たちもそれに倣《なら》いたいと思わせてくれる。中身も外見もとにかく素敵だ。ポーシュのことが大好きなので、今後もずっと事あるごとにポーシュの家を訪ねてお茶を飲みに行くだろう。

サラ・ヒリニ（ゴッシー）

何においても一番の努力家だが、フィールド外では誰よりも一番優しい人。いつも周りの人を気遣い、困っている人を助ける。フィールド上では私は彼女以上に一緒にプレーするのに息の合う人は見つけられないだろう。ゴッシーの隣でプレーしていると全てを熟知していると思える。時には意見が合わないこともあったが、いつも正直な心で話し合ってきた。だからこそ（彼女には言ってないけど）私のキャリアの中で間違いなく最高のキャプテンだ。

謝辞

自分と〝ストレートアップ〟に向き合い、自分らしくいることは簡単じゃなかった。本当にたくさんの人にお世話になった。

Allen & Unwin出版社、この作品を作るのに我慢強く待ってくれてありがとう。ジェニー、キャシー、そしてリアン、あなたたち全員の労力と割いてくれた時間にとても感謝している。編集者のテレサ、校正者のみなさん、デザイナー、その他の出版社のスタッフのみなさん、本当にありがとう。

マージ、この本に命を吹き込む繋がりを作るのに膨大な時間を注ぎ込んでくれてありがとう。そしてピップにも感謝を。

ダニ、その美しい魂でこの旅を私と一緒に歩いてくれてありがとう。あなたは私の最悪の日々から最高な瞬間までを全て見て、ずっと側にいてくれる。ここから新しい章を一緒に歩いて行こう。

私のマネージャーのダンとその家族、ラニとフランキー、人生における私の真の可能性と私が何を大切にしているかに目を開かせてくれてありがとう。

グランパとグランマ、いとこたち、おじさんたちにおばさんたち、気づいていないかもしれないけれど、あなたたちが私の人生を救ってくれた。

ママ、私が知る中で一番勇敢な人間でいてくれてありがとう。これまでのすべてを乗り越え、それが可能だということを見せてくれて、ありがとう。

パパ、困難な時でもどうやって愛を与えたらよいかをしっかりと教えてくれてありがとう。あなたがいままでたくさんの苦労をしてくれたからこそ、私にいまこの人生があるんだ。

リーシュ、デイン、そしてニッキー、私に「ただの姉／妹のルビー」と思わせてくれてありがとう。あなたたち三人は私の心の中の、一番大切な贈り物だ。

女子ラグビーファンの全てのみなさん、ありがとう。あなたたちのおかげで私の人生が変わり、この先もたくさんの選手たちの人生を変えていく。このスポーツは私にとって世界中で最高のもので、あなたたちが最高にしてくれた。女子ラグビーの試合を見て何らかの形で応援してくれる方々、私にとってとても特別なものを一緒に育ててくれてありがとう。メディアの意志決定をする上層部の方々、フォトグラファー、ビデオグラファーなどの、女子ラグビーに焦点を当ててくれた全ての方々にも感謝しかない。特に、レイチェル・ファレアイトゥ。

これまで共にプレーしてきた全ての選手たち、いろんな形で私が成長するのを手伝ってくれてありがとう。私のセブンズ・シスターズ、あんたたち全員、マジで、うちらがしてきたことを見てみなよ！　全員愛してる。世界のどこでこの本を読んでいたとしても、私の最大の愛を送る。今後もずっと。私を隣の選手に選んでくれてありがとう。もし私のことが頭に浮かんだら、メッセージを送ってね。私も送るから。

私のことを信じてくれたコーチと先生たち。本当に嬉しかった。バンツとバンツの家族、アレクシス、ニキータ、ナカウヌイ、ミハロ、そしてウエカハ、女子ラグビーを変え、私が自分のキャリアで思いっきり羽を伸ばせる場所を作ってくれてありがとう。

そしていま自分に〝ストレートアップ〟になる旅をしている全ての人、あなたたちは全員私のヒーローだ。より良い道を求めてくれて、ありがとう。

訳者あとがき

まさか自分が人生で本を出版するなんて思わなかった。ましてやまともにプレーもしたことのないラグビーの本なんて。

二〇〇三年の一月、高校二年生になる少し前にニュージーランドに留学した。小学校、中学校と周りに馴染めなくて辛かった日々。中学生では不登校にもなり、中三のほとんどは家で過ごした。高校は大阪にあるインターナショナルな学校に進学し、海外の学校の単位でも日本の高卒資格を取らせてくれるとのことで一年生も終了しないうちに留学しようと決めた。十代にして自分の性格が日本向きではないことは十分に理解していたので、南半球の遠い遠い国で新しいスタートを切ることが楽しみでしょうがなかった。

実際に行ってみると、とにかく広大な景色。オゾン層がないせいか日本よりも全てのものが色が濃く、くっきり見える場所。遠くにいる羊もはっきりと見える。慣れない早口のニュージーランド英語は最初は全く聞き取れなかったけど、三ヶ月したらなんとなく分かるようになった。きれいな景色と空気の中にしばらく住んだら、日本で悩んでいたこと、体のサイズや同調圧力なんてどうでもよくなった。高校に二年通ったのち、まだ去りたくなかったのでさらに八年住んだ。ラグビーは見るのは好きだったが、高校の体育の授業で一度やったタッチラグビーで、ボールを受け取り、ルールが分からずにとにかく走ったら同級生に「何やってるんだよ！」と怒られたのがトラウマになり、以来プレーすることは一度もなかった。もともと運動苦手だし。

二〇一三年に台湾へと拠点を移し、ひょんなことから台北の日本人アマチュアラグビーチームと関わるようになり、英語が話せるからという理由だけで応募してみたラグビーワールドカップ日本大会の仕事になんと採用。「みんな歌って踊って楽しそうだからアイランダーチームがいい」と面接で言ったからか、サモアチーム担当帯同通訳に。こうして自分の人生設計図に全くなかったラグビーの世界に関わることとなった。

女子ラグビーに出合ったのは、二〇一九年四月に北九州で行われたセブンズ、ワールドシリーズの女子大会。半年後の本番に向けた現場研修としてワールドカップのスタッフの何人かがリエゾンに充てがわれ、私もイングランドチーム帯同として一週間勤務となった。その時までは試合を見たことすらなかった女子ラグビー。最初にチームと会った時は全員とてもフレンドリーな若い女の子たちだったので安心したが、トレーニングになるとそのギャップに驚く日々。「近くのカフェのラテアートがかわいかったよ！」と教えてくれたかわいい女の子がとんでもない重量を上げ、激しくぶつかり合うトレーニングをしているのを目の当たりにした時は驚きと感動が入り混じり、ギャップ萌えってこういうことかとしみじみ思った。結果その大会ではイングランドチームは優勝には至らなかったけれども二位となり、暫くの間のベストな結果だったようで雰囲気もよく、私の初の女子ラグビーの仕事はいい思い出となった。

その経験も買われてか、二〇二二年、コロナ禍で一年遅れでニュージーランドで開催された女子の15人制のワールドカップで働く機会を得た。日本大会のあと、日本に住んでいないのでもうラグビーの仕事をすることはないだろうと思っていたから意外だったが、大好きなニュージーランドで女子ラグビーの仕事ができる機会。二つ返事で承諾した。予選プールだけの四週間の勤務となったが、日本チームを始めここでもかっこいい女子選手たち、スタッフの方々とのたくさんの出会いがありこれも素晴らしい経験となった。その時に出会ったのがこの本。もともとファンで、大会期間中に幸運なことに一度話す機会があったルビー・トゥイ選手は大会の一ヶ月前にニュージーランドで自伝を出版し、大会が進んで彼女の知名度が上がるとともに本もどんどん話題になっていたので、私も台湾へ帰る前に購入した。

帰りの飛行機の中から読み始め、帰国後も読み進めて二週間足らずでこの分厚い本を読み切ってしまった。それほど引き込まれた。幼い頃の辛かった経験で自分ともかぶる箇所もあり、泣きながら読んだ章もあった。何よりニュージーランドの女子ラグビーが今あるところまで発展してきた過程を知り、他国の女子ラグビーの厳しい現実を思うと、翻訳して日本の方々にこの話を届けることしか考えられなくなった。というのも、読んでいる最中に英語の文章を読みながら頭の中にどんどん日本語の訳が流れてくるという不思議な現象が起こっていたのだ（ルビー選手のセリフは私の脳内では全部関西弁だったが）。その頭の声を無視するわけにいかず、読み終えてすぐに日本語訳の出版を実現させてくれそうな出版社を探し始めた。それが二〇二二年十二月頃のこと。

大手の出版社に立て続けに断られ希望を失いそうな時に、台湾の友人を通じてサウザンブックス社と出合い、今まで聞いたこともなかった「クラウドファンディング出版」という形を経て、このたびようやく実現した。丸二年かかった。

文中に出てくるルビー選手の造語〝グレアティチュード〟、行動をもって感謝を示すという意味で使われているが、この本はまさに私の〝グレアティチュード〟。不登校で鬱だった十代の時に救ってくれたニュージーランドへの、全く縁がなかったスポーツの世界へ引き込んでくれたラグビーへの、ファミリーと呼んで仲間にしてくれたサモア代表チームへの、運営組織側のスタッフだった私と仲良くしてくれた女子日本代表チームへの、実際にはお会いしたことがなくてもいつもＳＮＳで応援してくれる方々への。常日頃からの周りの人たちへの感謝を、やっとこうして形にすることができた。

最後に、サウザンブックス社に出合うきっかけをくれた台湾の友人のニック、ニックの友人でサウザンブックスへと繋いでくれた松本さん、サウザンブックス社の古賀さんと安部さん、編集の鹿児島さん、夢を実現させてくれてありがとう。そしてクラウドファンディングがうまくいかなかった時、翻訳に追われて頭が爆発しそうだった時にずっと支えてくれたパートナー、応援し続けてくれた両親、本当にありがとう。

私の〝グレアティチュード〟が詰まったこの本が、日本の女子ラグビーの発展に少しでも貢献できますように。

阿辻香子

二〇二四年一〇月一四日　兵庫県の実家にて

著者紹介

ルビー・トゥイ（Ruby Tui）

ニュージーランドのプロラグビー選手。
2016 年リオ五輪で銀メダル獲得。
2017 年ニュージーランドのセブンズ女子代表チーム（ブラックファーンズ・セブンズ）プレイヤー・オブ・ザ・イヤー受賞。
2018 年ラグビーワールドカップ・セブンズ優勝。
2019 年ラグビーセブンズ・プレイヤー・オブ・ザ・イヤー受賞。
2020 年東京五輪（2021 年に開催）で金メダル獲得。
2021 年ラグビーワールドカップ（2022 年に開催）優勝。
2022年より開催されているスーパーラグビー・アウピキ（女子スーパーラグビー）にてチーフス・マナワで出場し優勝、同年にニュージーランド 15 人制女子代表ブラックファーンズにデビュー。
選手としての活動のほか、スカイ TV のスポーツコメンテーター、ニュージーランドの子どもたちのサポートグループを作り、自身のメンタルヘルスについて正直に話せる場を提供する事に力を入れている。公的な問題について発言することで変化を起こし、仲間にやる気と感謝を示すことを、彼女は自分の足跡を残す方法としている。ラグビーのメンタルヘルス・プログラム「HeadFirst」のアンバサダーも務めている。

訳者紹介

阿辻香子（あつじ・きょうこ）

大阪生まれ。16 歳でニュージーランドに留学し 10 年滞在したのち、現在は台湾・台北在住。フリーランスの台湾情報ブロガー、ライター、通訳、翻訳者。ブログ・ライター名義は Coco。2019 年ワールドラグビー女子セブンズシリーズ北九州大会・イングランド代表チームリエゾン（帯同スタッフ）、2019 年ラグビーワールドカップ日本大会・サモア代表チーム帯同通訳、2021 年（2022 年開催）女子ラグビーワールドカップニュージーランド大会・SNS コンテンツ作成者。

Instagram：@cocointwgram
X　Coco@ 台湾ブロガー：@cocointw
X　Coco Rugby account：@cocoderasta1112
個人ブログ：cocointwblog

ストレート・アップ
世界一の女子ラグビーセブンズ選手ルビー・トゥイ

2025年2月14日　第1版第1刷発行

著　者　ルビー・トゥイ
訳　者　阿辻香子
発行者　古賀一孝
発　行　株式会社サウザンブックス社
〒151-0053　東京都渋谷区代々木2丁目23-1
http://thousandsofbooks.jp

装丁デザイン　宇田俊彦
編集・制作　アーティザンカンパニー株式会社
印刷・製本　シナノ印刷株式会社
サモア語発音監修　マウイ・マゲレ
ラグビー用語監修　山本紅樹

Special thanks
T.Atsuji、Shinobu Shibusawa、阿辻佳代子、萬井忠吉、大坂間 梨蘭 & ダリア、中谷真樹、TaiwanTomato、FIVEWOODS 若手一同、一般社団法人 ナナイロ ラボ / ナナイロ プリズム福岡、台湾日本人ラグビーフットボールクラブ　FIVEWOODS、Yuan Kun Tu, M.D., Ph.D、Yuan-Kun Sport & Culture Company、恵比寿機工株式会社

ISBN978-4-909125-59-0　C0023